Alfons Axmann, Gabriele Hohwieler-Brünner

Deutsch/Kommunikation

Lernbausteine 1 und 2

für die Berufsschule und Berufsfachschule II
in Rheinland-Pfalz

1. Auflage, korrigierter Nachdruck

Bestellnummer 44162

Bildungsverlag EINS

Haben Sie Anregungen oder Kritikpunkte zu diesem Buch?
Dann senden Sie eine E-Mail an 44162@bv-1.de
Autoren und Verlag freuen sich auf Ihre Rückmeldung.

www.bildungsverlag1.de

Bildungsverlag EINS GmbH
Sieglarer Straße 2, 53842 Troisdorf

ISBN 978-3-427-**44162**-5

Inhaltsverzeichnis

Lernbereich 3: Journalistische Darstellungsformen   91

Lernbaustein 2

Lernbereich 1: Sprache und Kommunikation   105

Lernfeld Kommunikation

Liebe Schülerinnen und Schüler,

mit dem Buch **„Deutsch/Kommunikation – Lernbausteine 1 und 2"**, das Sie jetzt in Händen halten, wollen wir dazu beitragen, Ihre Grundlagen in Deutsch zu erweitern und zu festigen. Die Arbeit mit diesem Buch wird sowohl Ihre Fach-, Sozial- und Methodenkompetenz als auch die für Ihre Zukunft wichtige berufliche Handlungskompetenz fördern und weiterentwickeln.

Das Deutschbuch ist in folgende Lernbausteine und Lernbereiche gegliedert:

Lernbaustein 1
- Lernbereich 1: Argumentieren und Erörtern
- Lernbereich 2: Expositorische Texte
- Lernbereich 3: Journalistische Darstellungsformen

Lernbaustein 2
- Lernbereich 1: Sprache und Kommunikation
- Lernbereich 2: Fiktionale Texte

Ergänzt werden die Lernbausteine und Lernbereiche durch das **Lernfeld Kommunikation und Präsentation**.

Neben den grundlegenden Themenbereichen des Lehrplans bietet dieses Deutschbuch zahlreiche Anregungen zu einer vertiefenden und weiterführenden Arbeit.

Die Seiten sind mit verschiedenen Symbolen versehen, die Ihnen die Orientierung erleichtern.

 Dieses Symbol weist auf Aufgaben und Arbeitshinweise hin, die Sie alleine, gemeinsam mit Ihrer Partnerin, Ihrem Partner oder in der Lerngruppe bearbeiten und lösen können.

 Hier werden die verschiedenen Methoden zur Stärkung Ihrer Methodenkompetenz vorgestellt und erläutert.

 Die Tipps sollten Ihre besondere Beachtung finden – hier werden wichtige Hinweise zu den jeweiligen Themenbereichen gegeben, die Ihnen auch bei der Bearbeitung der Aufgaben weiterhelfen.

Wir wünschen Ihnen anregende Deutschstunden und viel Erfolg für Ihre schulische und berufliche Zukunft.

Alfons Axmann
Gabriele Hohwieler-Brünner

Lernbereich 1: Argumentieren und Erörtern

1 Argumentieren und Erörtern

1.1 Kommunikationsmodell

Diskussionsfähigkeit wird in der heutigen Gesellschaft immer wichtiger: Sie müssen im Team mit Kollegen/-innen, Mitschülern/-innen Konzepte erarbeiten, Arbeit verteilen, sich einigen. Das geht nur, wenn Sie in der Lage sind, über einen Sachverhalt angemessen zu diskutieren.

In einer Konferenz werden Sie von Ihrem/-r Chef/-in, im Unterricht von Ihrem/-r Lehrer/-in um Ihre Meinung gefragt und müssen argumentativ Ihren Standpunkt vertreten.

1 Überlegen Sie sich zunächst mit Ihrem/-r Partner/-in, welche Voraussetzungen gegeben sein müssen, damit eine Diskussion erfolgreich verlaufen kann. Notieren Sie sich fünf Regeln.   **A**

2 Diskutieren Sie mit Ihrer Lerngruppe Ihre erarbeiteten Regeln, einigen Sie sich auf sieben und gestalten Sie gemeinsam ein Plakat.

Das Organon-Modell nach Karl Bühler

Das Organon ist ein Kommunikationsmodell, das von Karl Bühler entwickelt wurde. Sprache wird als Werkzeug verstanden, um sich mitzuteilen. Bühler geht von drei Seiten aus, die notwendig sind, um zu kommunizieren.

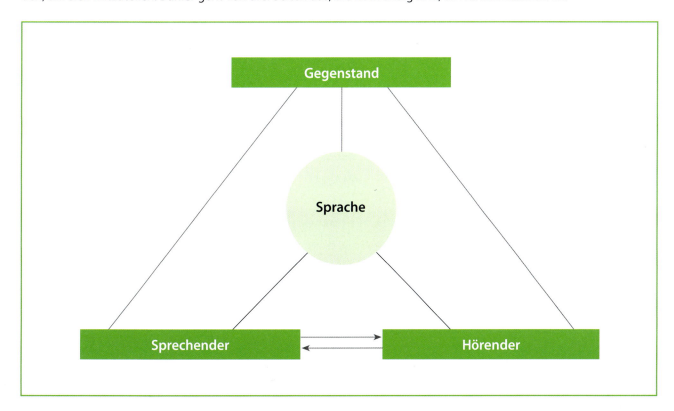

3 Erklären Sie, warum Sprechender, Hörender und Gegenstand gleichermaßen wichtig sind, um zu kommunizieren.   **A**

4 Welche anderen Kommunikationsmodelle kennen Sie?

1.2 Allgemeine Kommunikationsprinzipien

Sie kommunizieren auch dann, wenn Sie nicht sprechen. Nicht nur durch Sprache (verbale Kommunikation), auch durch Körpersprache (nonverbale Kommunikation) und stimmliche Merkmale (vokale Kommunikation) werden viele wichtige Informationen über einen Menschen transportiert.

Etwa 7 % der Botschaften gehören in die Kategorie verbale Kommunikation, 55 % sind körpersprachliche Mitteilungen und 38 % der Botschaften gehören zu den stimmlichen Aspekten.

Körpersprachliche Mitteilungen beziehen sich auf Ihre äußere Erscheinung (gepflegt – ungepflegt, groß – klein), Ihre Haltung, Ihre Mimik und Gestik. Mit stimmlichen Aspekten sind Ihre Stimmlage, Betonung, die Lautstärke und Geschwindigkeit gemeint.

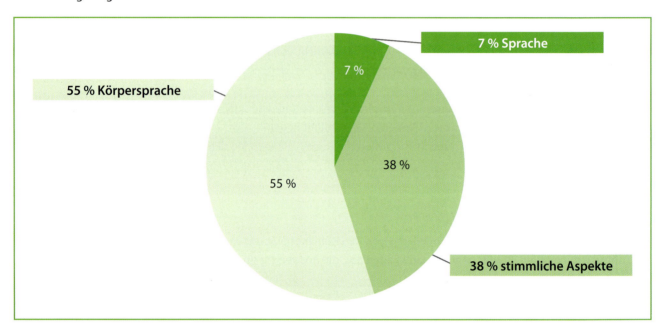

A

1 Nehmen Sie Karteikarten und schreiben Sie darauf Sätze, die die innere Haltung eines Menschen wiedergeben, z. B.:

Jede/-r Schüler/-in schreibt auf eine Karteikarte eine innere Haltung. Die Karten werden eingesammelt und neu verteilt. Überlegen Sie sich, wie Sie nur durch Körpersprache die Haltung auf Ihrer Karteikarte ausdrücken können. Treten Sie vor das Plenum, nehmen Sie die entsprechende Körperhaltung ein und bleiben Sie in dieser Position.

2 Raten Sie, welche innere Haltung Ihr/-e Mitschüler/-in durch ihre/seine Körperhaltung darstellen will.

3 Erklären Sie die Wirkung des Dargestellten.

Damit Sie erfolgreich im Arbeitsleben argumentieren und Ihre Meinung in einer Diskussion wirkungsvoll vertreten können, müssen Sie über die richtigen Argumente verfügen. Sie können Ihre Argumentation vorbereiten, indem Sie sich einer Streitfrage zuwenden und zunächst eine Stoffsammlung anfertigen.

M

Suchstafette
- Nehmen Sie einen leichten Ball. Werfen Sie sich den Ball gegenseitig zu. Immer diejenige/derjenige, die/der im Besitz des Balles ist, antwortet mit einem Gesichtspunkt, der ihr/ihm gerade einfällt: „Dafür spricht …", „Dagegen spricht …".
- Pro- und Kontra-Argumente müssen sich abwechseln.
- Bevor nicht jede/-r Schüler/-in einmal zu Wort gekommen ist, fängt die zweite Runde nicht an.
- Beträgt die Schüler/-innenzahl mehr als 16 Teilnehmer/-innen, können Sie zwei Kreise bilden.

4 Wählen Sie eine der unten stehenden Streitfragen aus oder denken Sie sich selbst eine aus. Führen Sie eine Suchstafette für die gewählte Streitfrage durch.

A

Weitere Themen
- *Soll an deutschen Schulen die Schuluniform eingeführt werden?*
- *Sollen Schulen rauchfrei werden?*
- *Sollen in der Bundesrepublik Deutschland Ganztagsschulen eingeführt werden?*
- *Soll eine PKW-Maut eingeführt werden?*
- *Sollen weiche Drogen legalisiert werden?*
- *Sollen in Schulen Drogenkontrollen durchgeführt werden?*

1.3 Argumente finden

Eine gute Vorbereitung für eine Argumentation, eine Diskussion oder eine Debatte bedeutet aber auch, dass Sie die Streitfrage hinterfragen. Welche Aspekte beinhaltet das Thema?

1 Legen Sie zur Streitfrage einen Fragenfächer an, in dem Sie die W-Fragen in Bezug auf Ihr Thema beantworten. Die W-Fragen sind Ihre Klärungsfragen zum Thema.

A

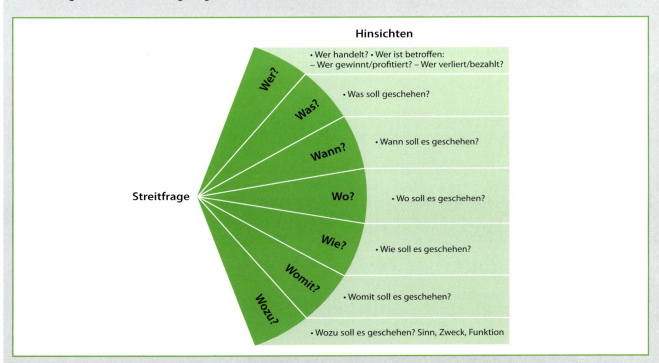

Jugend debattiert 2004, Lehrer-Begleitheft, S. 74

A

2   Bearbeiten Sie mithilfe des Fragenfächers Ihr gewähltes Thema mit Ihrer Lerngruppe. Beachten Sie, dass je nach Streitfrage nicht alle Unterfragen gleich ergiebig sind.

3   Welche weiteren Gesichtspunkte in Hinblick auf Ihr Thema konnten Sie mithilfe des Fragenfächers für die Erschließung des Themas gewinnen?

4   Wenn Sie Fragen nicht beantworten konnten, weil Ihnen die Sachkenntnis fehlt, recherchieren Sie im Internet.

1.4 Argumentationsaufbau

Ein Argument können Sie folgendermaßen aufbauen:

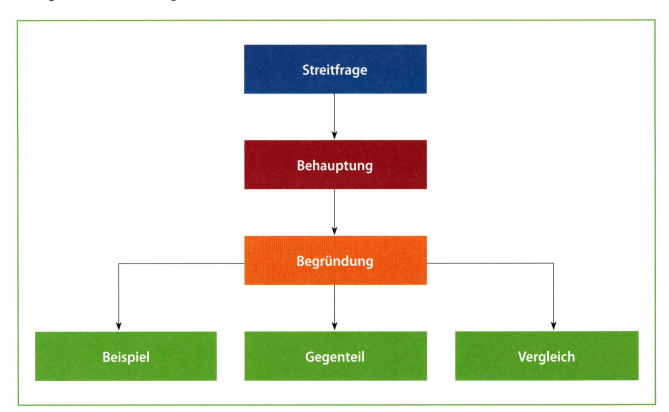

Wenn Sie Ihr Argument jeweils mit Beispiel, Gegenteil und Vergleich versehen können, haben Sie ein sehr starkes und überzeugendes Argument gebildet. Sie müssen aber nicht immer auf alle drei Möglichkeiten zurückgreifen.
Hier ein Beispiel für den Aufbau eines Arguments:

M

Streitfrage: Soll an unserer Schule/in unserem Betrieb ausschließlich Recycling-Papier verwendet werden?

Behauptung: Durch die Papierherstellung wird der Lebensraum der Tierwelt im Regenwald bedroht.

Begründung: Für Papier muss Holz geschlagen werden, das zum Großteil aus Regenwäldern stammt.

Beispiel: Firma xy produziert zu 80 % mit Regenwaldholz.

Gegenteil: Wenn der Regenwald nicht abgeholzt würde, könnten Flora und Fauna erhalten bleiben.

Vergleich: Für die Tierwelt ist die Abholzung so, als wenn man Ihr Haus abreißen würde.

A

1   Bilden Sie nach dieser Struktur Argumente zu Ihrem gewählten Thema.

2   Besprechen Sie Ihre Argumente in Ihrer Lerngruppe.

1.5 Überzeugen durch Argumentation

Mithilfe der im folgenden Schema dargestellten fünf Bausteine können Sie eine Überzeugungsrede aufbauen.
Beachten Sie: Das zuletzt Genannte bleibt einem/-r Zuhörer/-in am besten im Gedächtnis, deshalb steht Ihr schwächstes Argument zu Beginn und das stärkste am Schluss.

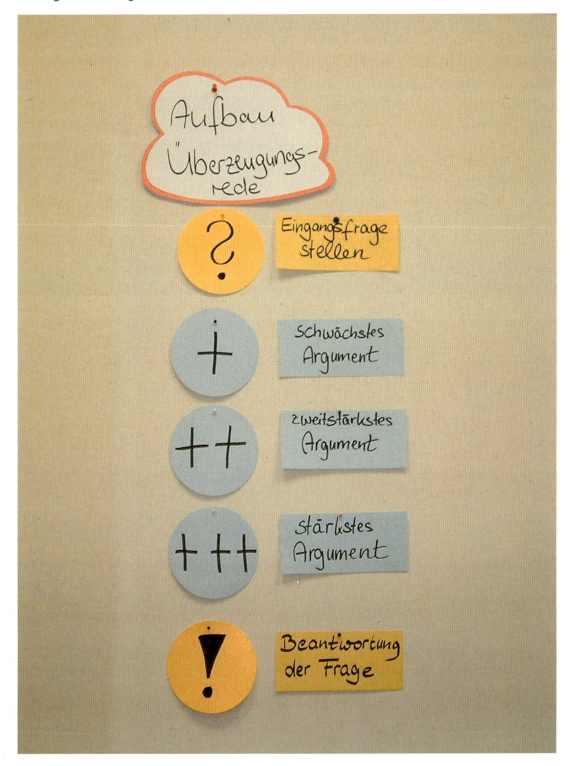

1   Gewichten Sie Ihre Argumente.
2   Arbeiten Sie eine Überzeugungsrede aus.
3   Tragen Sie diese zunächst Ihrem/-r Partner/-in vor und lassen Sie sich eine Rückmeldung geben.

A

M

Das Fünfsatzverfahren
- Sie ordnen den vorherigen Redebeitrag ein.
- Sie formulieren Ihre Position.
- Sie führen Ihr Argument an.
- Sie formulieren Ihre Schlussfolgerung.
- Sie formulieren eine Forderung und leiten eine Handlung ab.

A

4   Üben Sie mit gegensätzlichen Positionen das Fünfsatzverfahren.

5   Führen Sie eine Diskussionsrunde mit vier Personen (zwei Pro, zwei Kontra) durch, in der zunächst alle Teilnehmenden ihren Standpunkt in maximal zwei Minuten darlegen, bevor gemeinsam diskutiert wird. Stellen Sie gegebenenfalls einen leeren Stuhl in die Mitte, sodass Schüler/-innen, die nicht mitdiskutieren, zu Wort kommen können.

6   Geben Sie als Teilnehmende/-r am Schluss der Diskussion eine kurze Rückmeldung, wie Sie die Diskussion beurteilen, ob Ihnen Aspekte gefehlt haben, ob Sie Argumente der Gegenseite überzeugend fanden, aber auch, welchen Standpunkt Sie jetzt einnehmen.

7   Die restlichen Schüler/-innen erhalten die Aufgabe, die Diskussion nach Sachkenntnis, Mimik/Gestik, Betonung und Redeverhalten zu beurteilen und später eine Rückmeldung zu geben. Teilen Sie sich hierzu in Gruppen auf. Übernehmen Sie folgendes Raster und finden Sie weitere Kriterien.

	1	2	3	4	5
Sachkenntnis					
Überzeugungsfähigkeit					
Betont gesprochen					
Angemessene Lautstärke					
Mimik/Gestik					

8   Nehmen Sie die Diskussion mit einer Videokamera auf und analysieren Sie diese Aufzeichnung hinterher gemeinsam.

T

Unfaire Methoden
- Ihr Gegenüber stellt fortwährend Behauptungen auf, die sie/er als Fakten ausgibt, ohne diese zu belegen und die nicht zu widerlegen sind. Ist eine Vertagung der Sitzung möglich, dann lassen Sie sich Belege für die Aussagen bringen.
- Ihr Gegenüber benutzt sehr viele Fremdwörter. Lassen Sie alle Fremdwörter definieren, irgendwann wird Ihr Gegenüber die Strategie ändern.
- Ihr Gegenüber korrigiert ständig Ihre Wortwahl und Ihren Satzbau.
  Weisen Sie Ihr Gegenüber darauf hin.
- Ihr Gegenüber fällt Ihnen ständig ins Wort. Weisen Sie Ihr Gegenüber darauf hin, dass Sie zu Ende sprechen möchten, ohne unterbrochen zu werden.
- Ihr Gegenüber geht von der Sachebene auf die persönliche Ebene.
  „Liebe Kollegin, Sie wollen doch nicht etwa mit weiblicher Intuition das Problem angehen?"
  „Dass Sie erkannt haben, dass ich eine Frau bin! (Ironie) Aber das ist hier nicht das Thema!"

A

9   Überlegen Sie sich in Ihrer Lerngruppe weitere Beispiele für unfaire Methoden in einer Diskussion.

2 Erörterung

2.1 Die dialektische Erörterung

Thomas Paßmann

1 Erläutern Sie die Karikatur.
   a) Welches Problem wird dargestellt?
   b) Gehen sie dabei auch auf die Rolle des Vaters ein.

A

Es gibt verschiedene Arten der **Erörterung**: Wenn Sie eine Erörterung anhand eines vorliegenden Textes schreiben, dann verfassen Sie z. B. eine Stellungnahme (siehe S. 18). Haben Sie keine Textvorlage, dann handelt es sich um eine freie Erörterung.

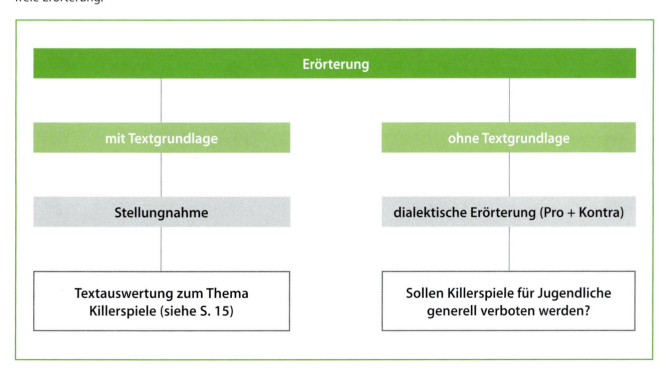

Der Amoklauf von Emsdetten hat in den folgenden Wochen einige Trittbrettfahrer animiert: In Herxheim (Text 1, siehe S. 14) war ein möglicher Anschlag auf Lehrer/-innen angekündigt worden, in Baden-Württemberg waren im Dezember 2006 alle Schulen des Landes wegen eines möglichen Amoklaufs in Alarmbereitschaft versetzt worden.

Text 1: Anschlag auf Lehrer vereitelt?

Herxheim (dpa/lrs). Eine Woche nach dem Amoklauf an einer Schule in Emsdetten im Münsterland hat die Polizei im pfälzischen Herxheim möglicherweise einen Anschlag auf
5 sieben Lehrer verhindert. Ein 16-jähriger Schüler des Gymnasiums im Pamina-Schulzentrum soll die geplante Tat im Internet für den gestrigen Montag (27. November) angekündigt haben, teilten Staatsanwaltschaft und Polizei Landau mit. Der
10 Verfasser des Schreibens habe gedroht, er werde „angreifen und sich für alles rächen, was man ihm angetan habe."
Zwei Mitschüler hatten die Ankündigung im Internet am Sonntagmorgen entdeckt, erklärten die
15 Ermittler. Auf Anordnung der Staatsanwaltschaft sei am Sonntagabend das elterliche Haus des 16-Jährigen durchsucht und sein Computer sichergestellt worden. Dieser sagte indes nach Angaben der Ermittler, ein weiterer Mitschüler habe das Schreiben unter seinem Passwort ins Internet ein-
20 gestellt. Daraufhin wurde auch der Computer des anderen Jungen sichergestellt. In Vernehmungen beschuldigten sich beide Schüler gegenseitig. Die Polizei informierte die Lehrer des Schulzentrums. Die zwei Schüler gingen am Montag regulär zur
25 Schule, wurden allerdings für die Vernehmungen aus dem Unterricht geholt. In der Polizeidirektion Landau begannen Spezialisten mit der zeitaufwändigen Auswertung der Computer-Festplatten der beiden Jugendlichen. [...]
30

dpa/lrs, Badische Neueste Nachrichten, 28.11.06, S. 4, gekürzte Fassung

Plakat nach dem Amoklauf in Emsdetten

A

2   Diskutieren Sie, welche Gründe Jugendliche dazu bewegen, ein solches Attentat wie in Text 1 anzukündigen.
3   Definieren Sie das Thema „Sollen PC-Killerspiele für Jugendliche generell verboten werden?" Lesen Sie dazu auch Text 2 (siehe S. 15) und recherchieren Sie unklare Begriffe.
   a) Was sind Killerspiele für den PC?
   b) Welche Voraussetzungen müssen sie für eine solche Bezeichnung erfüllen?
   c) Welche Organisation legt die Kriterien fest?
   d) Wie funktioniert das Altersfreigabeverfahren?
   e) Wie definieren Sie „Jugendliche"?
   f) Überlegen Sie sich weitere Fragen mithilfe des Fragenfächers auf S. 9.

Text 2: Der Club der Bedenkenträger

Killerspiele auf dem Prüfstand: Wie gut funktioniert das Altersfreigabe-Verfahren der „Unterhaltungssoftware Selbstkontrolle"? […] Nach dem Amoklauf von Emsdetten sind
5 Ballerspiele wie Counter-Strike verschärft in der Diskussion, und mit ihnen die Praxis der Altersfreigabe. Politiker stellen publikumswirksam die Frage, ob das Prüfsystem der USK versagt habe. Niedersachsens Innenminister Uwe Schünemann
10 (CDU) hält den bisherigen Schutz von Kindern und Jugendlichen vor gewalthaltigen Computerspielen für völlig unzureichend. Gemeinsam mit dem Kriminologischen Forschungsinstitut Niedersachsen (KfN) will Schünemann das Verfahren verbes-
15 sern. Der Leiter des KfN, Christian Pfeiffer, übt scharfe Kritik an der USK und fordert, dass Spiele, in denen es nur ums Töten geht, gar nicht mehr verkauft werden dürfen. Tatsächlich sind allen Gesetzen und Prüfgremien zum Trotz viele Spiele
20 im Handel, die ziemlich realistisch darstellen, wie Menschen getötet werden. Fight Club wirbt damit, man erlebe die „extrem realistische Darstellung von Kampfverletzungen" und „schockierende Röntgenaufnahmen bei Knochenbrüchen". In Doom
25 3 bekämpft der Spieler seine Gegner mit Schlagring, Kettensäge, Pistole, Schrotflinte, Maschinengewehr, Raketenwerfer und Plasmagewehr. Beide Spiele wurden von der USK mit einem roten Aufkleber versehen: „Keine Jugendfreigabe". Das Ballerspiel
30 Counter-Strike hingegen, das auch der Emsdetten-Täter Sebastian B. gern spielte, wurde von der USK für die Altersstufe ab 16 Jahren freigegeben. „Rasante bewaffnete Action, mitunter gegen menschenähnliche Spielfiguren", heißt es in den
35 Bewertungskriterien zu dieser Kategorie. „Das ist kein Ego-Shooter, sondern ein Taktik-Shooter", stellt USK-Leiterin Schulz klar. Im Unterschied zur Originalversion aus den USA seien außerdem in der deutschen Fassung bei Treffern weder zerplatzende
40 Spielfiguren noch Blut zu sehen, „es bleibt aber ein Shooter, in dem bewaffnete Spielfiguren aufeinander

schießen, deshalb ist es wirklich kein Kinderspiel." Eine Spielprüfung läuft nach einem Schema ab, das in der Satzung der USK festgelegt ist. Die
45 Tester spielen das Spiel komplett durch und präsentieren es dann einem Gremium, das aus vier Gutachtern und dem Ständigen Vertreter der obersten Landesjugendbehörden besteht. Im Prüfraum wird über die kritischen Punkte abgestimmt: Wird
50 der Tod zelebriert? Fließt Blut? Sind deutliche Parallelen zur Wirklichkeit zu erkennen? Verweigert die Kommission die Kennzeichnung, kann der Antragsteller in Berufung gehen, in diesem Fall entscheidet der Beirat mit. Kommt das Prüfverfahren
55 auf diesem Weg zu keinem Ergebnis, bekommt das Spiel kein USK-Logo. Das Problem ist, dass ein Spiel, das keine USK-Freigabe bekommt, trotzdem auf den Markt gelangen kann, und zwar einfach ohne Altersbeschränkung. Seit 2003 gab es bei der
60 USK 116 Verfahren, die mit dem Ergebnis „keine Kennzeichnung" endeten, das betrifft etwa 80 Spiele. Viele dieser Titel kommen als Grauimporte nach Deutschland, man kann sie auch gleich hinter das Grenze oder im Internet kaufen. USK-Leiterin
65 Schulze […] glaubt trotzdem, dass das seit drei Jahren praktizierte Prüfsystem funktioniert. „Wir sind die Bedenkenträger und Befürchter", sagt sie. Kritiker wie der Kriminologe Christian Pfeiffer finden jedoch, die Kontrollen seien zu lax. Selbst bei
70 Spielen, die ab 16 Jahren freigegeben sind, fließe oft reichlich Blut. Pfeiffer will nun ein Forschungsobjekt starten, um eine effektivere Klassifizierung für Spiele zu erarbeiten.[…] Dabei müssen Händler schon jetzt mit Ordnungsstrafen von bis zu 50 000 Euro
75 rechnen, wenn sie ein Spiel ohne Jugendfreigabe an Minderjährige verkaufen. Indizierte Spiele können sogar beschlagnahmt werden. Nach Angaben der USK sind beide Maßnahmen seit Inkrafttreten des neuen Jugendschutzgesetzes kein einziges Mal ge-
80 gen ein gewaltverherrlichendes Spiel angewendet worden.

Süddeutsche Zeitung, 2./3.12.2006 (Nr. 278), S. 13, gekürzte Fassung

---

4 Sammeln Sie Argumente und gliedern Sie in Pro und Kontra. Überlegen Sie sich, wie wichtig das jeweilige Argument ist. Den Aufbau von Argumenten können Sie auf S. 10 nachschlagen. **A**

A

5   Betrachten Sie die stichpunktartige Gliederung auf den beiden Fotos und vergleichen Sie diese mit Ihren eigenen Ergebnissen.

6   Beurteilen Sie die Pro-und-Kontra-Gliederung.

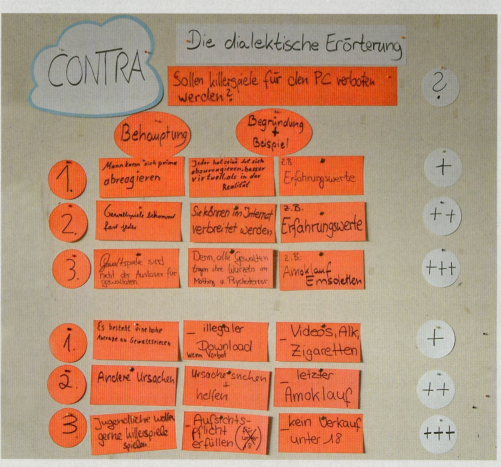

2.2 Der Aufbau der dialektischen Erörterung

1. Einleitung
- Nennen Sie in der Einleitung immer das Thema.
- Wecken Sie das Interesse des/-r Lesers/-in.
- Führen Sie an das Thema heran, aber steigen Sie noch nicht in die Argumentation ein.
- Definieren Sie das Thema, bringen Sie ein passendes Zitat, eine Redewendung, ein Sprichwort. Verweisen Sie auf die Aktualität (Medienbericht) oder eigene Erfahrungen.
- Achten Sie darauf, dass Ihre Einleitung maximal 10 % des Gesamtumfangs des Aufsatzes beträgt.

2. Hauptteil (Blockverfahren)
2.1   Argumente der Pro-Seite

2.1.1   erstes Pro-Argument (Eine Anleitung zum Aufbau von Argumenten finden Sie auf S. 10.)

2.1.2   zweites Pro-Argument

2.1.3   drittes Pro-Argument

…

…

2.2   Argumente der Kontra-Seite

2.2.1   erstes Kontra-Argument

2.2.2   zweites Kontra-Argument

2.2.3   drittes Kontra-Argument

…

…

2.3   Synthese
- Hier fassen Sie nochmals kurz die beiden wichtigsten Pro-und-Kontra-Argumente zusammen und entscheiden, welches für Sie wichtiger ist. Begründen Sie Ihre Position.

3. Schluss
- Knüpfen Sie an die Einleitung an.
- Stellen Sie Ihre Ergebnisse in einem größeren Kontext dar, z. B. in einem gesellschaftlichen Zusammenhang.
- Bringen Sie ein Zitat, eine Redewendung oder ein Sprichwort.
- Stellen Sie kurz die wesentlichen Aussagen noch einmal heraus.

Alternativ: Stellen Sie immer die passenden Pro- und Kontra-Argumente im Wechsel gegenüber.

Weitere Themen
- *Soll an unseren Schulen die Schuluniform eingeführt werden?*
- *Sollen an unseren Schulen Drogenkontrollen durchgeführt werden?*
- *Soll in Deutschland ein Tempolimit auf Autobahnen eingeführt werden?*
- *Soll das Strafmündigkeitsalter auf 12 Jahre gesenkt werden?*
- *Soll das Wahlalter bei Kommunalwahlen auf 16 Jahre gesenkt werden?*
- *….*

1   Wählen Sie ein Thema aus und schreiben Sie eine dialektische Erörterung im Blockverfahren.   **A**

2.3 Stellungnahme

Eine Stellungnahme ist eine kritische Auseinandersetzung mit einem Text. Dabei können Sie verschiedene Bereiche betrachten:

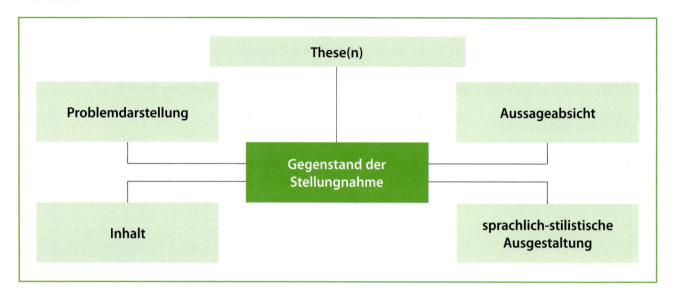

A 1 Erläutern Sie die einzelnen Bereiche der Abbildung.

Die drei Formen der Stellungnahme

Kritisch heißt jedoch nicht, dass Sie einen Text negativ betrachten und ihn lediglich „zerpflücken". Sie können einem Text in Ihrer Stellungnahme ganz, zum Teil oder gar nicht zustimmen. Begründen müssen Sie Ihre Position aber immer.

Zustimmung:
- Es reicht nicht, wenn Sie den Text einfach nur „gut" finden.
- Begründen Sie mit weiteren, eigenen Argumenten und ziehen Sie eigene Beispiele heran.
- Verweisen Sie auf positive Auswirkungen, die der/die Verfasser/-in nicht nennt.

Teilweise Zustimmung:
- Sie stimmen einigen Grundgedanken des Textes zu und begründen dies.
- Sie stimmen nur einzelnen Aussagen zu und begründen dies.

Ablehnung:
- Sie stimmen den wesentlichen Argumenten des Textes nicht zu und begründen dies.
- Darüber hinaus finden Sie eigene Gegenargumente.

T

Beachten Sie bei der Bearbeitung folgende Punkte:
- Stimmen die Behauptungen des Textes?
- Ist der Gedankengang schlüssig?
- Sind die Lösungen des Textes nachvollziehbar und stimmig?
- Stimmen Sie mit dem Text ganz, teilweise oder gar nicht überein?
- Versucht der/die Verfasser/-in zu manipulieren oder zu argumentieren?
- Sind Sprache und Stil angemessen?
- Welche Lösungen, Begründungen und Beispiele werden im Text nicht genannt und lassen sich ergänzen?
- Welche Begründungen und Beispiele, die über den Text hinausgehen, gibt es noch?
- Achten Sie darauf, dass die Betrachtung des Textes nicht zu kurz ist.

Zur Debatte
nach dem Amoklauf in Emsdetten am 20.11.06

Gestern Morgen kam es in Emsdetten zu einem tragischen Vorfall, als ein 18-jähriger Mann an einer Schule mit Schusswaffen gezielt auf ehemalige Mitschüler und Lehrer geschossen hat. Mehrere
5 Personen wurden dabei verletzt, der Täter nahm sich anschließend das Leben. In der aktuellen Berichterstattung gerät zunehmend die Debatte um ein Verbot von „Killerspielen" in den Vordergrund. Vielen Berichten ist zu entnehmen, dass das
10 Computerspiel „Counterstrike" den Täter zu der schrecklichen Tat animiert haben soll.
Die Erkenntnisse der Ermittlungsbehörden sowie die von dem Delinquenten vor seiner Tat ins Internet gestellten Informationen deuten dagegen
15 auf einen sehr komplexen Tathintergrund hin. Offensichtlich befand sich der Täter in einer schwierigen und für ihn aussichtslosen Lebenssituation. Dem Abschiedsbrief ist zu entnehmen, dass er in erster Linie die Schule und das soziale Umfeld
20 für seinen verlorenen Lebensmut und seine Perspektivlosigkeit verantwortlich machte. Ein unmittelbarer Zusammenhang zwischen dem Konsum gewalthaltiger Medien und der Tat ist nach den bislang vorliegenden Informationen nicht
25 erkennbar. Im vorliegenden Fall hat aus unserer Sicht nicht der Jugendschutz versagt. Vielmehr haben die sozial-staatlichen Mechanismen, die Jugendlichen Orientierung und Unterstützung für ein Erwachsenenleben mit Perspektive geben sollen,
30 nicht gegriffen.

Wir appellieren an die Medien und die Politik, den Blick auf die eigentlichen Tatumstände nicht durch eine unsachliche Debatte über ein Verbot von „Killerspielen" zu verstellen. Die ak-
35 tuelle Gesetzeslage verbietet schon heute die Verbreitung von „Gewalt verherrlichenden" Computer- und Videospielen auf der Grundlage des Strafgesetzbuches. Die von einigen Politikern geforderte staatliche Kontrolle der Alterskennzeichnung
40 ist seit der Novelle des Jugendschutzgesetzes im Jahr 2003 Lebenswirklichkeit. Die Alterskennzeichnung von Spielen für Kinder und Jugendliche erfolgt nicht durch eine Selbstkontrollinstitution der Industrie, sondern durch die Obersten Landesjugendbehörden der
45 Länder. Von den Obersten Landesjugendbehörden nicht gekennzeichnete Spiele können jederzeit von der Bundesprüfstelle für jugendgefährdende Medien indiziert werden. Deutschland verfügt damit über das engmaschigste Netz im Jugendmedienschutz. Ein
50 generelles Verbot von Spielen für Erwachsene kommt einer Zensur gleich, welches angesichts der vielfältigen staatlichen Mechanismen nicht gerechtfertigt ist. Den Opfern des tragischen Vorfalls in Emsdetten ist man eine sachgerechte Diskussion schuldig. Die
55 Reduzierung der Tatumstände auf eine Debatte um ein Verbot von Killerspielen wird der Komplexität der Ursachen nicht gerecht und sie wird insbesondere den eigentlich Betroffenen keine Hilfestellung geben können.

Sandra Fertig: gamezone.de, 21.11.2006,

BUI – Bundesverband Interaktive Unterhaltungssoftware e. V. mit Sitz in Berlin

2 Klären Sie zunächst, was in Emsdetten geschehen ist. **A**
3 Recherchieren Sie im Internet zum vorgeblichen Gewalt verherrlichenden Computerspiel „Counterstrike".
4 Informieren Sie sich über die gültige Rechtssprechung.
5 Geben Sie den Inhalt des Artikels wieder und gehen Sie dabei auch auf die Gedanken der Verfasserin ein.
6 Nehmen Sie Stellung zu den Thesen der Autorin des Artikels.

3   Umgang mit Konflikten

Was ist ein Konflikt?

Ein Konflikt ist eine Unvereinbarkeit im

- Denken,
- Wahrnehmen,
- Wollen.

Es reicht, wenn **eine** Person das Gefühl hat, dass ein Konflikt vorliegt, und durch das Handeln der anderen Person Beeinträchtigungen der eigenen Möglichkeiten entstehen.

Konflikte bieten aber nicht nur Gefahren und Krisen, sondern auch Chancen gemeinsam die Krise zu bestehen und das Problem zu bewältigen.

A

1   Beschreiben Sie die drei Bilder.

2   Lesen Sie die Definition im Kasten oben.

3   Geben Sie mit eigenen Worten wieder, was ein Konflikt ist.

4   Finden Sie Beispiele für Konflikte im beruflichen und schulischen Alltag.

5   Man unterscheidet zwischen einem offenen und einem latenten Konflikt. Klären Sie diese beiden Begriffe mit Beispielen im Plenum.

M

Umgang mit Konflikten

Bevor Sie in einem Konflikt in der Schule oder im Betrieb vermitteln können, ist es wichtig, dass Sie klären:

- wer am Konflikt beteiligt ist,
- welche Handlungen den Konflikt ausgelöst und weitergeführt haben (durch die Beteiligten),
- welche Motive die einzelnen Beteiligten haben.

Wenn Sie selbst beteiligt sind, können Sie nicht in eigener Sache vermitteln.

In vielen Schulen gibt es mittlerweile sogenannte Streitschlichter. Das sind Schüler/-innen, die ein spezielles Programm der Konfliktberatung durchlaufen haben und die ihre Mitschüler/-innen bei der Lösung von Konflikten unterstützen.

A

6   Beschreiben Sie die nebenstehende Abbildung.

7   Wohin orientieren sich die Personen jeweils?

8   Beurteilen Sie, welche Bedeutung die Anordnung der Personen hat.

Bevor Sie einen Streit schlichten, sollten Sie klären, wer beteiligt ist, wie sich die Beteiligten verhalten, und auf letzter Ebene, welche Motive die Beteiligten haben. Dies können Sie mithilfe der sogenannten Spinnwebanalyse strukturiert darstellen.

M

Spinnwebanalyse
- Mithilfe einer Spinnwebanalyse können Sie sich einen Überblick über Punkte machen, die zur Konfliktbearbeitung wichtig sind.
- Dazu legen Sie ein Struktogramm an, wie Sie es unten im Beispiel sehen, und verwenden auch unterschiedliche Farben.
- Grün: Wer ist beteiligt?
- Blau: Welche Motive haben die einzelnen Beteiligten?

ANWENDUNGSBEISPIEL
Während des Unterrichts lacht Paul seinen Mitschüler Simon aus, der eine Frage der Lehrerin nicht beantworten kann. Simon wirft das Mäppchen von Paul auf den Boden. Sarah beobachtet den Konflikt der beiden. In der großen Pause gibt es einen lautstarken Streit zwischen Paul und Simon. Sarah steht daneben.

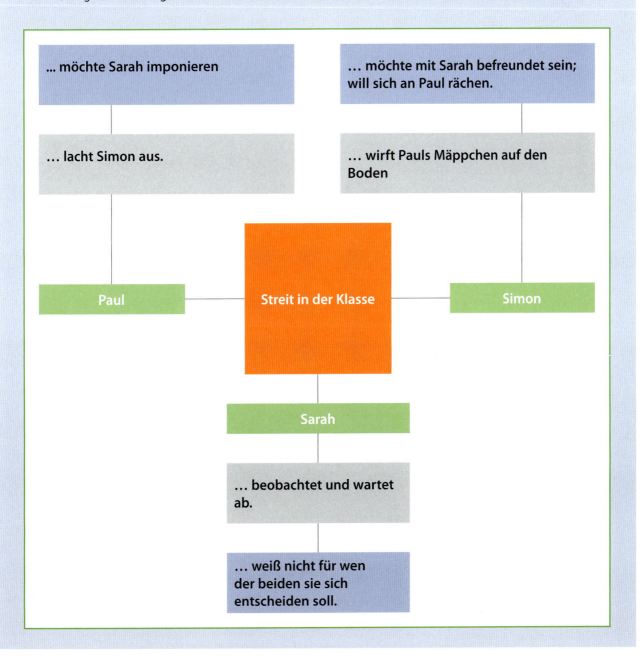

Wenn Sie eine nachhaltige Lösung für einen Konflikt zwischen einer oder mehreren Parteien anstreben, müssen Sie als Vermittler/-in die Interessen aller Beteiligten im Auge behalten. Nicht Sie finden eine Lösung, sondern die Streitparteien finden die für sich passende Lösung. Ihre Aufgabe als Vermittler/-in im Konflikt ist es, den Ablauf zu begleiten und zu steuern.

M

Vermittlung in Konflikten

1. PHASE: Einleitung
   - Vereinbaren Sie, dass das Gespräch vertraulich ist.
   - Klären Sie Regeln und Verfahren des Vermittlungsgesprächs.
   - Klären Sie Ihre Rolle: Sie vermitteln zwischen den Konfliktparteien, Lösungen finden diese selbst, das ist nicht Ihre Aufgabe.
   - Fragen Sie nach, ob die Konfliktparteien mit diesem Ablauf einverstanden sind.

2. PHASE: Stellungnahme der Konfliktparteien
   - Die betroffenen Parteien tragen Ihnen Ihre Standpunkte vor.
   - Fassen Sie diese jeweils zusammen und visualisieren Sie sie, z. B. an einem Flipchart.
   - **Achtung:** Formulieren Sie keine Forderungen, sondern machen Sie möglichst allgemeine Aussagen.
   - Die Konfliktparteien einigen sich auf eine Reihenfolge, in der die Themen bearbeitet werden. Halten Sie sich an die Reihenfolge.

3. PHASE: Klärung der Motive
   - Klären Sie mit den Konfliktparteien, warum bestimmte Dinge wichtig sind.
   - Berücksichtigen Sie dabei auch die jeweilige Gefühlslage der Beteiligten.
   - Fragen Sie nach den Wünschen der beteiligten Parteien.
   - Visualisieren Sie diese auf dem Flipchart.

4. PHASE: Konfliktlösung
   - Halten Sie Lösungsansätze mithilfe eines Brainstormings fest.
   - Die Konfliktparteien diskutieren die Lösungsvorschläge und bewerten sie.
   - Suchen Sie eine gemeinsame Lösung.

5. PHASE: Vereinbarung
   - Formulieren Sie eine Vereinbarung und halten Sie diese schriftlich fest.
   - Alle beteiligten Parteien unterschreiben die Vereinbarung.

A

9   Üben Sie das Zusammenfassen: Bilden Sie eine Dreiergruppe (A, B, C). A erzählt B etwa eine halbe Minute eine Geschichte, anschließend muss B wiedergeben, was A gesagt hat. A muss B die Richtigkeit bestätigen. Erst wenn alles richtig wiedergegeben ist, darf B fortfahren, die Geschichte zu erzählen. C überwacht das Gespräch der beiden.

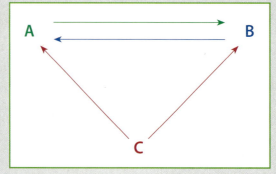

Der Fall „Anna und Sahand"

Allgemeine Information:

In der 11. Klasse eines Wirtschaftsgymnasiums gibt es einen heftigen Konflikt. Zwei der Schüler, Anna und Sahand, sind seit langem zerstritten. Ihr Streit ist ein Hinweis auf das allmähliche Auseinanderfallen der Klassengemeinschaft, vielleicht sogar eine seiner Ursachen. Aber auch für die beiden ist der Leidensdruck mittlerweile recht hoch. Nachdem Anna sich ausführlich mit einer Freundin besprochen hat, wendet sie sich an ein Mitglied der Streitschlichter-AG, die es an ihrer Schule gibt. Sie bittet darum, dass die Streitschlichterinnen ihr und Sahand behilflich sind, den Konflikt zu lösen.

Rollenkarte Anna:

Anna kommt aus einer spanischen Familie, die noch nicht lange in Deutschland lebt. Anna, die in Madrid eine gute Schülerin war und sich auf das Leben in Deutschland gefreut hatte, spricht noch nicht besonders gut Deutsch – ihre Stärke sind eher die mathematisch-naturwissenschaftlichen Fächer. Die Sprache ist ein größeres Hindernis, als sie dachte. Anna fühlt sich von ihren Mitschüler-innen nicht ernst genommen – die haben noch nicht kapiert, dass sie aus einem modernen, westlichen Land kommt. Es verletzt Anna, wenn sie mit Mädchen in einen Topf geworfen wird, denen sie sich überlegen fühlt, zum Beispiel Mitschüler/innen aus Dörfern in Anatolien oder Marokko. Besonders unangenehm benimmt sich Sahand, der keine Gelegenheit auslässt, Anna herabzusetzen. Bei dem gut aussehenden Sahand, der selber aus einer ausländischen Familie kommt, kränkt sie das besonders. Trotzdem lässt Anna nicht locker mit Versuchen in der Klasse die richtige Position zu erlangen. So meldet sie sich zum Beispiel, um beim Schulfest ein anspruchsvolles Gedicht vorzutragen. Anschließend muss sie erleben, wie Sahand vor der gesamten Klasse ihren Akzent und die wenigen Aussprachefehler nachäfft. Das ist für Anna zu viel. Sie bricht in Tränen aus und läuft aus dem Klassenraum.

Es gibt ein paar Mädchen in der Klasse, mit denen Anna sich gut verständigen kann. Ihnen hat sie in letzter Zeit auch davon erzählt, wie sehr sie sich gekränkt fühlt, vor allem von Sahand. Sie hat ihren Freundinnen (eigentlich sind es nur Bekannte) das Versprechen abgenommen, dass sie Sahand links liegen lassen.

Bei einem dieser Gespräche tauchte dann auch der Vorschlag mit der Mediation auf. Anna will es versuchen. Aber es ist ihr wichtig, dass sie dabei nicht als das arme ausländische Opfer dasteht – das wäre eine weitere Demütigung. Sie ist sich nicht sicher, ob es ihr gelingen wird, cool zu bleiben, denn eigentlich ist sie mit den Nerven völlig fertig.

Rollenkarte Sahand:

Sahand kommt aus einer iranischen Familie. Er ist in Deutschland geboren und spricht Hochdeutsch und außerdem den örtlichen Dialekt fast wie zwei Muttersprachen. Sahand ist ein pfiffiger Bursche, er kommt im Unterricht gut klar. Er und Eike sind die Klassenbesten. Da muss man schon aufpassen, dass man nicht als Streber gilt. Deshalb – und weil es ihm überhaupt liegt – riskiert Sahand ganz gerne oft eine große Klappe und macht viele Witze. Weil er gut aussieht und auch wirklich charmant ist, kommt das oft gut an.

Eigentlich fühlt sich Sahand in dieser Klasse wie ein Fisch im Wasser. Aber in letzter Zeit gab es Trübungen.

Viele Mitschüler/-innen lachten nicht mehr so mit ihm wie früher und ein paar von den Mädchen scheinen ihn richtig zu schneiden. Nach der Sache beim Schulfest, wo Anna sich so aufgeregt hatte, hat Eike ihm dann zugeflüstert, er hat gehört, die Anna habe schon die halbe Klasse gegen ihn, Sahand, mobilisiert, vor allem die Mädchen. Plötzlich ist Sahand klar, was da läuft und dass er in Gefahr ist, das Opfer einer Intrige zu werden.

Auf das Mediationsverfahren will er sich einlassen, weil das vielleicht eine gute Gelegenheit ist, diesen ganzen Mist aufzudecken.

Kurt Faller, Wilfried Kerntke, Maria Wackmann: Konflikte selber lösen, Mediation für Schule uns Jugendarbeit, Verlag an der Ruhr, Mühlheim an der Ruhr 1996, S. 148

10 Führen Sie mit Ihrer Lerngruppe eine Spinnwebanalyse durch.   **A**

11 Führen Sie mit Ihrer Lerngruppe ein Rollenspiel durch. Besetzen Sie die Rolle von Anna und Sahand sowie die des/-r Vermittlers/-in.

Exklusive Schuhmoden Schuster

Allgemeine Information:

Die Firma Exklusive Schuhmoden Schuster ist ein mittelgroßes Familienunternehmen, das elegante Schuhe des gehobenen Preisniveaus herstellt. Um der starken Konkurrenz aus dem Ausland weiterhin standzuhalten, muss jeder Angestellte die volle Leistung erbringen. Trotzdem sieht es das Unternehmen auch als seine Aufgabe an, Auszubildende auf ihren Beruf vorzubereiten.

Rollenkarte Paul

Paul ist 17 Jahre alt und im zweiten Ausbildungsjahr Bürokaufmann bei Exklusive Schuhmoden Schuster. Ihm gelingt es momentan nicht, sich im Betrieb oder in der Schule zu konzentrieren, es fehlt auch jegliche Lust, sich einzubringen. Paul, der bis jetzt immer zuverlässig und pünktlich war, kommt zu spät und ohne triftige Entschuldigung in den Betrieb und geht oft gar nicht in die Schule. Auch die Freundlichkeit gegenüber den Kunden/-innen lässt zurzeit zu wünschen übrig.

Die häusliche Situation von Paul ist momentan sehr angespannt, seine Freundin hat ihm vor Kurzem eröffnet, dass sie ein Kind von ihm erwartet. Paul ist von der Situation überfordert und weiß nicht, wie er Ausbildung, Freundin und Kind unter einen Hut bekommen soll. Er fühlt sich zu jung, um Vater zu werden.

Rollenkarte Frau Schuster

Paul war immer ein pünktlicher Auszubildender, auf den man sich verlassen konnte und der stets höflich und zuvorkommend zu den Kunden/-innen war. Auch die schulischen Leistungen sprachen für sich.
In letzter Zeit ist er unhöflich zu Kunden/-innen, gibt unverschämte Antworten, interessiert sich nicht mehr für Schule und Betrieb. In der Schule häufen sich Fehlzeiten. Wenn das so weitergeht, wird Paul den Betrieb verlassen müssen, denn schließlich braucht der Betrieb einen Auszubildenden, der sich zu 100 und nicht nur zu 50 Prozent einbringt. Frau Schuster sucht mit Paul das Gespräch, um zu sehen, ob er einen kurzfristigen Durchhänger hat und es sich lohnt, weiter in diesen Auszubildenden zu investieren.

A

12 Führen Sie mit Ihrer Lerngruppe ein Rollenspiel durch. Besetzen Sie die Rolle von Paul und Frau Schuster sowie die eines/-r Vermittlers/-in.

13 Nehmen Sie das Gespräch mit einer Videokamera auf und werten Sie es im Anschluss aus.

Lernbereich 2: Expositorische Texte

1 Beschreibung

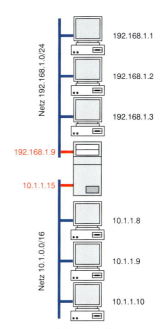

Beispiel: Person   *Beispiel: Werkzeug/Maschine*   *Beispiel: Netzwerk*

1 Weshalb ist es notwendig, bei der Beschreibung der oben dargestellten Bilder unterschiedliche Formen der Beschreibung zu wählen?   **A**

Jede **Beschreibung** dient der Information. Sie ist eine sachbetonte und realitätsnahe Darstellungsform. Die Beschreibung dient z. B. dazu, einen konkreten bzw. abstrakten Gegenstand, einen Vorgang, eine Person, eine Landschaft, einen Raum oder ein Bild mit sprachlichen Mitteln darzustellen, sodass die Leser/-innen eine genaue Vorstellung des Beschriebenen gewinnen kann. Dazu ist es notwendig, wichtige Merkmale wie Beschaffenheit, zeitliche und räumliche Gegebenheiten und die funktionalen Anordnungen zu beschreiben.

Die Beschreibung erfordert es, eine genaue und eindeutige sprachliche Form zu wählen. Während die Verwendung von Fachsprache sinnvoll ist, sollen Fremdwörter vermieden bzw., falls doch erforderlich, zusätzlich erläutert werden.

T

Formen der Beschreibung
- **Gegenstandsbeschreibung**
  - Informiert über Merkmale und Eigenschaften von Gegenständen.
- **Vorgangsbeschreibung**
  - Informiert über wiederholbare Vorgänge oder Teilvorgänge, z. B. Tätigkeiten, Veränderungen, Abläufe.
- **Funktionsbeschreibung**
  - Informiert z. B. über die Funktionsweise und das Zusammenwirken von Geräten, Organen, Naturereignissen usw.
- **Personenbeschreibung**
  - Informiert und vermittelt ein Gesamtbild einer Person. Neben dem äußeren Erscheinungsbild geht es oft auch um die Charakterisierung der Person.
- **Bildbeschreibung**
  - Informiert und ermöglicht es, dass sich die Leser/-innen ein Bild vorstellen können.
- **Landschaftsbeschreibung**
  - Beschreibt die Formen u.a. von Pflanzen, Tieren und Gebäuden und erfasst die objektiven Gegebenheiten, damit sich die Leser/-innen diese in der Gesamtheit vorstellen können.
- **Raumbeschreibung**
  - Informiert über die Größe und die Gestaltung, z. B. Einrichtungsgegenstände, Farbe, Lichteinwirkung, um einen Eindruck von dem Raum zu vermitteln.

1.1 Gegenstandsbeschreibung

Im alltäglichen und im beruflichen Leben ist es immer wieder erforderlich, einen Gegenstand näher zu beschreiben, z. B. wenn eine Kundin oder ein Kunde nähere Informationen zu einem Artikel wünscht. Dies gilt gleichermaßen für den Verkaufs- und den Servicebereich.

1   Deckel

2   Wasserstandsanzeige

3   Glaskanne

4   Warmhalteplatte

5   Kaffefilter

6   Deckel

7   Griff

8   Bedienelement

A

1   Finden Sie für jede Nummer die entsprechenden Begriffe für die Teile der Kaffeemaschine.
2   Beschreiben Sie die Kaffeemaschine.

Eine Gegenstandsbeschreibung informiert über:
- Einzelteile und Merkmale,
- Eigenschaften und Zweck,
- Zustände und Formen.

Dabei ist neben den wesentlichen Merkmalen auch das Allgemeine, Einzelne und Besondere des Gegenstandes zu erfassen. Die Verwendung von Fachbegriffen ist unbedingt erforderlich. Eine Gegenstandsbeschreibung wird zudem durch die Verwendung von Adjektiven für die Leser/-innen anschaulicher.

Alle Angaben müssen genau und eindeutig beschrieben und in der richtigen Reihenfolge angeordnet werden.

Da der/die Leser/-in den Gegenstand schrittweise erfassen soll, sind folgende Formen der Beschreibung geeignet:

- von außen nach innen beschreiben,
- vom Auffallenden zum Gewohnten,
- vom Vordergrund zum Hintergrund,
- vom Allgemeinen zum Besonderen,
- vom Großen zum Kleinen.

Schlüsselfragen für die Beschreibung von Gegenständen

- Wie heißt der Gegenstand?
- Wie groß ist der Gegenstand?
- Welche Form hat der Gegenstand?
- Welche Farbe und Oberfläche hat der Gegenstand?
- Wozu verwendet man den Gegenstand?
- Wie heißen die wichtigsten Bestandteile?
- Welche Form, Größe und Beschaffenheit haben die Bestandteile?
- Welche Aufgaben erfüllen die Bestandteile?

Allerdings wird es nicht immer möglich sein, alle Schlüsselfragen zu beantworten. Eine zu detaillierte Beschreibung verwirrt eventuell nur die Leser/-innen. Sie können dann der Beschreibung nicht die notwendige Aufmerksamkeit schenken. Deshalb immer zuerst ein Gesamtbild des Gegenstandes beschreiben und danach die wichtigsten Details.

eXtrem SlimLine: nur 4,2 cm flach, mit LED Dispay, super stylisch & robust, auch technisch Klasse, Samsung Qualitäts-TV-Tuner für beste Bilder, integriert Wiedergabe Formate 4:3 und 16:9

Technische Daten im Überblick:

Dieser Player/Recorder besitzt einen HOCHWERTIGEN +R/W Loader,
zum Beschreiben der DVD Rohlinge.5.1

- Dolby Digital über optischen oder koaxialen Digitalausgang
- 5 Aufnahme-Qualitäten einstellbar: HQ, SP, LP und EP und SLP (bis zu 6 Stunden Aufnahme auf einem Rohling möglich!)
- Qualitativ hochwertiger Loader eingebaut: → liest alles
- Progressive Scan Technologie: das beste Bild für die besten Fernseher und LCD/TFT TV´s
- Bis zu 6 Stunden Film auf einer einzigen 4.7 GB DVD
- Editierfunktion um z. B. Werbung zu löschen
- Eingebauter TV Tuner mit automatischer Fernsehsendereinstellung, Positionswechsel der Sender ist selbstverständlich möglich.
- Zubehör inklusive: Fernbedienung inkl. Batterien (2 x Micro AAA), 1 DVD-Rohling + RW, 1 x Scartkabel, 1 x Antennenkabel), Bedienungsanleitung in leicht verständlichem Deutsch.

Lieferumfang
- Bedienungsanleitung in leicht verständlichem Deutsch
- Fernbedienung
- Batterien
- 75-Ohm-Antennenkabel
- Scartkabel

Medien/Formate
- CD/DVD/VCD/SVCD/MVCD/Mini DVD (Abspielen)
- DivX/MPG4/AVI/MP3/JPEG/KodakPicture-CD (Abspielen)
- CD-R/CD-RW/DVD-R/DVD-RW (Abspielen)
- DVD+R/DVD+RW (Abspielen und Aufnehmen)

Ein-/Ausgänge
- 2-Kanal Audio-Rechts/Links Eingang/Ausgang
- 5.1 Dolby Digital™ Heimkino Sound über digital Out
- S-Video-Eingang / -Ausgang
- TV-Tuner-Eingang mit Signaldurchschleifung (Kabel oder Antenne)
- Composite Video-Ausgang
- Component Video-Ausgang
- **RF-TV-Ausgang, RGB/YUV/PSCAN-Ausgang**
- Coaxialer Digital-Ausgang
- 1 x Scart-Eingang
- 1 x Scart-Ausgang
- AV-Eingang
- S-Video-Eingang
- PAL/NTSC Kompatibel

Abmessungen/ Farbe
- 420 x 260 x 53 mm (BxTxH)
- edles silber/schwarz

Technische Spezifikationen
- Eingebauter TV-Tuner mit automatischer Sender-Programmierung
- Kinderleichte Aufnahme per Knopfdruck (OneTouchRecording)
- MPEG1 und MPEG2 Formate
- 4:3 und 16:9 Video Formate
- PAL Und NTSC kompatibel
- Grafisches OSD-Menü
- Multifunktions-Display
- Schneller Suchlauf (vor- und rückwärts bis 64 Fach)
- Einzelbildwiedergabe
- Kapitel-Sprung/ Kapitel-Menü bei DVD
- Zeitlupe
- Mute-Funktion (Stummschaltung)
- Wiederholfunktionen (one/All/A-B/Random)
- Zoom Funktion (2x/4x/8x)
- Multi-Angle-Funktion
- MP3 aus Unterverzeichnissen
- Progressive Scan -> **Beste DVD Bildwiedergabe**
- 5.1 Kanal Dolby Digital™ Heimkino Sound über digital Out
- Bildschirmschoner
- JPEG Bildwiedergabe
- Lesezeichen

DVD-Rekorder-Funktion
- Aufnahme auf DVD+R/DVD+RW
- 5 Aufnahme-Qualitätsmodi (HQ/1h, SP/2h, LP/3h, EP/4h, SLP/6h)
- Schnell-Aufnahme-System (One key Recording)
- Timer-Aufnahmen (8fach)
- Echtzeit-Aufnahmen von TV-Programmen
- Audio-/Video-Aufnahmen vom Camcorder, Videorekorder oder anderen Quellen
- umfangreiche Editierfunktionen
- Finalisieren/Kompatibel machen

A

3 Was ist bei der Beschreibung eines technischen Gerätes wichtig?

4 Welche Angaben über den Gegenstand würden z. B. eine/-n Käufer/-in besonders in ihrer/seiner Kaufentscheidung beeinflussen?

5 Erstellen Sie eine Matrix mit den wichtigen Merkmalen des Gegenstandes und vergleichen Sie auch andere DVD-Recorder.

6 Suchen Sie Gegenstände aus Ihrer Berufswelt und beschreiben Sie diese für eine/-n „Nichtfachmann/-frau".

7 Sie wollen einen Artikel im Internet anbieten. Beschreiben Sie diesen Gegenstand.

8 **Ratespiel:** Abwandlung von „Was bin ich?"

Ein/-e Schüler/-in wählt einen Gegenstand aus. Die übrigen Mitglieder der Lerngruppe versuchen durch entsprechende Fragestellung herauszufinden, welchen Gegenstand sich der/die Schüler/-in ausgewählt hat. Der/die Schüler/-in darf auf die Fragen nur mit Ja oder Nein antworten. Ein Mitglied der Lerngruppe führt eine Strichliste. Zwei Mitglieder der Lerngruppe notieren die Fragen. Überlegen Sie sich, was der/die Schüler/-in, der/die sich den Gegenstand ausgedacht hat, für jede mit Nein beantwortete Frage als Belohnung erhält.

1.2 Vorgangsbeschreibung

  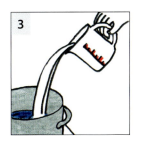 

1 Beschreiben Sie den Vorgang für die Herstellung von Kartoffelpüree aus der Fertigpackung oder für die traditionelle Zubereitung.

A

2 Erstellen Sie für die Zubereitung des Kaffees mit der Kaffeemaschine eine Vorgangsbeschreibung.

3 Beschreiben Sie weitere Arten der Zubereitung von Kaffee. Erstellen Sie dazu eine Mindmap.

Bei der **Vorgangsbeschreibung** werden wiederholbare Vorgänge in der Zeitform des Präsens für den/die Leser/-in verfasst.

Wie eine Vorgangsbeschreibung aufgebaut sein sollte und welche Formen zur Vorgangsbeschreibung zählen, zeigt die Mindmap.

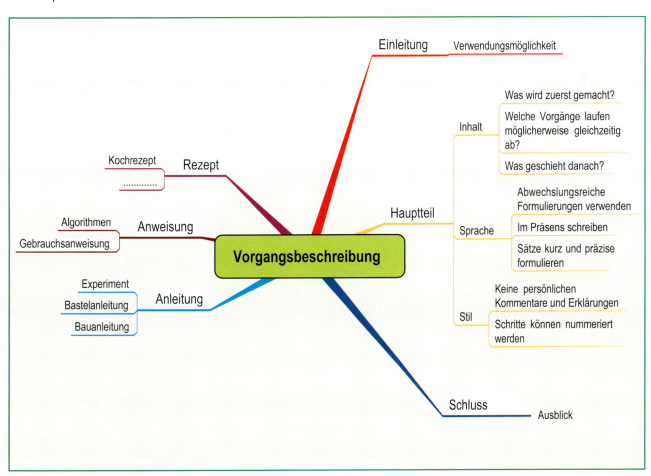

Mithilfe einer **Mindmap** kann eine Vorgangsbeschreibung visuell strukturiert und gegliedert werden. Die Hauptzweige zeigen die Gliederungspunkte 1. Ordnung. Die Unterzweige weisen dann auf Gliederungspunkte der 2. Ordnung bzw. 3. Ordnung hin. Durch die Mindmap bietet sich die Möglichkeit eines schnellen und effektiven Brainstormings bzw. Planungsprozesses.

Eine Mindmap stellt Zusammenhänge sowie die zeitliche und räumliche Gliederung eines Themas in einem Bild zur Verfügung, wobei das Thema selber als Zentralidee in der Mitte steht. Gedankliche Entwicklungen und logische Folgerungen lassen sich in den, von der Zentralidee abgehenden Zweigen und Verästelungen, leicht entwickeln bzw. nachvollziehen. Damit erhalten Sie das Grundgerüst (Gedankenskizze) z. B. für eine Vorgangsbeschreibung.

T

Grundregeln der Mindmap-Technik:

1. In der Mitte wird das Thema bzw. der Themenbereich notiert.
2. Schreiben Sie alle Begriffe in Druckschrift auf die Zweige.
3. Schreiben Sie die Begriffe auf die Linien und erweitern Sie die Zweige bzw. verknüpfen Sie zusammengehörige Begriffe miteinander.
4. Schreiben Sie auf jeden Zweig nur einen Begriff.
5. Benutzen Sie unterschiedliche Farben und Symbole.
6. Notieren Sie alle Begriffe, die zu dem Thema bzw. Themenbereich gehören.
7. Nutzen Sie dieses Gerüst als eine vorläufige Struktur ohne Anspruch auf Vollständigkeit.

M

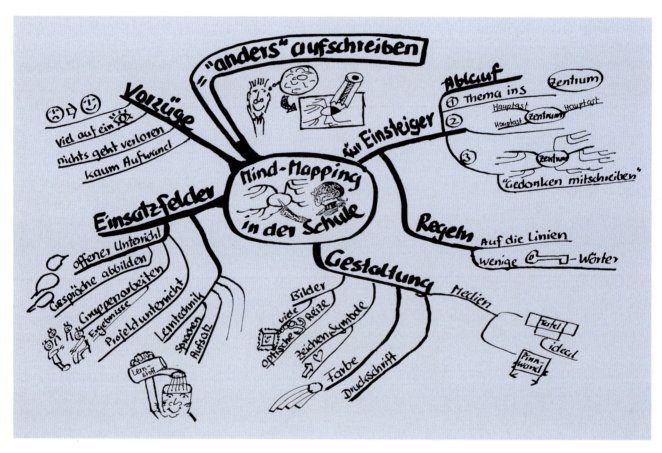

Ulrich Lipp

1.3 Programmablaufplan oder Struktogramm

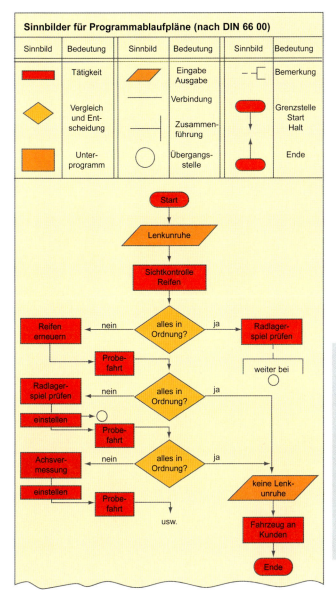

In vielen Fällen ist es sinnvoll, eine Vorgangsbeschreibung mithilfe eines Programmablaufplans, eines Struktogramms oder eines Schaubildes zu verdeutlichen. Dadurch können Zusammenhänge visuell einprägsam mitgeteilt und veranschaulicht werden. Gerade für Präsentationen eignet sich dies besonders. Auf diese Weise können die Zuhörer/-innen den Vorgang Schritt für Schritt nachvollziehen und Zusammenhänge besser erfassen.

Ein **Programmablaufplan** bzw. ein **Struktogramm** eignet sich insbesondere zur Beschreibung von immer wiederkehrenden Vorgängen im technischen Bereich als Checkliste. In vielen Unternehmen wird diese Art der Vorgangsbeschreibung eingesetzt, um alltägliche Abläufe (z. B. Prozessabläufe bei der Produktion) für die Mitarbeiter/-innen zu veranschaulichen.

1 Erstellen Sie für folgende Vorgänge einen Programmablaufplan oder ein Struktogramm: **A**
- a) das gesetzliche Mahnverfahren,
- b) die Tarifvertragsverhandlungen,
- c) Erstellung eines Serienbriefes,
- d) Geldüberweisung online durchführen,
- e) eine Kündigung,
- f) Fehlersuche für einen elektrischen Hausanschluss,
- g) Kaffee trinken,
- h) Klassenfahrt planen.

Struktogramm

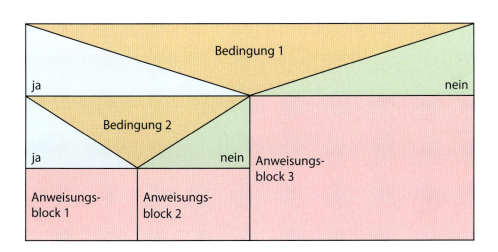

1.4 Schaubild

Netto-Werbeeinnahmen erfassbarer Werbeträger 2005: 19,8 Milliarden Euro (+ 1,0 % gegenüber 2004)

Deutschlands Werbemarkt

Veränderung gegenüber 2004 in %

davon

Werbeträger	Mrd. Euro	Veränderung
Tageszeitungen	4,4 Mrd. Euro	- 1,9 %
Fernsehen	3,9	+ 1,8
Werbung per Post	3,4	0
Anzeigenblätter	1,9	+ 3,4
Publikumszeitschriften	1,8	- 2,6
Verzeichnismedien	1,2	+ 0,1
Fachzeitschriften	0,9	+ 4,3
Außenwerbung	0,8	+ 6,8
Hörfunk	0,7	+ 7,4
Online-Angebote	0,3	+ 22,5
Wochen-/Sonntagszeitungen	0,3	+ 5,6
Kino	0,1	- 9,8
Zeitungssupplements	0,1	+ 1,1

Quelle: ZAW

© Globus 0673

A

1 Analysieren Sie das Schaubild:

   a) Aus welcher Quelle stammen die Daten?

   b) Ist der Zeitpunkt der Datenerhebung angegeben?

   c) Wie lautet die Überschrift?

   d) Über welchen Bereich informiert das Schaubild?

   e) Welcher Werbeträger hat die größten Einnahmen?

   f) Welcher Werbeträger hat prozentual den größten Verlust?

   g) Worauf ist dies zurückzuführen?

   h) Welche Zusatzinformationen erhalten Sie durch das Schaubild über die Onlinewerbung?

2 Halten Sie mithilfe des Schaubilds ein Impulsreferat zum Thema „Welche Werbeträger werden in Zukunft wichtiger?" Nutzen Sie dazu auch die Informationen auf Seite 85 f.

M

Impulsreferat

Beim Impulsreferat liegt die Betonung auf „kurz". Notieren Sie auf einem Blatt Papier die wesentlichen Gedanken stichpunktartig. Wichtig ist dabei die spontane Reflexion. Das Ziel eines Impulsreferates ist es, innerhalb kürzester Zeit Informationen verbal zu vermitteln und dadurch spontane Anregungen für die Weiterarbeit zu schaffen.

1.5 Anleitung

Pizza herstellen

Zutaten ausreichend für ein Backblech:

Für den Teig:
300 g Mehl Typ 405
1/3 Würfel Frischhefe
1–2 EL Olivenöl
1 TL Salz
ca. 150 ml Wasser oder Milch
Mehl zum Ausrollen

Für den Pizzabelag:
2–3 Tomaten
2 Kugeln Mozzarella
2 EL Olivenöl
1 Knoblauchzehe
Basilikumblätter (nach Belieben)
Salz, Pfeffer

Für die Tomatensauce:
1 Dose Tomaten oder ca. 400 g Tomatensauce
1–2 EL Olivenöl
Pfeffer und Salz
½ TL getrocknete Oregano
Basilikum
Backzeit: 15–20 Minuten. Backtemperatur: 220 °C

Regal zusammenbauen

Materialliste für ein CD-Regal

6 Böden Spanplatte, 12 mm,
nussbaumfurniert,
300 x 400 mm
1 Bodenplatte Spanplatte,
14 mm, nussbaumfurniert,
320 x 420 mm
2 Seitenteile Spanplatte,
12 mm nussbaumfurniert,
1800 x 300 mm
1 Rückwand MDF, 3 mm,
nussbaumfarbig, 1800 x 400 mm
30 Holzdübel

---

1 Erstellen Sie eine Anleitung für die Herstellung einer Pizza oder den Zusammenbau des Regals.
2 Erstellen Sie eine Checkliste für eine Anleitung.
3 Wodurch unterscheiden sich technische Anleitungen und Anleitungen für Rezepte?
4 Nehmen Sie ein Produkt oder eine Dienstleistung aus Ihrem Lebens- oder Arbeitsbereich und erstellen Sie dafür eine Anleitung.

A

Das Geheimnis liegt nicht nur in der Bohne

Kaffee kann auf verschiedene Weise geröstet und zubereitet werden – Bei Kaffeemaschinen auf hohe Wattzahl achten

MÜNCHEN. Kaffee ist ein wahres Lebenselixier. Er macht morgens müde Geister munter, hält Workaholics bei der Stange und verführt Klatschtanten zu süßen Überstunden in der Konditorei. Ob mit oder ohne Milchschaum, heiß oder mit Eis, süß oder mit Schuss: Am Anfang steht die Bohne. Und die wird zu einem wahren Genuss durch verschiedene Arten der Röstung und Zubereitung.

Frische Kaffeebohnen sehen aus wie Kirschen. „Sie haben zwei Kerne, um an sie heranzukommen muss zunächst die fleischige Hülle entfernt werden", erläutert Reinhardt Hess, Autor des Buches „Kaffeebar". Das kann durch Einweichen erfolgen, es gibt aber auch ein Verfahren ohne Wasser. Ist die Bohne isoliert, muss sie erst reifen, dann trocknen. Grundsätzlich gibt es zwei Sorten, die feine Arabica und die einfachere Robusta. „Innerhalb derer existieren aber noch unzählige Untersorten", sagt Fachmann Hess.

„Geröstet werden die Bohnen erst im Verkaufsland. Dieser Vorgang entzieht den Bohnen die Feuchtigkeit, aus den enthaltenen Zuckerstoffen entsteht dann das typische Kaffeearoma", erklärt der Autor. Die verschiedenen Kaffeetypen, wie zum Beispiel „Wiener Melange", „Espresso" oder „Torrefacto" unterscheiden sich dabei nicht nur in der Sortenmischung, sondern auch in der Röstart.

„Je heller geröstet wird, desto milder ist der Kaffee und je dunkler, umso stärker", sagt Hess. Jeder Hersteller mischt seine Bohnen selbst. „Robusta hat einen hohen Säuregehalt. Ist diese Sorte in der Mischung enthalten, steigt auch der Koffeingehalt. Der Kaffee wird geschmacklich etwas herber und ist meist billiger", sagt Hess.

Bei der Zubereitung des schwarzen Getränks ist das Aufbrühen per Hand die älteste aller Methoden. „Wichtig ist hier, dass Sie zwar heißes, aber nicht kochendes Wasser verwenden, da sonst das Aroma verdunstet." Die optimale Temperatur zum Brühen ist 95 Grad. „Warten Sie, nachdem das Wasser gekocht hat, einfach 30 Sekunden, dann stimmt die Temperatur", rät der Spezialist.

Wird der Kaffee mit der Maschine zubereitet, sollte man beim Kauf auf eine hohe Wattzahl achten. „So kann das Wasser schnell erhitzt werden und fliegt zügig über den Kaffee. Ist dies nicht der Fall, geht es wieder zu Lasten des Aromas", erklärt Hess. „Außerdem kühlt das Wasser aus, und kalter Kaffee soll zwar schön machen, schmeckt aber nicht. In Gegenden mit sehr kalkreichem Wasser sollte man seine Maschine zudem regelmäßig entkalken oder einen Wasserfilter benutzen", rät der Buchautor.

Beim Kaffee aus der Presskanne wird der Kaffeesatz durch Herabdrücken eines Siebes vom Getränk getrennt. „Dieser Kaffee ist ölhaltiger, da kein Filter verwendet wird, und damit nicht so magenfreundlich." Trotzdem schwören etliche Kaffeetrinker gerade auf diese Zubereitungsweise.

Der Unterschied zwischen Kaffee und Espresso liegt einerseits in der Röstung und Konzentration, aber auch in der eigenen Kaffee-Philosophie der Italiener. „Dort ist der Kaffee ein Genussmittel, das zelebriert wird", betont der Autor. Espresso ist die Basis für Cappuccino und Latte Macchiato. Er lässt sich entweder mit einer elektrischen Maschine oder in dem dekorativen dreiteiligen Alukännchen zubereiten. „Bei der Kanne wird das Wasser in kurzer Zeit durch das Espressopulver gepresst, wodurch sich nicht so viele Bitterstoffe lösen." Andererseits ist dieser Kaffee sehr ölhaltig, was empfindlichen Menschen wieder auf den Magen schlagen könnte. „Dennoch ist er für die meisten besser verträglich als herkömmlicher Kaffee, wobei es natürlich auf die Menge ankommt", erläutert der Buchautor. Für Mokka wird sehr fein gemahlenes Pulver verwendet. „Es wird mit Wasser verrührt und aufgekocht, der

(Zeilennummern: 5, 10, 15, 20, 25, 30, 35, 40, 45, 50, 55, 60, 65, 70, 75, 80, 85, 90)

Zucker kommt schon während der Zubereitung dazu", sagt Hess. Vor dem Trinken sollte man allerdings einige Zeit warten, damit sich der Satz absetzen kann.

Das obligatorische Glas Wasser zum Kaffee ist übrigens nicht dazu gedacht, um seine angeblich dehydrierende Wirkung aufzuheben. Denn das Trinken von Kaffee trägt trotz einer weitverbreiteten gegenteiligen Ansicht zur Deckung des Flüssigkeitsbedarfs bei. Die Sitte, dass zum Kaffee oft ein Glas Wasser serviert wird, komme aus den arabischen Ländern, wo es immer heiß sei, erläutert Hess.

Die richtige Dosierung von Kaffee liegt etwa bei einem Messlöffel pro Tasse, also bei zirka sechs Gramm, plus einem Löffel für die Kanne. Bei Espresso und Mokka sind es etwa zehn Gramm pro Tasse.

Beim Einkauf des schwarzen Getränks sollte man nicht zu sparsam sein, rät Buchautor Hess. Ein guter Kaffee sei ab fünf Euro pro Pfund erhältlich. Günstiger Kaffee schmecke meist auch nicht so gut. „Es ist wie beim Wein, auch beim Kaffee kommt es auf Farbe, Duft und natürlich auf den Geschmack an", sagt Hess.

Tina Eichmüller: Die Rheinpfalz, Nr. 221, 22. September 2005

5 Bearbeiten Sie den Text nach der 5-Schritt-Methode. **A**

M

5-Schritt-Lesemethode

- Verschaffen Sie sich einen groben Überblick, indem Sie den Text **überfliegen.**
  - Titel, Untertitel, Schlüsselwörter und Abschnitte
- Überlegen Sie sich mithilfe der Informationen, die Sie beim Überfliegen erhalten haben, worum es im Text geht und **formulieren** Sie erste Fragen.
  - Wovon handelt der Text? Auf welche Fragen gibt der Text Antworten?
- **Lesen** Sie jetzt jeden Abschnitt gründlich und auf das Wesentliche konzentriert.
  - Schlagen Sie alle Fach- und Fremdwörter nach, die Ihnen unklar sind.
- Versehen Sie den Text mit **Anmerkungen,** Markierungen und Notizen, um ihn überschaubarer zu machen und das Textverständnis zu erleichtern.
- Nachdem Sie jeden Abschnitt des Textes vollständig bearbeitet haben, stellen Sie die **Zusammenhänge** her**.**
  - Arbeiten Sie die Zusammenhänge zwischen den einzelnen Abschnitten heraus. Fassen Sie wichtige Abschnitte in eigenen Worten zusammen und formulieren Sie passende Überschriften. Formulieren Sie die Aussage und Absicht des/-r Autors/-in. Mithilfe der Ergebnisse können Sie beispielsweise einen Vortrag halten.

6 **a)** Welche unterschiedlichen Kaffeesorten gibt es? Führen Sie dazu auch eine Internetrecherche durch. **A**

   b) Halten Sie mithilfe der Informationen ein Impulsreferat über Kaffeesorten.

7 **a)** Welche verschiedenen Kaffeetypen erläutert der Autor?

   b) Recherchieren Sie im Internet und diskutieren Sie Pro und Kontra der unterschiedlichen Kaffeetypen.

8 Erstellen Sie eine strukturierte Anleitung für die Zubereitung des Kaffees:

   a) durch Aufbrühen per Hand,

   b) mit der Maschine,

   c) mit der Presskanne.

9 Entwerfen Sie eine Mindmap zu diesem Artikel.

1.6 Ablaufbeschreibung

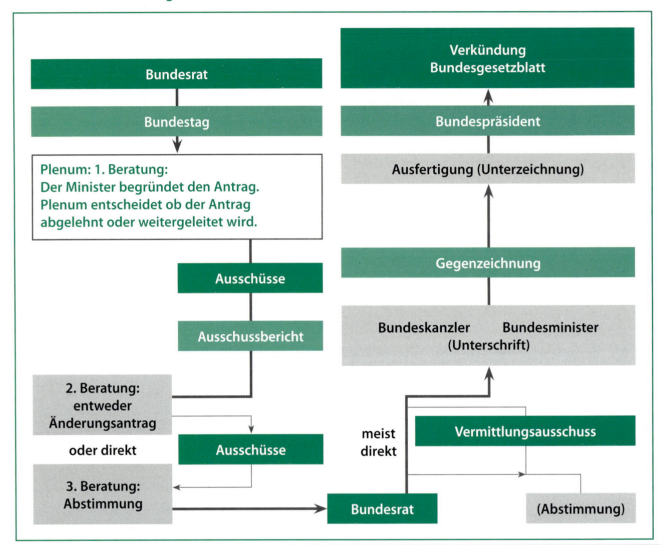

A

1   Beschreiben Sie den Vorgang des Gesetzgebungsverfahrens.

2   Erstellen Sie einen Programmablaufplan des Wahlverfahrens für die Wahl zum Bundestag in der Bundesrepublik Deutschland.

3   Beschreiben Sie den Ablauf des Wahlverfahrens für die Bundestagswahl.

4   Bei der Erfüllung des Kaufvertrags liegt eine Schlechtleistung (mangelhafte Lieferung) vor. Erstellen Sie mithilfe der folgenden Auszüge aus dem Bürgerlichen Gesetzbuch (BGB)

    a)   einen Ablaufplan,

    b)   ein Struktogramm

für das weitere Vorgehen.

Auszüge aus dem BGB
Bürgerliches Gesetzbuch
Buch 2 – Recht der Schuldverhältnisse (§§ 241–853)

§ 280
Schadensersatz wegen Pflichtverletzung

(1)   Verletzt der Schuldner eine Pflicht aus dem Schuldverhältnis, so kann der Gläubiger Ersatz des hierdurch entstehenden Schadens verlangen. Dies gilt nicht, wenn der Schuldner die Pflichtverletzung nicht zu vertreten hat.

(2)   Schadensersatz wegen Verzögerung der Leistung kann der Gläubiger nur unter der zusätzlichen Voraussetzung des § 286 verlangen.

(3)   Schadensersatz statt der Leistung kann der Gläubiger nur unter den zusätzlichen Voraussetzungen des § 281, des § 282 oder des § 283 verlangen.

§ 281
Schadensersatz statt der Leistung wegen nicht oder nicht wie geschuldet erbrachter Leistung

(1) Soweit der Schuldner die fällige Leistung nicht oder nicht wie geschuldet erbringt, kann der Gläubiger unter den Voraussetzungen des § 280 Abs. 1 Schadensersatz statt der Leistung verlangen, wenn er dem Schuldner erfolglos eine angemessene Frist zur Leistung oder Nacherfüllung bestimmt hat. Hat der Schuldner eine Teilleistung bewirkt, so kann der Gläubiger Schadensersatz statt der ganzen Leistung nur verlangen, wenn er an der Teilleistung kein Interesse hat. Hat der Schuldner die Leistung nicht wie geschuldet bewirkt, so kann der Gläubiger Schadensersatz statt der ganzen Leistung nicht verlangen, wenn die Pflichtverletzung unerheblich ist.

(2) Die Fristsetzung ist entbehrlich, wenn der Schuldner die Leistung ernsthaft und endgültig verweigert oder wenn besondere Umstände vorliegen, die unter Abwägung der beiderseitigen Interessen die sofortige Geltendmachung des Schadensersatzanspruchs rechtfertigen.

(3) Kommt nach der Art der Pflichtverletzung eine Fristsetzung nicht in Betracht, so tritt an deren Stelle eine Abmahnung. […]

§ 283
Schadensersatz statt der Leistung bei Ausschluss der Leistungspflicht

Braucht der Schuldner nach § 275 Abs. 1 bis 3 nicht zu leisten, kann der Gläubiger unter den Voraussetzungen des § 280 Abs. 1 Schadensersatz statt der Leistung verlangen. § 281 Abs. 1 Satz 2 und 3 und Abs. 5 findet entsprechende Anwendung.

§ 284
Ersatz vergeblicher Aufwendungen

Anstelle des Schadensersatzes statt der Leistung kann der Gläubiger Ersatz der Aufwendungen verlangen, die er im Vertrauen auf den Erhalt der Leistung gemacht hat und billigerweise machen durfte, es sei denn, deren Zweck wäre auch ohne die Pflichtverletzung des Schuldners nicht erreicht worden.

§ 323
Rücktritt wegen nicht oder nicht vertragsgemäß erbrachter Leistung

(1) Erbringt bei einem gegenseitigen Vertrag der Schuldner eine fällige Leistung nicht oder nicht vertragsgemäß, so kann der Gläubiger, wenn er dem Schuldner erfolglos eine angemessene Frist zur Leistung oder Nacherfüllung bestimmt hat, vom Vertrag zurücktreten.

(2) Die Fristsetzung ist entbehrlich, wenn
1. der Schuldner die Leistung ernsthaft und endgültig verweigert,
2. der Schuldner die Leistung zu einem im Vertrag bestimmten Termin oder innerhalb einer bestimmten Frist nicht bewirkt und der Gläubiger im Vertrag den Fortbestand seines Leistungsinteresses an die Rechtzeitigkeit der Leistung gebunden hat oder
3. besondere Umstände vorliegen, die unter Abwägung der beiderseitigen Interessen den sofortigen Rücktritt rechtfertigen.

(3) Kommt nach der Art der Pflichtverletzung eine Fristsetzung nicht in Betracht, so tritt an deren Stelle eine Abmahnung. […]

§ 325
Schadensersatz und Rücktritt

Das Recht, bei einem gegenseitigen Vertrag Schadensersatz zu verlangen, wird durch den Rücktritt nicht ausgeschlossen.

§ 346
Wirkungen des Rücktritts

(1) Hat sich eine Vertragspartei vertraglich den Rücktritt vorbehalten oder steht ihr ein gesetzliches Rücktrittsrecht zu, so sind im Falle des Rücktritts die empfangenen Leistungen zurückzugewähren und die gezogenen Nutzungen herauszugeben.

(2) Statt der Rückgewähr oder Herausgabe hat der Schuldner Wertersatz zu leisten, soweit
1. die Rückgewähr oder die Herausgabe nach der Natur des Erlangten ausgeschlossen ist,
2. er den empfangenen Gegenstand verbraucht, veräußert, belastet, verarbeitet oder umgestaltet hat,
3. der empfangene Gegenstand sich verschlechtert hat oder untergegangen ist; jedoch bleibt die durch die bestimmungsgemäße Ingebrauchnahme entstandene Verschlechterung außer Betracht.

Ist im Vertrag eine Gegenleistung bestimmt, ist sie bei der Berechnung des Wertersatzes zugrunde zu legen; ist Wertersatz für den Gebrauchsvorteil eines Darlehens zu leisten, kann nachgewiesen werden, dass der Wert des Gebrauchsvorteils niedriger war.

(3) Die Pflicht zum Wertersatz entfällt,
    1. wenn sich der zum Rücktritt berechtigende Mangel erst während der Verarbeitung oder Umgestaltung des Gegenstandes gezeigt hat,
    2. soweit der Gläubiger die Verschlechterung oder den Untergang zu vertreten hat oder der Schaden bei ihm gleichfalls eingetreten wäre,
    3. wenn im Falle eines gesetzlichen Rücktrittsrechts die Verschlechterung oder der Untergang beim Berechtigten eingetreten ist, obwohl dieser diejenige Sorgfalt beobachtet hat, die er in eigenen Angelegenheiten anzuwenden pflegt.
Eine verbleibende Bereicherung ist herauszugeben.
(4) Der Gläubiger kann wegen Verletzung einer Pflicht aus Absatz 1 nach Maßgabe der §§ 280 bis 283 Schadensersatz verlangen.

§ 433
Vertragstypische Pflichten beim Kaufvertrag

(1) Durch den Kaufvertrag wird der Verkäufer einer Sache verpflichtet, dem Käufer die Sache zu übergeben und das Eigentum an der Sache zu verschaffen. Der Verkäufer hat dem Käufer die Sache frei von Sach- und Rechtsmängeln zu verschaffen.

(2) Der Käufer ist verpflichtet, dem Verkäufer den vereinbarten Kaufpreis zu zahlen und die gekaufte Sache abzunehmen.

§ 434
Sachmangel

(1) Die Sache ist frei von Sachmängeln, wenn sie bei Gefahrübergang die vereinbarte Beschaffenheit hat. Soweit die Beschaffenheit nicht vereinbart ist, ist die Sache frei von Sachmängeln,
    1. wenn sie sich für die nach dem Vertrag vorausgesetzte Verwendung eignet, sonst
    2. wenn sie sich für die gewöhnliche Verwendung eignet und eine Beschaffenheit aufweist, die bei Sachen der gleichen Art üblich ist und die der Käufer nach der Art der Sache erwarten kann.
Zu der Beschaffenheit nach Satz 2 Nr. 2 gehören auch Eigenschaften, die der Käufer nach den öffentlichen Äußerungen des Verkäufers, des Herstellers (§ 4 Abs. 1 und 2 des Produkthaftungsgesetzes) oder seines Gehilfen insbesondere in der Werbung oder bei der Kennzeichnung über bestimmte Eigenschaften der Sache erwarten kann, es sei denn, dass der Verkäufer die Äußerung nicht kannte und auch nicht kennen musste, dass sie im Zeitpunkt des Vertragsschlusses in gleichwertiger Weise berichtigt war oder dass sie die Kaufentscheidung nicht beeinflussen konnte.

(2) Ein Sachmangel ist auch dann gegeben, wenn die vereinbarte Montage durch den Verkäufer oder dessen Erfüllungsgehilfen unsachgemäß durchgeführt worden ist. Ein Sachmangel liegt bei einer zur Montage bestimmten Sache ferner vor, wenn die Montageanleitung mangelhaft ist, es sei denn, die Sache ist fehlerfrei montiert worden.

(3) Einem Sachmangel steht es gleich, wenn der Verkäufer eine andere Sache oder eine zu geringe Menge liefert.

§ 435
Rechtsmangel

Die Sache ist frei von Rechtsmängeln, wenn Dritte in Bezug auf die Sache keine oder nur die im Kaufvertrag übernommenen Rechte gegen den Käufer geltend machen können. Einem Rechtsmangel steht es gleich, wenn im Grundbuch ein Recht eingetragen ist, das nicht besteht.

§ 437
Rechte des Käufers bei Mängeln

Ist die Sache mangelhaft, kann der Käufer, wenn die Voraussetzungen der folgenden Vorschriften vorliegen und soweit nicht ein anderes bestimmt ist,
    1. nach § 439 Nacherfüllung verlangen,
    2. nach den §§ 440, 323 und 326 Abs. 5 von dem Vertrag zurücktreten oder nach § 441 den Kaufpreis mindern und
    3. nach den §§ 440, 280, 281, 283 und 311a Schadensersatz oder nach § 284 Ersatz vergeblicher Aufwendungen verlangen.

§ 439
Nacherfüllung

(1) Der Käufer kann als Nacherfüllung nach seiner Wahl die Beseitigung des Mangels oder die Lieferung einer mangelfreien Sache verlangen.

(2) Der Verkäufer hat die zum Zwecke der Nacherfüllung erforderlichen Aufwendungen, insbesondere Transport-, Wege-, Arbeits- und Materialkosten zu tragen.

(3) Der Verkäufer kann die vom Käufer gewählte Art der Nacherfüllung unbeschadet des § 275 Abs. 2 und 3 verweigern, wenn sie nur mit unverhältnismäßigen Kosten möglich ist. Dabei sind insbesondere der Wert der Sache in mangelfreiem Zustand, die Bedeutung des Mangels und die Frage zu berücksichtigen, ob auf die andere Art

der Nacherfüllung ohne erhebliche Nachteile für den Käufer zurückgegriffen werden könnte. Der Anspruch des Käufers beschränkt sich in diesem Fall auf die andere Art der Nacherfüllung; das Recht des Verkäufers, auch diese unter den Voraussetzungen des Satzes 1 zu verweigern, bleibt unberührt.

(4) Liefert der Verkäufer zum Zwecke der Nacherfüllung eine mangelfreie Sache, so kann er vom Käufer Rückgewähr der mangelhaften Sache nach Maßgabe der §§ 346 bis 348 verlangen.

§ 440
Besondere Bestimmungen für Rücktritt und Schadensersatz

Außer in den Fällen des § 281 Abs. 2 und des § 323 Abs. 2 bedarf es der Fristsetzung auch dann nicht, wenn der Verkäufer beide Arten der Nacherfüllung gemäß § 439 Abs. 3 verweigert oder wenn die dem Käufer zustehende Art der Nacherfüllung fehlgeschlagen oder ihm unzumutbar ist. Eine Nachbesserung gilt nach dem erfolglosen zweiten Versuch als fehlgeschlagen, wenn sich nicht insbesondere aus der Art der Sache oder des Mangels oder den sonstigen Umständen etwas anderes ergibt.

§ 441
Minderung

(1) Statt zurückzutreten, kann der Käufer den Kaufpreis durch Erklärung gegenüber dem Verkäufer mindern. Der Ausschlussgrund des § 323 Abs. 5 Satz 2 findet keine Anwendung.

(2) Sind auf der Seite des Käufers oder auf der Seite des Verkäufers mehrere beteiligt, so kann die Minderung nur von allen oder gegen alle erklärt werden.

(3) Bei der Minderung ist der Kaufpreis in dem Verhältnis herabzusetzen, in welchem zur Zeit des Vertragsschlusses der Wert der Sache in mangelfreiem Zustand zu dem wirklichen Wert gestanden haben würde. Die Minderung ist, soweit erforderlich, durch Schätzung zu ermitteln.

(4) Hat der Käufer mehr als den geminderten Kaufpreis gezahlt, so ist der Mehrbetrag vom Verkäufer zu erstatten. § 346 Abs. 1 und § 347 Abs. 1 finden entsprechende Anwendung.

§ 443
Beschaffenheits- und Haltbarkeitsgarantie

(1) Übernimmt der Verkäufer oder ein Dritter eine Garantie für die Beschaffenheit der Sache oder dafür, dass die Sache für eine bestimmte Dauer eine bestimmte Beschaffenheit behält (Haltbarkeitsgarantie), so stehen dem Käufer im Garantiefall unbeschadet der gesetzlichen Ansprüche die Rechte aus der Garantie zu den in der Garantieerklärung und der einschlägigen Werbung angegebenen Bedingungen gegenüber demjenigen zu, der die Garantie eingeräumt hat.

(2) Soweit eine Haltbarkeitsgarantie übernommen worden ist, wird vermutet, dass ein während ihrer Geltungsdauer auftretender Sachmangel die Rechte aus der Garantie begründet.

1.7 Gebrauchsanweisung

Auch Tipps und Hinweise werden oft mithilfe einer Beschreibung besser verständlich.

Gelenkschonend laufen
Stampfen, Federn, Hüpfen: Lauftechniken im Vergleich

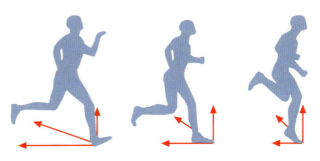

Die Wahrheit – in diesem Fall die optimale Lauftechnik – liegt wie so häufig in der Mitte: Mit flachem Fußaufsatz knapp vor dem Lot des Körperschwerpunktes und mit leicht gebeugtem Kniegelenk werden die hohen Kräfte am besten absorbiert. Das Fußgewölbe kann seine Funktion als Dämpfungssystem perfekt ausüben, und die Beinmuskulatur hilft abzufedern, ohne dass sie

überlastet wird. Den richtigen Fußaufsatz erreichen Sie allerdings nur, wenn Sie auch die anderen Teilbewegungen des Laufens optimieren – und dass es jetzt sehr technisch wird, können wir Ihnen leider nicht ersparen. Also dann: Nach der Aufprall- und Stützphase strecken Sie Bein und Hüfte vollständig durch. Der dynamische Abstoß erfolgt dann über den Fußballen. Der Oberschenkel schwingt aktiv nach vorn, während der Unterschenkel nur passiv, aber stark angewinkelt, folgt. Schließlich setzt der Fuß

wieder am optimalen Punkt flach auf. Ihre Schritte sind also vorn kurz und hinten lang! Der Oberkörper ist nur minimal nach vorn gebeugt, und die Arme schwingen geradlinig und locker entgegengesetzt zu den Beinen mit.

Fit for fun, Ausgabe 2/07, S. 37, Burda GmbH, Offenburg.

A

1 Erstellen Sie in Stichpunkten eine Anleitung zur richtigen Lauftechnik.
2 Beschreiben Sie weitere Vorgänge bei verschiedenen Sportarten.

Alte Tapeten werden restlos von der Wand entfernt. Mit einem Tapeten-Ablöser geht es leichter.

Wasser- und Rostflecken müssen vor dem Tapezieren mit einer Isolier-Grundierung abgesperrt werden, damit sie später nicht durch die neue Tapete durchschlagen.

Löcher und Risse werden mit Füllspachtel entfernt. Größere Schadstellen müssen u.U. in mehreren Arbeitsgängen bearbeitet werden.

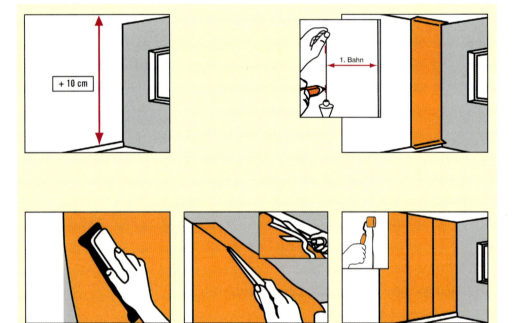

A

3 Führen Sie die Beschreibung anhand der Bilder für den Vorgang zum Tapezieren für eine/-n „Nichtfachmann/-frau" fort.

1.8 Funktionsbeschreibung

„Hybridmotor gehört die Zukunft"

HAMBURG (ap). Während deutsche Autobauer und -käufer beim umweltfreundlichen Antrieb vor allem auf den sparsamen Diesel setzen, gelten unter Autokäufern weltweit Hybridantrieb sowie Wasserstoff-Brennstoffzellen als Motoren der Zukunft. Das geht aus einer Befragung von 3500 Autokäufern in Deutschland, den USA, Frankreich, Großbritannien, Indien und China hervor, die das Nürnberger Marktforschungsinstitut Plus kurz vor Beginn der Autoshow in Detroit gestern in Hamburg veröffentlich hat. Bei der Möglichkeit von Mehrfachnennungen antworteten 42,7 Prozent der weltweiten Autokäufer, sie hielten den Hybridantrieb für die Antriebsform der Zukunft. 41,9 Prozent sagten dies für Wasserstoff-Brennstoffzellen. 38,1 Prozent sehen in biologischen Kraftstoffen auf Pflanzenbasis die Zukunft. 11,5 Prozent halten Diesel- und Benzinmotoren in hergebrachter Form für das Zukunftsmodell. Nach Ansicht von Plus-Chef Konrad Weißner sollten diese Ergebnisse die Deutschen Autobauer alarmieren, weil diese „lange auf den Diesel als Antrieb der Zukunft gesetzt haben."

ap: Die Rheinpfalz, 6.01.07

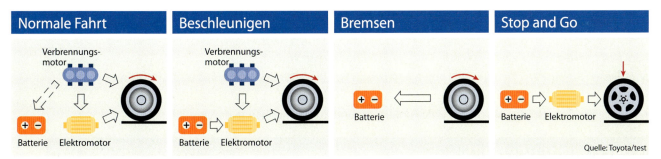

aus: Test Nr. 4, April 2006, S. 84, Hrsg. Stiftung Warentest, Lützowplatz, 10785 Berlin

A

1 Beschreiben Sie anhand der Abbildung, wie der Hybridmotor in den unterschiedlichen Situationen seine Energie zum Fahren lädt.
2 Beschreiben Sie, wie eine Kaffeemaschine funktioniert. Nehmen Sie dazu die Abbildung auf Seite 26 zu Hilfe.

Nicht nur im beruflichen Leben müssen Funktionszusammenhänge beschrieben werden. Auch beispielsweise im technischen Bereich ist es zur Vermeidung von Gefahren und Schäden wichtig, die Funktionen zu kennen.

T

Bei einer Funktionsbeschreibung gilt, dass:
- wichtige Wirkungsweisen und der Aufbau genau beschrieben werden,
- die richtige Reihenfolge eingehalten wird,
- Ursache und Folge in den entsprechenden Beziehungszusammenhang gesetzt werden,
- Wirkungen von einzelnen Teilen eines Systems auf andere Teile oder das Gesamtsystem erläutert werden,
- Fachbegriffe die Funktionsweise in der Regel besser beschreiben,
- die Verwendung von Verben die Funktionenbeschreibung verständlicher macht.

A

3 Wie funktioniert die Suchmaschine Google?
  a) Informieren Sie sich über das Suchverfahren im Internet.
  b) Erstellen Sie eine Anleitung für Ihre Lerngruppe.
  c) Wenden Sie diese Anleitung z. B. für Ihre Homepage an.

Das kostet es

So kalkulieren Sie die VoIP-Gesamtkosten:

1. VoIP-Telefongebüren

Je nach Anbieter zahlen Sie eine Grundgebühr, die Minuten ins Fest- und Mobilfunknetz oder aber eine Flatrate.

2. Internet-Anschluss (zum Beispiel DSL)

Preis je nach Anbieter. DSL meist nur zu Festnetzanschluss. Mit DSL-Flatrate kein Aufpreis für VoIP im Netz.

3. Festnetz-Anschluss

Die Preise variieren je nach Anbieter. Bei der Deutschen Telekom gibt es ihn zum Beispiel ab 15,95 Euro im Monat

4. Kosten für VoIP

Adapter, Router und VoIP-Telefone kosten zirka 60 bis 100 Euro, Komplettlösungen bis 200 Euro. Bei Abschluss eines VoIP-Vertrags sind sie oft günstiger oder kostenlos.

So funktioniert´s

Auf diesen drei Wegen können Sie über das Internet telefonieren:

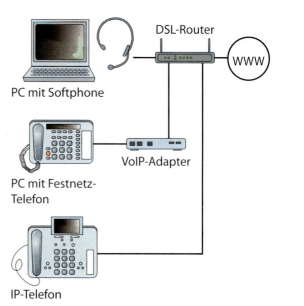

PC mit Softphone

DSL-Router

WWW

VoIP-Adapter

PC mit Festnetz-Telefon

IP-Telefon

A

4   Beschreiben Sie für eine/-n „Kunden/-in" die Funktionsweise VoIP.

5   Finden Sie aus Ihrer beruflichen Lebenswelt Beispiele, die Sie für Ihre Lerngruppe beschreiben.

Mithilfe eines Schaubildes lassen sich viele Funktionen und Zusammenhänge beschreiben.

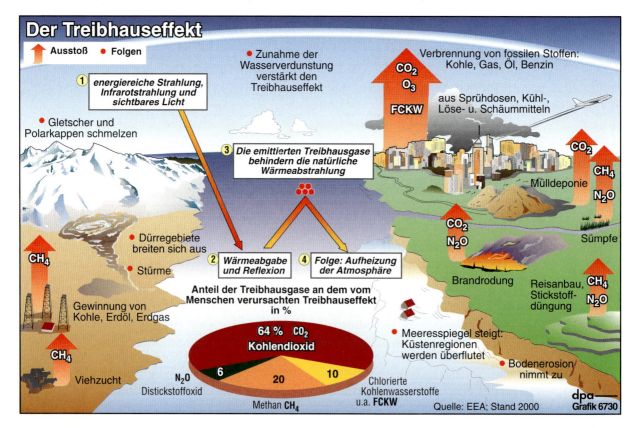

Der Treibhauseffekt

Ausstoß   • Folgen

(1) energiereiche Strahlung, Infrarotstrahlung und sichtbares Licht

• Zunahme der Wasserverdunstung verstärkt den Treibhauseffekt

Verbrennung von fossilen Stoffen: Kohle, Gas, Öl, Benzin

CO_2
O_3
FCKW

aus Sprühdosen, Kühl-, Löse- u. Schäummitteln

• Gletscher und Polarkappen schmelzen

(3) Die emittierten Treibhausgase behindern die natürliche Wärmeabstrahlung

CO_2
CH_4
Mülldeponie
N_2O

• Dürregebiete breiten sich aus

• Stürme

(2) Wärmeabgabe und Reflexion

(4) Folge: Aufheizung der Atmosphäre

CO_2
N_2O
Sümpfe

CH_4

Gewinnung von Kohle, Erdöl, Erdgas

Brandrodung

Reisanbau, Stickstoffdüngung CH_4 N_2O

Anteil der Treibhausgase an dem vom Menschen verursachten Treibhauseffekt in %

CH_4

64 % CO_2 Kohlendioxid

• Meeresspiegel steigt: Küstenregionen werden überflutet

Viehzucht

N_2O 6
20   10

Disickstoffoxid

Methan CH_4

Chlorierte Kohlenwasserstoffe u.a. FCKW

• Bodenerosion nimmt zu

Quelle: EEA; Stand 2000

dpa
Grafik 6730

A

6   Beschreiben Sie den Treibhauseffekt mithilfe des Schaubildes.

7   Bereiten Sie ein Kurzreferat zum Thema Treibhauseffekt vor. Benutzen Sie für die Veranschaulichung und Unterstützung des Referats das Schaubild.

1.9 Personenbeschreibung

Zum Überfall auf die Sparkasse in N., der sich gestern gegen 10:30 Uhr ereignete, sucht die Polizei einen Zeugen, der sich zur gleichen Zeit vor der Sparkasse aufhielt. Es handelt sich um einen ca. 1,76 m großen Mann. Das Alter des Zeugen wird auf ca. 35 Jahre geschätzt. Er trug einen schwarzen Pullover mit einem roten Schriftzug. Der Mann soll südpfälzischen Dialekt gesprochen haben. Der Zeuge soll sich bei der Polizei in N. unter der Nummer 06... melden.

Attraktive Lebenskünstlerin, interessiert an Musik, kann auch mal Romantisches dabei sein, tanzt gerne und geht auch gerne mal ins Theater, gerade erst 23. Geburtstag gefeiert, und ist mit ihren 180 cm sehr schlank, liebt es unabhängig zu sein, wird von Freunden als humorvoll beschrieben, reist gerne, mit besonderer Liebe zum Meer, hat rotblondes Haar und liest auch mal gerne wissenschaftliche Bücher, ist sinnlich und respektiert ihren Partner, freut sich auf die Nachricht (mit Bild bitte) eines intelligenten, zärtlichen, humorvollen und sensiblen jungen Partners, mit dem sie gemeinsame Pläne für die Zukunft schmieden kann.

Der dritte Zwilling
Ken Follet

„Als erstes", sagte Mish, „werden wir eine Art Rohentwurf von seinem Gesicht anfertigen. Es wird ihm nicht ähnlich sehen, aber wir haben eine gute Grundlage. Dann kommen die Details an die Reihe. Dazu müssen Sie sich auf das Gesicht des Täters konzentrieren, so gut Sie können und mir dann allgemeine Beschreibungen geben. Lassen Sie sich Zeit." Lisa schloss die Augen. „Er ist Weißer, unge-

fähr in meinem Alter. Kurzes Haar, keine auffällige Farbe. Helle Augen. Blau würde ich sagen. Gerade Nase [...]".
Mish klickte die Maus an [...]. Während Lisa die verschiedenen Merkmale aufzählte, klickte Mish den betreffenden Abschnitt des Gesichts an [...], Lisa fuhr fort: „Das Kinn war kantig, kein Bart oder Schnauzer [...]."

Ken Follet: Der dritte Zwilling, Bastei-Lübbe-Taschenbuch 12942, Bastei Verlag Gustav H. Lübbe GmbH & Co KG, Bergisch Gladbach, 10. Auflage 1999, S. 79/80

---

1   Markieren Sie die Merkmale, die in den drei Texten die Person näher beschreiben.   **A**

Die **Personenbeschreibung** ist zunächst eine sachliche Darstellung äußerer Kennzeichen eines Menschen, z. B. seines Körpers, der Körperhaltung, der Kleidung. Außerdem können Verhalten und Eigenschaften der Person beschrieben werden, z. B. Aktivitäten, Minenspiel, typische Verhaltensmuster. Eine Personenbeschreibung erlaubt es dem Beobachter oft, eine Beurteilung abzuleiten. Es lassen sich durch die in der Beschreibung erwähnten Merkmale, z. B. pflichtbewusst, freundlich, aggressiv, auch Rückschlüsse auf die Persönlichkeit und den Charakter der Person ziehen.

A

2   Wählen Sie eine Person aus der Abbildung von Seite 43 aus und beschreiben Sie diese.

3   Welche Person haben Sie beschrieben? Lesen Sie Ihre Beschreibung in der Klasse laut vor und lassen Sie Ihre Mitschüler/-innen abstimmen, um welche Person es sich handelt.

4   Fertigen Sie von einer berühmten Persönlichkeit eine Personenbeschreibung an. Eine detaillierte Wiedergabe der folgenden Merkmale hilft bei der Personenbeschreibung:
- Figur
- Gesichtsform
- Nase
- Augen
- Mund
- Hautfarbe und Aussehen
- Kleidung
- Besondere Kennzeichen
- Haarfarbe und Haarschnitt

5   Für eine Personenbeschreibung ist es immer sinnvoll Adjektive einzusetzen. Erstellen Sie eine Tabelle nach folgendem Muster und finden Sie zu den verschiedenen Merkmalen weitere Adjektive.

Aussehen	Kopf	Ohren	Augen	Haare	Charakter	Kleidung
z. B. sympathisch	z. B. rundlich	z. B. groß	z. B. blau	z. B. blond	z. B. redegewandt	z. B. blauer Blazer
...	...	...	...	...	...	...

T

Was bei einer Personenbeschreibung zu beachten ist:
- ■ erkennbare Merkmale hervorheben,
- ■ besondere Merkmale näher beschreiben,
- ■ sonstige Einzelmerkmale angeben,
- ■ Veranschaulichung und Vergleiche zur genauen Beschreibung verwenden,
- ■ Beschreibung im Präsens (Gegenwart) durchführen.

Charakterisierung einer Person in der Literatur

Das Parfüm*
Patrick Süskind

Aber ihr graute vor diesem öffentlichen gemeinsamen Sterben mit Hunderten von fremden Menschen. Sie wollte sich einen privaten Tod leisten, und dazu brauchte sie die volle Marge vom Kostgeld. Zwar, es gab Winter, da starben ihr von den zwei Dutzend kleinen Pensionären drei oder vier. Doch damit lag sie immer noch erheblich besser als die meisten anderen privaten Ziehmütter und übertraf die großen staatlichen oder kirchlichen Findelhäuser, deren Verlustquote oft neun Zehntel betrug, bei weitem. Es gab ja auch viel Ersatz. Paris produzierte im Jahr über zehntausend neue Findelkinder, Bastarde und Waisen. So ließ sich mancher Ausfall verschmerzen.

Für den kleinen Grenouille war das Etablissement der Madame Gaillard ein Segen. Wahrscheinlich hätte er nirgendwo anders überleben können. Hier aber, bei dieser seelenarmen Frau gedieh er. Er besaß eine zähe Konstitution. Wer wie er die eigene Geburt im Abfall überlebt hatte, ließ sich nicht mehr so leicht aus der Welt bugsieren. Er konnte tagelang wäßrige Suppen essen, er kam mit der dünnsten Milch aus, vertrug das faulste Gemüse und verdorbenes Fleisch. Im Verlauf seiner Kindheit überlebte er die Masern, die Ruhr, die Windpocken, die Cholera, einen Sechsmetersturz in einen Brunnen und die Verbrühung der Brust mit kochendem Wasser. Zwar trug er Narben davon und

*In alter Rechtschreibung und Zeichensetzung geschrieben.

Schrunde und Grind und einen leicht verkrüppelten
Fuß, der ihn hatschen machte, aber er lebte. Er war zäh
wie ein resistentes Bakterium und genügsam wie ein
30 Zeck, der still auf einem Baum sitzt und von einem
winzigen Blutströpfchen lebt, das er vor Jahren erbeutet
hat. Ein minimales Quantum an Nahrung und Kleidung
brauchte er für seinen Körper. Für seine Seele brauchte
er nichts. Geborgenheit, Zuwendung, Zärtlichkeit,
35 Liebe – oder wie die ganzen Dinge hießen, deren ein
Kind angeblich bedurfte – waren dem Kinde Grenouille
völlig entbehrlich. Vielmehr, so scheint uns, hatte er sie
sich selbst entbehrlich gemacht, um überhaupt leben zu
können, von Anfang an. Der Schrei nach seiner Geburt,
40 der Schrei unter dem Schlachttisch hervor, mit dem er
sich in Erinnerung und seine Mutter aufs Schafott gebracht hatte, war kein instinktiver Schrei nach Mitleid
und Liebe gewesen. Es war ein wohlerwogener, fast
möchte man sagen ein reiflich erwogener Schrei gewe-
45 sen, mit dem sich das Neugeborene gegen die Liebe und
dennoch für das Leben entschieden hatte. Unter den
obwaltenden Umständen war dieses ja auch nur ohne
jene möglich, und hätte das Kind beides gefordert, so
wäre es zweifellos alsbald elend zugrunde gegangen.
50 Es hätte damals allerdings auch die zweite ihm offen-
stehende Möglichkeit ergreifen und schweigen und den
Weg von der Geburt zum Tode ohne den Umweg über
das Leben wählen können, und es hätte damit der Welt
und sich selbst eine Menge Unheil erspart. Um aber so
55 bescheiden abzutreten, hätte es eines Mindestmaßes
an eingeborener Freundlichkeit bedurft, und die besaß
Grenouille nicht. Er war von Beginn an ein Scheusal. Er
entschied sich für das Leben aus reinem Trotz und aus
reiner Boshaftigkeit.
60 Selbstverständlich entschied er sich nicht, wie ein
erwachsener Mensch sich entscheidet, der seine
mehr oder weniger große Vernunft und Erfahrung
gebraucht, um zwischen verschiedenen Optionen zu
wählen. Aber er entschied sich doch vegetativ, so wie
65 eine weggeworfene Bohne entscheidet, ob sie nun kei-
men soll oder ob sie es besser bleiben läßt.
Oder wie jener Zeck auf dem Baum, dem doch das
Leben nichts anderes zu bieten hat als ein immerwäh-
rendes Überwintern. Der kleine häßliche Zeck, der
70 seinen bleigrauen Körper zur Kugel formt, um der
Außenwelt die geringstmögliche Fläche zu bieten; der
seine Haut glatt und derb macht, um nichts zu ver-
strömen, kein bißchen von sich hinauszutranspirieren.
Der Zeck, der sich extra klein und unansehnlich macht,
75 damit niemand ihn sehe und zertrete. Der einsame
Zeck, der in sich versammelt auf seinem Baume hockt,
blind, taub und stumm, und nur wittert, jahrelang

wittert, meilenweit, das Blut vorüberwandernder
Tiere, die er aus eigner Kraft niemals erreichen wird.
80 Der Zeck könnte sich fallen lassen. Er könnte sich auf
den Boden des Waldes fallen lassen, mit seinen sechs
winzigen Beinchen ein paar Millimeter dahin und
dorthin kriechen und sich unters Laub zum Sterben
legen, es wäre nicht schade um ihn, weiß Gott nicht.
85 Aber der Zeck, bockig, stur und eklig, bleibt hocken
und lebt und wartet. Wartet, bis ihm der höchst un-
wahrscheinliche Zufall das Blut in Gestalt eines Tieres
direkt unter den Baum treibt. Und dann erst gibt er
seine Zurückhaltung auf, läßt sich fallen und krallt und
90 bohrt und beißt sich in das fremde Fleisch ...
So ein Zeck war das Kind Grenouille. Es lebte in sich
selbst verkapselt und wartete auf bessere Zeiten. An
die Welt gab es nichts ab als seinen Kot; kein Lächeln,
keinen Schrei, keinen Glanz des Auges, nicht einmal
95 einen eigenen Duft. Jede andere Frau hätte dieses
monströse Kind verstoßen. Nicht so Madame Gaillard.
Sie roch ja nicht, daß es nicht roch, und sie erwartete
keine seelische Regung von ihm, weil ihre eigene Seele
versiegelt war.
100 Die andern Kinder dagegen spürten sofort, was es mit
Grenouille auf sich hatte. Vom ersten Tag an war ihnen
der Neue unheimlich. Sie mieden die Kiste, in der er
lag, und rückten auf ihren Schlafgestellen enger zusammen, als wäre es kälter geworden im Zimmer. Die
105 jüngeren schrien manchmal des Nachts; ihnen war, als
zöge ein Windzug durch die Kammer. Andere träum-
ten, es nehme ihnen etwas den Atem. Einmal taten sich
die älteren zusammen, um ihn zu ersticken. Sie häuf-
ten Lumpen und Decken und Stroh auf sein Gesicht
110 und beschwerten das ganze mit Ziegeln. Als Madame
Gaillard ihn am nächsten Morgen ausgrub, war er zerknautscht und zerdrückt und blau, aber nicht tot. Sie
versuchten es noch ein paarmal, vergebens. Ihn direkt
zu erwürgen, am Hals, mit eigenen Händen, oder ihm
115 Mund oder Nase zu verstopfen, was eine sicherere
Methode gewesen wäre, das wagten sie nicht. Sie wollten ihn nicht berühren. Sie ekelten sich vor ihm wie vor
einer dicken Spinne, die man nicht mit eigner Hand
zerquetschen will.
120 Als er größer wurde, gaben sie die Mordanschläge auf.
Sie hatten wohl eingesehen, daß er nicht zu vernichten
war. Statt dessen gingen sie ihm aus dem Weg, liefen
davon, hüteten sich in jedem Fall vor Berührung. Sie
haßten ihn nicht. Sie waren auch nicht eifersüchtig
125 oder futterneidisch auf ihn. Für solche Gefühle hätte
es im Hause Gaillard nicht den geringsten Anlaß gegeben. Es störte sie ganz einfach, daß er da war. Sie konnten ihn nicht riechen. Sie hatten Angst vor ihm.

Dabei besaß er, objektiv gesehen, gar nichts Angstein-
130 flößendes. Er war, als er heranwuchs, nicht besonders
groß, nicht stark, zwar häßlich, aber nicht so extrem
häßlich, daß man vor ihm hätte erschrecken müssen.
Er war nicht aggressiv, nicht link, nicht hinterhältig,
er provozierte nicht. Er hielt sich lieber abseits. Auch
135 seine Intelligenz schien alles andere als fürchterlich zu
sein. Erst mit drei Jahren begann er auf zwei Beinen
zu stehen, sein erstes Wort, sprach er mit vier, es war
das Wort »Fische«, das in einem Moment plötzlicher
Erregung aus ihm hervorbrach wie ein Echo, als von
140 ferne ein Fischverkäufer die Rue de Charonne her-
aufkam und seine Ware ausschrie. Die nächsten
Wörter, deren er sich entäußerte, waren »Pelargonie«,

»Ziegenstall«, »Wirsing« und »Jacqueslorreur«, letzte- 145
res der Name eines Gärtnergehilfen des nahegelegenen
Stifts der Filles de la Croix, der bei Madame Gaillard
gelegentlich gröbere und gröbste Arbeiten verrich-
tete und sich dadurch auszeichnete, daß er sich im
Leben noch kein einziges Mal gewaschen hatte. Mit
den Zeitwörtern, den Adjektiven und Füllwörtern 150
hatte er es weniger. Bis auf »ja« und »nein« – die er
übrigens sehr spät zum ersten Mal aussprach – gab er
nur Hauptwörter, ja eigentlich nur Eigennamen von
konkreten Dingen, Pflanzen, Tieren und Menschen
von sich, und auch nur dann, wenn ihn diese Dinge, 155
Pflanzen, Tiere oder Menschen unversehens geruchlich
überwältigten.

Patrick Süskind: Das Parfüm, Die Geschichte eines Mörders, Diogenis Verlag, Zürich 1994, Seite 27–31

A

6 Unterstreichen Sie die Textstellen, die Grenouille beschreiben.
7 Erstellen Sie eine Zusammenfassung der Personenbeschreibung von Grenouille.

Lebensgeschichte – Wer war´s

Gruppenbild mit Dame
Auf Fotos sieht man sie oft rauchen. Da steht oder
sitzt sie im Freundes- und Kollegenkreis, sehr oft als
einzige Frau unter lauter Männern: Gruppenbild mit
Dame. Und mehr oder minder alle Anwesenden hul-
5 digen dem blauen Dunst, sichtlich ohne Gewissens-
bisse. Die Risiken wurden damals kaum diskutiert,
öffentliches Rauchen war noch nicht verpönt, ganz
im Gegenteil: Es signalisierte Weltläufigkeit und
Genuss, eine gewisse Freizügigkeit im Leben und im
10 Denken, auf die man lange hatte verzichten müssen.
Bei Frauen stand Rauchen auch für den Anspruch
auf Emanzipation, ähnlich dem Tragen langer
Hosen, das kam freilich erst Jahre später so richtig in
Mode. In den Jahren, in denen sie ihre größten
15 Erfolge feierte, traten Frauen noch in beschwingten,
oft blumig gemusterten Seidenkleidern oder tailliert
geschnittenen Kostümen auf. Auch das belegen die
Fotos, Dokumente aus einer vergangenen Zeit.
Sie war 26, als man auf sie aufmerksam wurde, bei
20 einem beruflichen Treffen in einem Badeort im
Norden. Schon damals hatte sie eine Lebensentschei-
dung getroffen: Sie wolle auf keinen Fall heiraten;
die Ehe sei nichts für eine Frau, die eigene Ziele ver-
folge und ihren eigenen Kopf habe. Und den hatte

sie in der Tat, einen hübschen, außerordentlich 25
klugen noch dazu, der ihr bald scharenweise
Verehrer und Förderer bescherte.
Nach eigener Aussage war sie in einem Grenzgebiet
aufgewachsen, in einem „Tal mit zwei Namen". Ihre
besondere Begabung hatte die Tochter eines Lehrers 30
und einer Hausfrau als Schülerin entdeckt: „Ich habe
als Kind erst zu komponieren angefangen. Und weil
es gleich eine Oper sein sollte, habe ich nicht gewusst, wer mir dazu das schreiben wird, was die
Personen singen sollten. Also hab ich es selber 35
schreiben müssen …" Das Komponieren gab sie irgendwann auf, das Schreiben blieb: „Der Antrieb dazu, der war in mir selber da. Ich habe alles geschrieben, was man sich nur vorstellen kann. An Quantität
war das, glaub' ich, weit mehr als das, was ich spä- 40
ter als Erwachsene produziert habe …" Die Eltern
unterstützten ihre älteste Tochter; die Mutter, die
aus ländlichen Verhältnissen stammte und selbst nie
hatte studieren dürfen, wollte das wenigstens der
Tochter ermöglichen. 45
Schon mit 24 Jahren war sie promovierte Philoso-
phin, fand aber keinen adäquaten Job. Also ver-
diente sie ihren Lebensunterhalt als Sekretärin, danach als Redakteurin. Nur drei Jahre später war sie

50 aber schon am Ziel und konnte von dem leben, was sie am liebsten tat: mit Wörtern jonglieren. Dies schien die einzig ihr mögliche Existenz zu sein; gleichwohl wusste sie um die Schattenseiten, die ein Künstlerleben mit sich bringen kann. In einer Rede,
55 die sie einmal anlässlich einer Preisverleihung hielt, sagte sie: „Es ist eine seltsame, absonderliche Art zu existieren, asozial, einsam, verdammt, und nur das Veröffentlichte, die Bücher, werden sozial, finden einen Weg zu einem Du …"
60 Mit einem realen Du im Leben wollte es leider nicht recht klappen. Einige Zeit war sie mit einem Kollegen liiert; die beiden lebten mal solo, mal als Paar in zwei Wohnungen, zwei Städten, zwei Ländern. Ob die Liebe letztlich an der räumlichen Distanz scheiterte oder aus anderen Gründen, blieb 65 beider gehütetes Geheimnis. Vielleicht hatte ihr das Pendeln mehr behagt als ihm, weil sie ohnehin nie sesshaft gewesen war, häufige Reisen und Ortswechsel prägten ihr ganzes Leben. Aber es gab auch Fixpunkte darin, so jene Stadt im Süden, die sie 70 27-jährig erstmals besucht hatte und in die sie immer wieder gern zurückkehrte. Sie starb zu früh, ein prominentes Opfer des Tabakkonsums.
Wer war's?

Die Zeit, 14.09.2006, Nr. 38

Was wir uns wünschen ... von?????

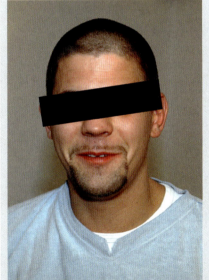

Ob der Mann, der Ihnen heute ein Rätsel aufgibt, ein Liebling aller Schwieger-
5 mütter ist, wissen wir nicht. Es käme auf eine Umfrage unter den Damen an. Wo-
10 möglich würde sich das Schwiegermüttersegment in Alterskohorten
15 differenzieren, wonach den noch etwas jüngeren der Mann als temporeich und modern erscheint. Die älteren hingegen könnte er als Schwindel erregend schnell herumhampelnd befremden, dabei noch
20 schneller mit allerlei Töpfen, Tiegeln, Pfannen, Messern und Brettern zu Werke gehend und zu alledem ohne Unterlass, aber nicht ohne Witz seinen Kommentar gebend, dass einer Schwiegermutter fortgeschrittener Alterskohorte das Hören und Sehen
25 vergehen könnte. Aber Zappel- und Multitasking-fähigkeit sind nun mal die Suppenfonds der heutigen Fernsehgewohnheiten – und da hinein passt unser Mann aufs Exzellenteste. Mit seinem täglich wechselnden T-Shirt, seinem Rockstar-Bärtchen (so
30 was trug früher jeder Buchhalter mit Frühpensionierungsberechtigung) und seinem coolen Habitus hat er zur Popularisierung eines Kunsthandwerks beigetragen, das lange als Domäne für Sterngucker, Geschmacksartisten, Snobs und Geldsäcke galt, die
35 aber letztlich auch nur mit Wasser kochen. Der Atemlose, nach dem wir heute fragen, hat sich von diesen raunenden Geheimkundlern gelöst und zelebriert seine Fertigkeiten auf so hübsch unterhaltsame, nachvollziehbare und fetzige Weise, dass man
40 ihm sogar beim Kartoffelschälen so gebannt zuschaut wie sonst nur Kent Nagano beim Dirigieren einer Brucknersinfonie. Vom Mann, nach dem wir heute fragen, wünschen wir uns, dass er seine televisionäre und sonst wie öffentliche Omnipräsenz et-
45 was reduzieren möge, in unserem Interesse und in seinem eigenen. Letztes Jahr schien er sich – vor Erschöpfung vielleicht oder Überarbeitung – mit ziemlich depressiven Anwandlungen eine Zeit zurückgezogen zu haben. Nach welchem Fernsehstar
50 fragen wir heute?

Handelsblatt Weekend, Nr. 14, 19.01.07, S. 2

---

8 Welche Merkmale charakterisieren die Personen? Markieren Sie diese Merkmale in den Texten.
9 Um welche Personen handelt es sich?

Weitere Formen der Personenbeschreibung

Arbeitszeugnisse dienen dazu, dass sich das Unternehmen einen persönlichen Eindruck von den Bewerbern/-innen verschaffen kann. Das Arbeitszeugnis gibt auch Auskunft über die persönlichen Eigenschaften einer Person.

Zeugnis

Frau Irene Münster, geboren am 21.09.19.., war vom 01.07.20.. bis 31.08.20.. als Angestellte in unserem Unternehmen tätig.

Sie arbeitete als Sachbearbeiterin in unserer Filiale in Kaiserslautern und war für folgende Aufgaben verantwortlich:

> Teiledisposition
> Bestandsverwaltung
> Inventur
> Rechnungserstellung

Frau Münster arbeitete engagiert und mit Eigeninitiative. Auch starkem Arbeitsanfall war sie jederzeit gewachsen. Frau Münster arbeitete stets zuverlässig und gewissenhaft.

Sie hat die ihr übertragenen Aufgaben stets zu unserer vollsten Zufriedenheit erfüllt.

Wegen ihres freundlichen Wesens und ihrer kollegialen Haltung wurde sie von Vorgesetzten und Mitarbeitern/-innen sehr geschätzt. Auch ihr Verhalten gegenüber unseren Kunden/-innen war stets vorbildlich.

Frau Irene Münster scheidet auf eigenen Wunsch mit dem heutigen Tag aus unserem Unternehmen aus. Wir bedauern ihre Entscheidung, danken ihr für die gute Zusammenarbeit und wünschen ihr weiterhin viel Erfolg und persönlich alles Gute.

Mit freundlichen Grüßen

Bernd Mustermann

A

10 Welche Charaktereigenschaften werden im Arbeitszeugnis besonders hervorgehoben?

11 Sind diese Eigenschaften positiv oder negativ besetzt? Begründen Sie Ihre Antwort. Vergleichen Sie dazu auch die Informationen zur Interpretation von Arbeitszeugnissen auf Seite 67.

Im internen Bereich eines Unternehmens werden **Stellenbeschreibungen** benötigt, um die Aufgabenbereiche der Stelleninhaber/-in möglichst konkret zu beschreiben. Aus einer solchen Stellenbeschreibung lässt sich dann eine Stellenausschreibung formulieren.

Stellenbeschreibung	
1. Stellenbezeichnung	Abteilungsleiter/-in Verkauf
2. Unterstellung	Der/die Stelleninhaber/in ist der Geschäftsleitung Marketing unterstellt.
3. Überstellung	Der/die Stelleninhaber/in ist dem Sachbearbeiter Verkauf überstellt.
4. Ziel der Stelle	Optimale Kundenbetreuung, fach- und termingerechte Erledigung der in diesem Bereich anfallenden Arbeiten, Kontrolle der Kosten für diesen Bereich.
5. Aufgabenbereich	Durchführung von Teamsitzungen, Teilnahme an Konferenzen mit der Geschäftsleitung, Anweisung der Sachbearbeiter/-innen, Schreiben von Personalbeurteilungen, Besuch von Messen und Ausstellungen, Überwachung der laufenden Geschäftsverbindungen, Vermittlung und Ausbau von Kundenkontakten.
6. Anforderung an den/die Stelleninhaber/-in	Abgeschlossene Ausbildung im Bereich Marketing/Verkauf. Fremdsprachenkenntnisse in Englisch in Wort und Schrift, Erfahrungen mit Messeausstellungen, Teamfähigkeit, psychische Belastbarkeit, Mitarbeiterinnen- und Mitarbeiterführung, Konfliktfähigkeit gegenüber schwierigen Kund/-innen, Aufgeschlossen für Neuerungen, gute Kenntnisse im Bereich mit CRM-Softwareprogrammen, Fähigkeit zu eigenständigem Handeln.

12 Wodurch unterscheiden sich Charakterisierung und Stellenbeschreibung?   **A**

13 Erstellen Sie aufgrund der innerbetrieblichen Stellenbeschreibung eine Stellenausschreibung für eine Anzeige in der Tageszeitung.

1.10 Bildbeschreibung

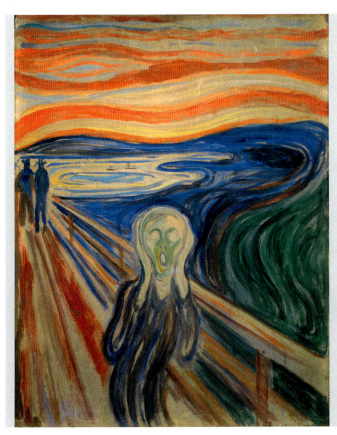

1 Betrachten Sie das Bild fünf Minuten lang und decken Sie das Bild anschließend ab.   **A**

   a) Welche Gegenstände, Personen sind Ihnen aufgefallen?

   b) Welche Farben werden im Bild hauptsächlich verwendet?

   c) Wählen Sie eine Unterschrift für das Bild aus.

   d) Vergleichen Sie Ihre Ergebnisse mit den Ergebnissen Ihrer Lerngruppe.

2 Decken Sie das Bild wieder auf und betrachten Sie das Bild erneut.

   a) Welche Gegenstände, Personen haben Sie übersehen?

   b) Wie ist das Bild aufgebaut?

   c) Was will der Künstler mit seinem Bild zum Ausdruck bringen?

3 Beschreiben Sie das Bild aus Ihrer Sicht.

4 Vergleichen Sie Ihre Beschreibung mit den Ergebnissen aus Ihrer Lerngruppe.

Der Schrei (Holzschnitt von Edvard Munch)/The Munch Museum/The Munch Ellingsen Group/VG Bild-Kunst, Bonn 2007.

Mithilfe der **Bildbeschreibung** wird ein Gesamteindruck von einem Bild vermittelt. Die Beschreibung von Aufbau, eingesetzten Farben und Formen führt dazu, dass sich der/die Leser/-in das Bild vorstellen kann. Der/die Leser/-in kann sich allerdings nur dann eine Vorstellung machen, wenn ein Zusammenhang zwischen dem Inhalt, der Wirkung auf den/die Betrachter/-in und den sichtbaren Details erkennbar ist. Die Bildbeschreibung beinhaltet insbesondere die Merkmale der Gestaltung, die Komposition und die Bildaussage. Wichtig sind dabei die Perspektive, aus der das Bild betrachtet wird, und die Aussagen über die Gliederung der Bildfläche.

Überall vieles zu sehen*
Bertolt Brecht

Was hast du gesehen, Wanderer?

Ich habe eine anmutige Landschaft gesehen, da war ein
grauer Hügel vor einem hellen Himmel, und das Gras wiegte sich im Wind. An den Hügel lehnte sich ein
Haus, wie sich ein Weib an einen Mann lehnt.

5   Was hast du gesehen, Wanderer?

Ich habe einen Höhenzug gesehen, gut, um Kanonen dahinter zu stellen.

Was hast du gesehen, Wanderer?

Ich habe ein Haus gesehen, das war so baufällig, dass es nur durch einen Hügel aufrecht gehalten wurde; aber
so lag es den ganzen Tag im Schatten. Ich kam zu verschiedenen Stunden vorbei, und niemals stieg aus dem
10   Kamin Rauch, als ob Essen gekocht würde. Und ich sah Leute, die dort wohnten.

Was hast du gesehen, Wanderer?

Ich habe ein dürres Feld auf felsigem Grund gesehen. Jeder Grashalm stand einzeln. Steine lagen auf der Wiese.
Zuviel Schatten von einem Hügel.

Was hast du gesehen, Wanderer?

15   Ich habe einen Felsen gesehen, der seine Schulter aus dem Grasboden erhob wie ein Riese, der sich nicht besiegen lässt. Und Gras, das steil und gerad stand, mit Stolz, auf dürrem Boden. Und einen gleichgültigen Himmel.

Was hast du gesehen, Wanderer?

Ich habe eine Bodenfaltung gesehen. Hier müssen vor
Jahrtausenden große Bewegungen der Erdoberfläche vor sich gegangen sein. Der Granit lag offen zutage.

20   Was hast du gesehen, Wanderer?

Keine Bank. Ich war müde.   *In alter Rechtschreibung und Zeichensetzung geschrieben.*

Bertolt Brecht, Gesammelte Werke 9, Gedichte 2, Werkausgabe Edition Suhrkamp, Frankfurt am Main, 1967, S. 809–810

A
5   Markieren Sie die wichtigen Textstellen.
6   Beschreiben Sie aufgrund der Angaben des Wanderers die Landschaft.
7   Welche sprachlich-rhetorischen Mittel setzt Brecht ein?
8   Welche Wirkung will Brecht mit seinem sprachlichen Bild erzeugen?

Das Mädchen mit der Eidechse
Bernhard Schlink

Das Bild zeigte ein Mädchen mit einer Eidechse. Sie sahen einander an und sahen einander nicht an, das Mädchen die Eidechse mit verträumtem Blick, die Eidechse das Mädchen mit blicklosem, glänzendem Auge. Weil das Mädchen mit seinen Gedanken anderswo war, hielt es so still, dass auch die Eidechse auf dem moosbewachsenen Felsbrocken, an dem das Mädchen bäuchlings halb lehnte, halb lag, innegehalten hatte. Die Eidechse hob den Kopf und züngelte. „Judenmädchen" sagte die Mutter des Jungen, wenn sie von dem Mädchen auf dem Bild sprach. Wenn die Eltern stritten und der Vater aufstand

und sich in sein Arbeitszimmer zurückzog, wo das
15 Bild hing, rief sie ihm nach: „Geh doch zu deinem
Judenmädchen!", oder sie fragte: „Muss das Bild mit
dem Judenmädchen da hängen? Muss der Junge unter
dem Bild mit dem Judenmädchen schlafen?" Das Bild
hing über der Couch, auf der der Junge Mittagsschlaf
20 zu halten hatte, während der Vater Zeitung las.
Er hatte den Vater der Mutter mehr als einmal erklären hören, dass das Mädchen kein Judenmädchen sei.
Dass die rote Samtkappe, die es auf dem Kopf trug,
fest in die vollen braunen Locken gedrückt und von
25 ihnen fast verdeckt, kein religiöses, kein folkloris-
tisches, sondern ein modisches Attribut sei. „So waren
Mädchen damals eben gekleidet. Außerdem haben
bei den Juden die Männer die Käppchen auf, nicht die
Frauen." Das Mädchen trug einen dunkelroten Rock
30 und über einem hellgelben Hemd ein dunkelgelbes
Oberteil, wie ein Mieder mit Bändern am Rücken
locker geschnürt. Viel von der Kleidung und vom
Körper ließ der Felsbrocken nicht sehen, auf den das
Mädchen seine rundlichen Kinderarme gelegt und
35 sein Kinn gestützt hatte. Es mochte acht Jahre alt sein.
Das Gesicht war ein Kindergesicht. Aber der Blick,
die vollen Lippen, das sich in die Stirn kräuselnde und

auf Rücken und Schultern fallende Haar waren nicht
kindlich, sondern weiblich. Der Schatten, den das
Haar auf Wange und Schläfe warf, war ein Geheimnis, 40
und das Dunkel des bauschenden Ärmels, in dem der
nackte Oberarm verschwand, eine Versuchung. Das
Meer, das sich hinter dem Felsbrocken und einem kleinen Stück Strand bis zum Horizont streckte, rollte mit
schweren Wellen an, und durch dunkle Wolken brach 45
Sonnenlicht und ließ einen Teil des Meeres glänzen
und Gesicht und Arme des Mädchens scheinen. Die
Natur atmete Leidenschaft.
Oder war alles Ironie? Die Leidenschaft, die
Versuchung, das Geheimnis und das Weib im Kind? 50
War die Ironie der Grund, dass das Bild den Jungen
nicht nur faszinierte, sondern auch verwirrte? Er war
oft verwirrt. Er war verwirrt, wenn die Eltern stritten, wenn die Mutter spitze Fragen stellte und wenn
der Vater Zigarre rauchte, Zeitung las und entspannt 55
und überlegt wirken wollte, während die Luft im
Arbeitszimmer so geladen war, dass der Junge sich
nicht bewegen und kaum zu atmen getraute. Und das
höhnische Reden der Mutter vom Judenmädchen war 60
verwirrend. Der Junge hatte keine Ahnung, was ein
Judenmädchen war.

Bernhard Schlink, Liebesfluchten – Geschichten, Diogenes Verlag AG, Zürich 2000, S. 7–9

Bernhard Schlink, geb. am 6. Juli 1944 im ostwestfälischen
Großdornberg/Bielefeld, ist in Heidelberg und Mannheim aufgewach-
sen; nach dem Abitur Jura-Studium in Heidelberg und Berlin; 1975/76
Promotion; danach wissenschaftlicher Angestellter in Heidelberg,
Darmstadt, Bielefeld und Freiburg; 1982 Habilitation beim späteren
Bundesverfassungsrichter Bockenförde mit dem Thema „Die Amtshilfe.
Ein Beitrag zu einer Lehre der Gewaltenteilung in der Verwaltung";
nach Professuren für Verwaltungsrecht in Bonn und Frankfurt ab
1988 Verfassungsrichter in Nordrhein-Westfahlen; 1992 Professor für
Öffentliches Recht, Völkerrecht und für Rechtsphilosophie an der
Berliner Humboldt-Universität; 1993 Gastprofessur an der Yeshiva-
University in New York; Werke u. a.
Selbs Justiz (Roman, 1987, in Zusammenhang mit Walter Popp), Die
gordische Schleife (Roman, 1988); Selbs Betrug (Roman, 1992); Der
Vorleser (Roman, 1995); Liebesfluchten (Erzählungen 2000)

9 Markieren Sie mit unterschiedlichen Farben:
   a) alle Textstellen, die Personen und Gegenstände beschreiben,
   b) alle Textstellen, die Farben und Eigenschaften beschreiben,
   c) alle Textstellen, die die Gegend beschreiben.
10 Schreiben Sie eine Personenbeschreibung über das Mädchen im Bild.
11 Wie wird das Mädchen im Bild charakterisiert?

1.11 Karikatur

Karikaturen sind eine Art gezeichneter Kommentar. Sie kommentieren Ereignisse und Probleme oder üben Kritik an Personen und Sachverhalten. Dazu benutzt der/die Zeichner/-in (Karikaturist/-in) als Mittel die Übertreibung und den Witz.

„Ein Blick in die Zukunft", Waldemar Mandzel

A

1   Analysieren Sie die Karikatur, indem Sie die folgenden Fragen bearbeiten:
   a)   Welches Thema wird in der Karikatur aufgegriffen?
   b)   Wer ist der/die Karikaturist/-in?
   c)   Was wird dargestellt?
   d)   Welche Situation wird beschrieben?
   e)   Welches Problem wird aufgeworfen?
   f)   Welche Symbole beinhaltet die Karikatur?
   g)   Welche schriftlichen Mitteilungen beinhaltet sie?
   h)   Welche Aussage lässt sich der Karikatur entnehmen?
   i)   Welcher gesellschaftliche oder politische Hintergrund wird aufgegriffen?
   j)   Welche Zusammenhänge werden dargestellt?
   k)   Worauf will der/die Karikaturist/-in aufmerksam machen?
   l)   Wie überzeugend ist die Karikatur?
   m)   Wird die Aussage verständlich übermittelt?
   n)   Welche Gesinnung des/-r Karikaturisten/-in ist zu erkennen?
2   Karikaturen eignen sich als Einstieg für einen Vortrag (Aufhänger). Suchen Sie sich für ein Referat eine aktuelle Karikatur aus der Zeitung und halten Sie zum Thema der Karikatur ein Kurzreferat.
3   Weshalb werden Karikaturen vor allem für politische Aussagen gewählt?

1.12 Raumbeschreibung

Wer hat sich nicht schon einmal im Supermarkt verlaufen? Wer musste nicht schon einmal in einer Behörde ein Zimmer suchen gehen? Eine Raumbeschreibung kann sich auf die Fläche oder auf die Innenansicht des Raumes beziehen. Dabei ist entweder der Grundriss oder die innere Ausstattung für die Beschreibung wichtig.

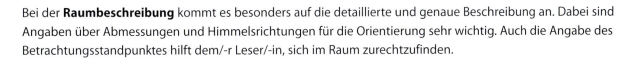

A

1   Beschreiben Sie in Stichpunkten Ihren Arbeitsplatz oder Schulsaal. Fertigen Sie dazu auch eine Skizze an.
2   Beschreiben Sie den Fluchtplan für Ihre Schule, Ihren Arbeitsplatz.
3   Erstellen Sie von einem Supermarkt, in dem Sie einkaufen gehen, eine Grundskizze, und übertragen Sie die Anordnung der Regale.
4   Vergleichen Sie die unterschiedlichen Anordnungen von verschiedenen Supermärkten mit Ihren Mitschülern/ -innen und diskutieren Sie die Unterschiede.
5   Welches Grundkonzept können Sie erkennen?

Bei der **Raumbeschreibung** kommt es besonders auf die detaillierte und genaue Beschreibung an. Dabei sind Angaben über Abmessungen und Himmelsrichtungen für die Orientierung sehr wichtig. Auch die Angabe des Betrachtungsstandpunktes hilft dem/-r Leser/-in, sich im Raum zurechtzufinden.

Akustische Beschreibung des Schömerhauses 15' Uraufführung

Diese Komposition bildet den Auftakt zu einer Reihe von akustischen Raumbeschreibungen. Aber wie soll man einen Raum, noch dazu einen wie das 1987 erbaute, von Heinz Tesar entworfene Schömerhaus 5 durch Musik beschreiben? Lässt man sich auf die physikalisch-akustische Ebene ein, oder behandelt man den Raum als subjektiv wahrgenommene atmosphärische Vorgabe? Wolfgang Suppan schuf sich während des Kompositionsprozesses immer 10 wieder die räumliche Vorstellung des Ensembles in dem Veranstaltungsraum neu und stellte sich die akustischen und aktionistischen Vorgänge seiner Komposition darin vor. Dabei bezog er die Distanz zwischen den Musikern, von denen zwei im hin- 15 teren Bereich des Raumes platziert sind, und die

Richtungen, in die der Schall austritt, mit ein; unter Zuhilfenahme von „Klangachsen" misst er den Raum „akustisch"„ aus. Der ungewöhnliche Einsatz eines Instrumentes wie des Theremins erklärt sich durch die ansprechende, gestische Spielweise, die die er- 20 zeugten Töne wie frei im Raum schwebend erschei- nen lässt; man könnte meinen, die Klänge existierten dort bereits und müssten nur aktiviert werden. In den drei Etagen des Schömerhauses sind die Exponate der Sammlung Essl zu sehen, sodass immer dann, 25 wenn der Saal auch für Konzerte genutzt wird, ein Ineinanderfließen der bildenden und der musischen Künste suggeriert wird. Diese kreative, inspirierende Atmosphäre kann bei einer akustischen Beschreibung nicht übergangen werden. 30

http://www.wolfgangsuppan.com/deu/html/txt_uber/raumb_tx.htm, gekürzte Fassung, 19.03.07

A

6   Unterstreichen Sie die Fremdwörter und schlagen Sie diese im Wörterbuch nach.
7   Wodurch unterscheiden sich zweidimensionale und dreidimensionale Raumbeschreibungen?
8   Erläutern Sie mithilfe des Textes von Marie-Therese Rudolph, was unter akustischem Raum zu verstehen ist.

2 Texte aus dem Arbeitsleben

2.1 Bewerbung

Schneider GmbH
Gutenbergstraße 3a · 76889 Dörrenbach
Fon 06343-345566 · E-Mail: Schneider@t-online.de

Häuptlinge – keine Indianer gesucht!
Mit Erfahrung und Kompetenz garantieren unsere qualifizierten
Fachleute Lösungen für unsere Kunden. Gemeinsam lösen wir die
komplexesten Aufgaben.

Seien Sie dabei!

Anlagenmechaniker/-in für Heizung/Klima/Sanitär

Ihre Aufgaben
- Kundendienstmontage
- Wartung und Instandsetzung von Heizungsanlagen
- Reparaturservice

Ihr Profil
- flexibel, zuverlässig
- abgeschlossene Berufsausbildung im Bereich Heizung, Sanitär
- Bereitschaft von Notdienst
- terminorientiertes Arbeiten

Wenn Sie dieses Profil erfüllen, möchten wir Sie sehr schnell kennenlernen. Senden Sie bitte Ihre Bewerbungsunterlagen an oben genannte Adresse, z. Hd. Herrn Schneider.

Garten-Center Grün GmbH

Wir sind ein dynamisches und erfolgreiches Gartencenter, das in der Versorgung von Gartenmaterial tätig ist.

Für unser neues Garten-Center in der Vorderpfalz suchen wir

Auszubildende zum/-r Gärtner/-in

Voraussetzung ist der Abschluss der Mittleren Reife (Sekundarstufe 1). Schicken Sie Ihre ausführlichen Bewerbungsunterlagen an:

Garten-Center Grün GmbH
z. Hd. Frau Haberle
Mainzer Str. 16–18
67547 Worms
www.Garten-Center-Gruen.de

A

1   Worin unterscheiden sich die beiden Anzeigen inhaltlich und im Aufbau?

2   Welche Anzeige finden Sie aussagekräftiger? Begründen Sie Ihre Meinung.

Damit Ihre Bewerbung in die engere Auswahl kommt, ist es wichtig, dass alle notwendigen Unterlagen beigefügt werden:

- Bewerbungsanschreiben,
- Lebenslauf mit Lichtbild. Ein Lichtbild darf zwar nach dem **Allgemeinen Gleichbehandlungsgesetz** (AGG) nicht mehr eingefordert werden, jedoch ist es immer noch sinnvoll, ein Lichtbild abzugeben.
- Kopie des Schulzeugnisses, i. d. R. das letzte Zeugnis.
- Kopien der Bescheinigungen über Praktika, Kurse usw., die für den Beruf wichtig sein können.
- Kopie des Gesellen- oder Gehilfenbriefs über Ihren Abschluss, soweit bereits vorhanden.
- Kopie des Arbeitszeugnisses von Ihrem letzten Arbeitgeber, wenn Sie bereits Ihre Ausbildung beendet haben.

T

Das Bewerbungsschreiben

- Verwenden Sie weißes Papier.
  - Keine Flecken, Kniffe oder Eselsohren.
- Verwenden Sie eine Bewerbungsmappe, diese finden Sie im Schreibwarengeschäft.
  - Unterlagen nicht in Prospekthüllen stecken.
  - Keine Schnellhefter benutzen.
  - Keine Ordner verwenden.
  - Heften Sie die Seiten nicht zusammen.
- Verwenden Sie für das Bewerbungsschreiben nur eine Seite.
  - Mehrere Seiten werden meist nicht gelesen.
- Verwenden Sie mindestens einen Schriftgrad von 12 Punkten.
  - Schrifttyp sollte leicht lesbar sein, z. B. Times New Roman.
  - Beachten Sie den richtigen Zeilenabstand.

2.2 Bewerbungsanschreiben

○
○
○
○
Lena Härtel   01.09.20...
Chemnitzer Str. 12
67433 Neustadt
Tel.: 06321 123456
○
○
○
○
○
○
Schneider Elektronik GmbH
Personalabteilung
Herrn Peter Weinrich
Schillerplatz 11
67655 Kaiserslautern
○
○
○
○
Bewerbung um einen Ausbildungsplatz als IT-Systemelektronikerin
○
○
Sehr geehrter Herr Weinrich,
○
wie ich aus Ihrer Stellenanzeige vom 28.08.20.. aus der Rheinpfalz entnehmen konnte, wird Ihr Unternehmen im nächsten Jahr wieder Auszubildende einstellen. Daher möchte ich mich bei Ihnen um einen Ausbildungsplatz als IT-Systemelektronikerin bewerben.
○
Ich besuche zurzeit die Berufsfachschule BFII an der Berufsbildenden Schule Südliche Weinstraße in Bad Bergzabern, die ich im Juni nächsten Jahres mit der mittleren Reife abschließe.
○
Mein Wunsch, IT-Systemelektronikerin zu werden, steht fest, seit ich im vergangenen Jahr mein Betriebspraktikum bei einer EDV-Firma absolvierte. Computersysteme und die notwendigen Programme interessieren mich auch in meiner Freizeit. Sie können mir Ihre Antwort auch gerne als E-Mail schicken. Meine Adresse: L.Haertel@t-online.de
○
Über die Einladung zu einem Bewerbungsgespräch freue ich mich.
○
Mit freundlichen Grüßen
○
○
○
○
○
Anlagen
Lebenslauf mit Lichtbild
Zeugniskopien
Praktikumsbescheinigung

T

Bevor Sie ein Bewerbungsanschreiben aufsetzen, sollten folgende Punkte geklärt sein:
- Bei welchem Unternehmen bewerbe ich mich?
- Habe ich ausreichend Informationen über das Unternehmen?
- Welche Ansprechpartner/-innen werden in der Anzeige genannt?
- Welche Bewerbungsfristen sind einzuhalten?
- Welche Übereinstimmung gibt es zwischen Anforderungsprofil und eigener Qualifikation?
- Warum möchte ich in diesem Unternehmen arbeiten?
- Warum bin ich der/die Richtige?

Das Ziel des Bewerbungsanschreibens ist es, auf sich aufmerksam machen. Dem Bewerbungsanschreiben kommt in einer Zeit, in der auf eine Stellenanzeige sehr viele standardisierte Bewerbungen eingehen, ein besonderer Stellenwert zu. Ihre Bewerbung soll sich von der anderer Bewerber/-innen abheben. Damit dies gelingt, sollten Sie Ihre Bewerbung individuell gestalten und Ihre Kompetenzen hervorheben. Jedoch darf auch die Einhaltung von formalen Kriterien nicht unterschätzt werden.

T

Das Bewerbungsanschreiben
- darf keine Rechtschreib- und Grammatikfehler enthalten,
- muss eine aussagekräftige Betreffzeile enthalten, z. B.
  - wo haben Sie die Anzeige gelesen,
  - wann ist diese Anzeige erschienen,
  - auf welche Stelle bezieht sich Ihre Bewerbung konkret,
- muss die richtige Schreibweise der Firma und Anschrift haben,
- soll, sofern bekannt, den/die Ansprechpartner/-in anführen,
- muss eine Gliederung in Einleitung, Hauptteil und Schluss erkennen lassen.

Die **Einleitung** soll den/die Personalchef/-in neugierig machen und zum Lesen der restlichen Unterlagen anregen. In der Einleitung sollte ein Hinweis auf die Informationsquelle, z. B. die Stellenanzeige des Unternehmens, erfolgen oder auf eine/-n Ansprechpartner/-in, mit der/dem Sie schon Kontakt aufgenommen haben. Außerdem sollte auch erkennbar sein, dass Sie gut über das Unternehmen informiert sind. Zusätzlich möchte der/die Personalchef/-in Informationen über den Grund Ihrer Bewerbung erfahren. Der Standardsatz „Hiermit möchte ich mich bei Ihnen um ... bewerben", ist nicht angebracht.

Im **Hauptteil** sollten Sie deutlich machen, warum gerade Sie der/die Passende für die ausgeschriebene Stelle sind. Nennen Sie Ihre persönlichen Stärken und Kompetenzen, und heben Sie dabei besonders die Fähigkeiten hervor, die vom Unternehmen in der Stellenausschreibung gefordert werden. Machen Sie klar, weshalb das Unternehmen von Ihren Fähigkeiten profitieren kann. Achten Sie darauf, dass es nicht zu Wiederholungen aus Ihrem Lebenslauf kommt. Vermeiden Sie Standardformulierungen, wie z. B. „Ich bin belastbar", „Die in mich gesetzten Erwartungen werde ich erfüllen" etc.

Für die **Schlussformel** genügen ein bis zwei Sätze. Der Wunsch nach einem Vorstellungsgespräch sollte darin enthalten sein. Verwenden Sie den Konjunktiv nur sparsam, schreiben Sie also eher nicht „Ich würde mich über eine Einladung zu einem persönlichen Gespräch freuen", sondern „Über eine Einladung zu einem persönlichen Gespräch freue ich mich".

Nennen Sie eventuell auch den frühestmöglichen Eintrittstermin, falls Sie noch keine Kündigung bei Ihrem alten Arbeitgeber eingereicht haben.

1   Prüfen Sie, ob das Bewerbungsanschreiben von Lena auf S. 55 alle wichtigen Punkte berücksichtigt.
2   Verfassen Sie ein Bewerbungsanschreiben für eine der Anzeigen auf S. 54.
3   Suchen Sie im Internet weitere „Tipps" für Bewerbungen.
4   Sammeln Sie Stellenanzeigen und erstellen Sie eine Tabelle mit den wichtigsten Anforderungen, die heute an Bewerber/-innen gestellt werden.
5   Diskutieren Sie in Ihrer Lerngruppe, ob Sie sich auf eine „Kleinanzeige" bewerben sollten.

A

Wo finde ich einen Job?

Stellenanzeigen durchforsten allein reicht schon lange nicht mehr. Viele Firmen bekommen so viele Bewerbungen, dass sie Jobs gar nicht mehr ausschreiben. Am besten ist es, mehrgleisig zu fahren. Hier sind die wichtigsten Jobfindungsstrategien:

Kontakte: Ehemalige Kollegen/-innen und Bekannte ansprechen. Diese wissen, ob in ihrer Firma Jobs frei sind oder Elternzeitvertretungen anstehen.

Netzwerke: An Seminaren und Tagungen teilnehmen, um Berufskollegen/-innen kennenzulernen und sich auszutauschen.

Wettbewerbe: Richten viele Firmen zur Nachwuchsrekrutierung aus. Zeigen Sie dort, was Sie können.

Fachmessen: Informieren Sie sich vorab über Ihre Wunschfirma. Am Messestand können Sie sich beim potenziellen Arbeitgeber vorstellen und eine Kurzbewerbung übergeben. Die reicht – schließlich geht's auf Fachmessen um die Fortbildung.

Jobmessen, Recruiting Days: Besonders für Akademiker und Einsteiger gedacht. Wie bei den Fachmessen sollte man sich vorher über die Firmen informieren. Hier sollten Sie aber Ihre vollständigen Unterlagen präsentieren.

Stellenanzeigen: Lesen Sie nicht nur Ihre Tageszeitung. Stellenausschnittdienste werten alle gängigen Fachmagazine, Tages- und Regionalzeitungen aus und lassen es sich bezahlen. Eine Alternative sind Jobbörsen im Internet.

Interne Stellenausschreibungen: Das Schwarze Brett beobachten oder beobachten lassen. Bei großen Konzernen ergeben sich oft neue Möglichkeiten – allerdings werden interne Bewerber oft bevorzugt.

Homepages der Firmen: Große Unternehmen schreiben ihre Stellen auf ihren firmeneigenen Homepages aus und filtern so die Bewerber heraus, die sich exklusiv für sie interessieren.

Jobbörsen im Internet: Dort können Sie gezielt und meist kostenlos nach Branchen, Berufen und Regionen suchen.

Branchenlexika, Handbücher, Gelbe Seiten: Hier finden Sie Adressen von Unternehmen. Rufen Sie an und senden Sie bei Bedarf eine Initiativbewerbung.

Firmendatenbanken: Arbeitgeberadressen finden Sie zum Beispiel bei www.hoppenstedt.de oder www.abconline.de oder über Internetkataloge wie http://de.dir.yahoo.com/firmen/.

Selbst inserieren: Manche Firmen scheuen die Bewerberflut und studieren Stellengesuche lieber selbst.

Arbeitsagentur: Im Internet finden Sie unter www.arbeitsagentur.de offene Stellen und Informationen. Personal-Service-Agenturen: Sie vermitteln im Auftrag der Arbeitsagenturen. http://personal-service-agenturen.teamarbeit-fuer-deutschland.de).

Zeitarbeit: Diese Anbieter wollen meist komplette Bewerbungsunterlagen. Informationen zum Beispiel zu Rechtsfragen gibt es beim Bundesverband Zeitarbeit (www.bza.de).

Personalberater und Headhunter: Wer es in die Kartei schafft, kann sich geehrt fühlen, denn sie nehmen nicht jeden auf. Eine Datenbank mit Beratern gibt es auf der Webseite des Bundesverbands Deutscher Unternehmensberater (www.bdu.de).

Stiftung Warentest 2/2005, S. 19

2.3 Lebenslauf

Lebenslauf

Name, Vorname:	Heike Schneider
Anschrift:	Steinfelder Straße 54, 76889 Klingenmünster
Telefon/Handy:	06349 222333 0170 43330000
Geburtsdatum:	13. November 1989
Geburtsort:	Klingenmünster
Staatsangehörigkeit:	deutsch
Familienstand:	ledig
Schulbildung:	1995 – 1999 Grundschule Gleishorbach 1999 – 2006 Regionale Schule Kandel
Schulabschluss:	10. Klasse Regionale Schule Kandel
Außerschulische Tätigkeiten:	Freiwillige Feuerwehr Klingenmünster
Praktikum:	GDA, Landau
Besondere Kenntnisse:	Tabellenkalkulation, Linux-Grundkenntnisse
Hobbys:	Tischtennis

Klingenmünster, 12. 09. 20..

Unterschrift *(handschriftlich)*

> Ein Passbild kann vom Unternehmen nach dem Allgemeinen Gleichstellungsgesetz (AGG) nicht mehr eingefordert werden. Viele Unternehmen erachten dies jedoch immer noch als sinnvolle freiwillige Maßnahme.

2.4 Onlinebewerbung

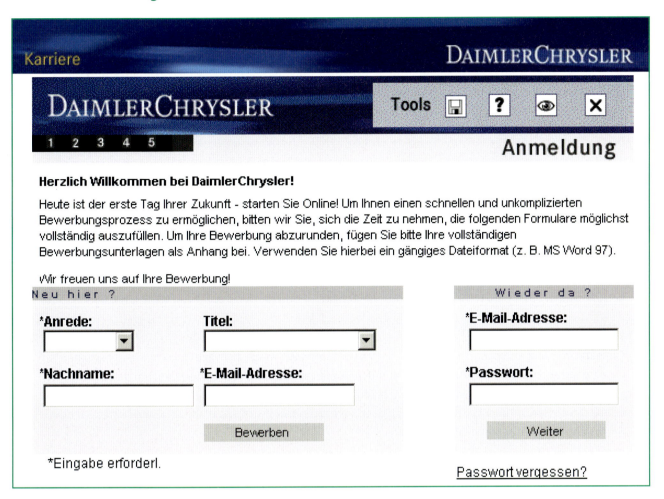

Viele Unternehmen bieten die Möglichkeit, sich online zu bewerben. Bei einigen großen Unternehmen ist nur noch eine Onlinebewerbung möglich. Es ist zu beachten, dass die Bewerbungsformulare sorgfältig ausgefüllt werden und die Bewerbungsunterlagen einwandfrei und gut lesbar als Anhang mitgeschickt werden. Die Unternehmen erwarten, dass die Unterlagen vorher sauber eingescannt werden. Prüfen Sie deshalb vor dem Abschicken Ihre Unterlagen.

Folgende 10 Regeln sollen bei einer Onlinebewerbung beachtet werden:

1. Regel
Eine E-Mail ist preiswert und vor allem schnell. Daher ist die Versuchung groß, auf eine konkrete Stellenanzeige die Bewerbung per elektronischer Post zu verschicken. Doch nicht alle Firmen akzeptieren Onlinebewerbungen. Generell gilt: Sie sollten Ihre Bewerbung nur per E-Mail versenden, wenn diese Möglichkeit in der Anzeige erwähnt wird oder die E-Mail-Adresse der Personalabteilung angegeben ist.

2. Regel
Die meisten Firmen, die Onlinebewerbungen akzeptieren, haben auf ihren Internetseiten ein entsprechendes Webformular eingerichtet. Finden Sie eine solche Bewerbungsmaske, sollten Sie diese ausfüllen und auf eine E-Mail verzichten.

3. Regel
Viele Regeln der klassischen Bewerbung sind auch für die Webvariante gültig. Das trifft zum Beispiel auf die persönliche Ansprache zu. Wer seine Bewerbungsmail an eine allgemeine Firmenadresse wie „info@firma.de"

T

schreibt, könnte schon erste Minuspunkte sammeln. Zumindest riskiert sie/er, dass ihr/sein Anschreiben erst lange ungelesen bleibt, bis es beim eigentlichen Adressaten angelangt ist.

4.   Regel

Das Internet steht für schnelle Kommunikation. In E-Mails und Chats werden Rechtschreibfehler und ein lockerer Umgangston toleriert. In Ihrer Onlinebewerbung wäre dies aber völlig fehl am Platz. Haben Sie noch einmal alles auf Fehler gegenlesen lassen? Ist Ihr Lebenslauf lückenlos? Erst nach einem gewissenhaften Check darf der „Abschicken"-Button gedrückt werden.

5.   Regel

Die Grundlage einer Onlinebewerbung ist natürlich die eigene E-Mail-Adresse. Die sollte aber mit Bedacht gewählt werden. Launige Namen wie megamacho@aol.com oder girliepower@compuserve.de sind in privaten Mails immer einen Lacher wert. Bei Onlinebewerbungen sollten Sie doch eher mit seriösen Namen auftreten.

6.   Regel

Aus Schaden sind viele Firmen klug geworden: Weil als Bewerbungen getarnte Viren in der Vergangenheit viel Schaden angerichtet haben, werden unbekannte E-Mails mit Anhängen in der Regel kritisch beäugt.

7.   Regel

Onlinebewerbung als Spagat: Einerseits ist die Versuchung groß, möglichst viele Dokumente in perfekter Qualität anzuhängen. Andererseits muss dann der Empfänger auch viel Zeit investieren, um das alles herunterzuladen. Natürlich können Sie aber auch Zeugnisse und Empfehlungen genau wie Ihr Foto einscannen. Dann achten Sie aber darauf, dass das „Paket" nicht zu schwer wird: Mehr als 500 kByte sollten Sie dem Adressaten nur in Ausnahmefällen zumuten.

8.   Regel

Auch wenn Sie beim Bewerbungspoker auf die Onlinekarte setzen: Vernachlässigen Sie die traditionellen Bewerbungsformen nicht gänzlich.

9.   Regel

E-Mails haben einen Vorteil: Sie sind schnell. Der Nachteil: Sie sind auch schnell wieder vergessen. Daher empfiehlt es sich, telefonisch bei den betreffenden Firmen nachzuhaken. Haben Sie nach zehn Tagen noch keine Reaktion erhalten, sollten Sie anfragen, ob Ihre Bewerbung überhaupt eingegangen ist.

10.   Regel

Sie haben alles richtig gemacht und sich an alle Tipps gehalten? Eine 1A-Onlinebewerbung abgeschickt? Ruhen Sie sich nicht zu früh auf Ihren Lorbeeren aus – es gilt noch eine Klippe zu umschiffen. Denn was nutzen eine perfekte Bewerbung und eine zügige Einladung auf ein Bewerbungsgespräch, wenn Sie Ihren E-Mail-Postkasten nicht regelmäßig kontrollieren?

A

1   Lesen Sie die zehn Regeln durch und finden Sie für jede Regel eine passende Überschrift.
2   Fassen Sie in Ihrer Lerngruppe auf einem Plakat die wichtigsten Punkte der 10 Regeln zusammen und erstellen Sie daraus eine Checkliste.

T

Die Onlinebewerbung ist meist in mehrere Schritte gegliedert:

- Anmeldung,
- Persönliche Angaben,
- Beruf und Ausbildung,
- Zusatzqualifikationen,
- Onlinebewerbung abschicken.

Anmeldung:

Geben Sie zunächst die Anrede, den Nachnamen und die E-Mail-Adresse an und klicken Sie dann auf „Bewerben". Im nächsten Schritt haben Sie dann die Möglichkeit, sich auf die ausgeschriebene Stelle oder initiativ zu bewerben. Dazu geben Sie auf den Folgeseiten Ihre Adressdaten an. Sollten Sie Ihre Bewerbung zurückziehen bzw. Ihre Bewerbung verlängern, geben Sie dies an.

Persönliche Angaben/Beruf und Ausbildung:

Füllen Sie die Felder bitte möglichst vollständig aus, mindestens jedoch die Pflichtfelder, die meist gekennzeichnet sind (*).

Zusatzqualifikationen:

In vielen Onlinebewerbungen besteht auch die Möglichkeit, noch Angaben zu zusätzlichen Qualifikationen zu machen.

Onlinebewerbung abschicken:

Bevor Sie Ihre Onlinebewerbung abschicken, sollten Sie Ihre Unterlagen durch Dateien wie Lebenslauf, Bewerbungsfoto, vorhandene Zeugnisse usw. ergänzen. Überprüfen Sie die Daten noch einmal, klicken Sie auf den Button „Zurück".
Ist alles richtig, gehen Sie bitte auf „Speichern". Nachdem Sie alle Ihre Angaben vervollständigt haben, erscheint Ihre Bewerbung im Überblick. Diese Übersicht dient auch als Startseite für Ihren nächsten Besuch bei Ihrer Onlinebewerbung.

A

3   Finden Sie in der Zeitung Stellenanzeigen, bei denen eine Onlinebewerbung gewünscht wird, und sammeln Sie die Internetadressen von diesen Unternehmen.

4   Nutzen Sie eine Demoversion für eine Onlinebewerbung und füllen Sie diese aus.

A

5   Geben Sie im Internet eine Stellenanzeige bei einer Internetstellenbörse auf.

6   Diskutieren Sie das Pro und Kontra einer solchen Stellensuche.

2.5 Einstellungstest

Auf **Einstellungstests** kann man sich gut vorbereiten. Die meisten Einstellungstests enthalten neben Fragen zur Allgemeinbildung auch Aufgaben, die logisches und mathematisches Denken erfordern. Zudem sind Aufgaben zur Rechtschreibung und Grammatik üblich.

A

1 Übertragen Sie Ihre Lösungen zu den unten abgebildeten Textaufgaben auf ein Blatt und vergleichen Sie diese mit Ihrer Lerngruppe.

2 Üben Sie verschiedene Einstellungstests. Gehen Sie dafür ins Internet und führen Sie dort verschiedene Einstellungstests durch.

---

1. Wie leeren Sie die rechte Füllanzeige?

○ Ventil 1 und 2 schließen,
   Ventil 3 öffnen
○ Ventil 2 schließen,
   Ventil 1 und 3 öffnen
○ alle Ventile öffnen

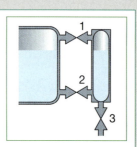

2. Welche der Räder drehen sich am langsamsten?

○ A
○ C
○ B
○ D

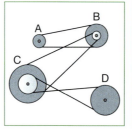

3. Bewegt sich die Kiste? Wenn ja: in welche Richtung?

○ Richtung A
○ Richtung B
○ Sie bewegt sich nicht.

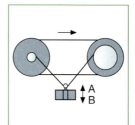

Von fünf Wörtern sind vier in einer gewissen Weise einander ähnlich. Finden Sie das fünfte, das nicht in diese Reihe passt, heraus.

○ Betrug
○ Unterschlagung
○ Schwindel
○ Fälschung
○ Trugschluss

○ Kochen
○ Schneiden
○ Brauen
○ Schmieden
○ Lernen

○ sofort
○ bald
○ demnächst
○ in Kürze
○ übermorgen

○ Patient
○ Klient
○ Mandant
○ Kunde
○ Freund

Welche Form entspricht der Vorlage?

○   ○   ○   ○

○   ○   ○   ○

○   ○   ○   ○

○   ○   ○   ○

Die folgenden Zahlenreihen sind nach bestimmten Regeln aufgebaut. Welche Zahl folgt?

3 9 6 9 27 ☐

2 12 6 30 25 100 ☐

7 15 0 8 −7 ☐

2 5 11 23 47 ☐

3 8 23 68 203 ☐

323 107 35 11 3 ☐

2.6 Vorstellungsgespräch

Nachdem die Bewerbungsunterlagen einen guten Eindruck beim zukünftigen Ausbildungsbetrieb hinterlassen haben und Sie in die engere Auswahl gezogen wurden, werden Sie zu einem Vorstellungsgespräch eingeladen. Im Vorstellungsgespräch kommt es darauf an, dass Sie auch persönlich überzeugen. Es ist deshalb wichtig, sich gut vorzubereiten und das Vorstellungsgespräch zu trainieren.

Stephanie Schmelz
Im Vorstellungsgespräch sind selbstbewusstes Auftreten und ein gepflegtes Äußeres von Vorteil. Man sollte vor dem Gespräch sicher sein, was man erreichen möchte und wo die eigenen Stärken liegen, um diese herausstellen zu können. Außerdem ist es wichtig, sich vorher über den Betrieb zu informieren.

Marlene Pilz
Beim Vorstellungsgespräch zählen: Kompetentes Auftreten, sachliche Beantwortung der Fragen, gepflegtes Aussehen, keine verschlossene Haltung, sich gut verkaufen, nicht übertreiben, Hochdeutsch sprechen.

Ablauf eines Vorstellungsgesprächs

- Begrüßung und kurze Vorstellung der Teilnehmer des Gesprächs und „Smalltalk".
- Fragen nach Gründen für Ihre Berufswahl, um Ihr Interesse zu erkunden.
- Fragen nach Erfahrungen aus Schule und Praktika, die mit den Tätigkeiten des Ausbildungsberufes in Zusammenhang stehen.
- Fragen zu Ihren privaten Interessen, z. B. Hobbys, die Sie im Bewerbungsschreiben angegeben haben.
- Fragen zum Unternehmen und der Ausbildung, über die Sie sich vorher informiert haben.
- Fragen, die Sie als Bewerber/-in an die Teilnehmer/-innen des Gespräches noch haben.
- Verabschiedung.

T

Arbeitsagentur für Arbeit, abi – Bewerben aber richtig gemacht, www.abi-magazin.de/200101.06.pdf, S. 1, 18.03.07

Checkliste zur Vorbereitung

T

- Termin für das Vorstellungsgespräch bestätigen.
- Sich über das Unternehmen informieren und Stichwortzettel anlegen.
- Antworten auf die Frage nach persönlichen Schwachpunkten überlegen.
- Aussagen für die Gründe der Berufswahl und die Wahl des Ausbildungsbetriebes vorbereiten.
- In einem Rollenspiel oder mit Freunden/-innen den Ablauf des Gesprächs trainieren.
- Anreiseweg planen und Reservezeit von 15 Minuten einplanen.
- Kleiderfrage klären und sich von Freunden/-innen beraten lassen.
- Bewerbungsunterlagen noch einmal durchlesen.
- Gut ausgeruht und offen in das Gespräch gehen.
- Sich die „Gesprächsregeln" noch einmal durchlesen.
- Eigene Fragen zur Ausbildung vorbereiten.

Eine gute Vorbereitung auf das Vorstellungsgespräch ist ein Rollenspiel.

A   **1**   Bereiten Sie sich mit den folgenden Rollenkarten in Ihrer Lerngruppe auf ein Rollenspiel vor.

Rollenkarte: Auszubildende/-r

Sie haben sich bei der Firma Garten-Center Grün GmbH um einen Ausbildungsplatz beworben. Lesen Sie dazu noch einmal die Stellenanzeige und die Bewerbung durch.

1   Welche Fragen könnten von der Firma Garten-Center Grün GmbH an Sie gerichtet werden? Schreiben Sie zehn Fragen auf und beantworten Sie diese im Anschluss, um sich auf das Gespräch gut vorzubereiten.

2   Welche Fragen haben Sie an die Firma Garten-Center Grün GmbH? Schreiben Sie zehn Fragen auf, die Sie gerne von der Firma Garten-Center Grün GmbH beantwortet haben möchten.

Rollenkarte: Personalchef/-in

Sie sind Personalchef/-in der Firma Garten-Center Grün GmbH und haben die Stellenanzeige aufgegeben.

1   Welche Fragen werden Sie an den/die Bewerber/-in richten? Schreiben Sie zehn Fragen auf, die Sie dem/-r Bewerber/-in stellen werden.

2   Welche Fragen erwarten Sie von dem/-r Bewerber/-in? Schreiben Sie zehn Fragen auf, die Sie erwarten, und beantworten Sie diese.

A   **2**   Lesen Sie das folgende Beispiel durch, um sich auf das Rollenspiel vorzubereiten.

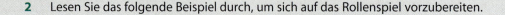

Locker bleiben

Zehn Vorstellungsgespräche hat Marius Meik hinter sich. Den Ausbildungsplatz fand er bei einer Firma, die Lacke herstellt. Sein Ziel ist Industriekaufmann.

Natürlich bedeutet eine Absage erst einmal viel Frust. Mit jedem Vorstellungsgespräch wurde ich jedoch sicherer und gelassener. Auf heikle Fragen reagierte ich nicht mehr so überrascht. Lächeln ist ganz wichtig. Denn was macht das für einen komischen Eindruck, wenn ich mit unbewegter Miene von meiner Lieblingssportart Tennis erzähle?

Noch gut erinnere ich mich an mein allererstes Gespräch mit einem Abteilungsleiter. Ich hatte mir die Atmosphäre ziemlich steif vorgestellt und war überrascht, wie frei ich reden konnte. Der ältere Herr erzählte mir einiges über das Unternehmen und fragte mich anschließend, wie ich meine Freizeit verbringe und was mir in der Schule besonderen Spaß gemacht hat. Dann wollte er von mir wissen, was ich mir unter einem Industriekaufmann vorstelle.

Da ich mich über den Beruf vorher in einem persönlichen Gespräch und im BIZ gründlich informiert hatte, beantwortete ich die Frage ohne Probleme. Die Aufforderung, jeweils drei negative und positive Eigenschaften zu nennen, die mein Bruder mir zuordnen würde, hat mich leicht verunsichert. Sollte ich sagen, Supersportsmann, bester Bruder der Welt, streitet zu oft, beharrt auf seinem Recht? Ich atmetet tief durch und stellte mich so dar, wie ich bin.

Als ich nach Schwächen gefragt wurde, habe ich sie genannt, aber auch hinzugefügt, dass ich etwas dafür tun werde, um sie zu beheben. Ich kenne mich zum Beispiel gut mit Excel aus, aber mit Powerpoint hapert es. Deshalb sagte ich, dass ich einen Kurs besuchen werde. Eine beliebte Frage ist auch die nach der Zukunft: Wo möchten Sie gerne in zehn Jahren sein? Darauf sagte ich jedes Mal: Zuerst will ich mein Ausbildungsziel erreichen und dann erst weiter sehen.

Bei einem Unternehmen nahm ich an einem Gruppengespräch mit sieben Bewerbern teil. Der Nachteil einer solchen Runde ist, dass man öfter als letzter an die Reihe kommt. Auf die Frage, warum ich ausgerechnet hier meine Ausbildung machen möchte, fiel mir nicht mehr viel ein, denn meine Vorredner hatten bereits alles gesagt. Trotzdem legte ich die Gründe für meine Wahl dar: Ein Weltunternehmen wie Dupont ermöglicht einem später die Chance, ins Ausland zu gehen.

Bundesagentur für Arbeit, abimagazin Ausgabe 01/2003, S. 13

Beim Vorstellungsgespräch

Herr Frank Schneider hat für heute um 14:00 Uhr eine Einladung zum Vorstellungsgespräch bei der Firma Naumann erhalten. Die Leiterin des Personalbüros, Frau Irena Kimmel, empfängt Herrn Schneider im Personalbüro.

Ausschnitte aus dem Vorstellungsgespräch

Frau K.: Guten Tag Herr Schneider, herzlich Willkommen in unserer Firma.

Herr S.: Guten Tag.

Frau K.: War es schwierig, uns zu finden? Sie haben es ja pünktlich geschafft.

Herr S.: Eigentlich nicht, nur der Bus hatte Verspätung, aber ich habe es doch noch rechtzeitig geschafft.

Frau K.: Sie haben ja beim Einstellungstest gut abgeschnitten, deshalb wurden Sie zum Vorstellungsgespräch eingeladen. Sicher haben Sie sich gut auf den Text vorbereitet?

Herr S.: Naja, eigentlich nicht direkt, manche Fragen habe ich nur geraten.

Frau K.: Weshalb haben Sie sich für diesen Beruf entschieden?

Herr S.: Ich wollte eigentlich zuerst was anderes lernen, aber mein Freund hat mir empfohlen, mich hier zu bewerben.

Frau K.: Haben Sie sich über den Beruf gut informiert?

Herr S.: Ja, im BIZ habe ich mal die Mappe durchgelesen. Ansonsten weiß man ja, was in dem Beruf so alles gemacht wird.

Frau K.: Sie haben sich sicher auch über unser Unternehmen informiert?

Herr S.: Ich weiß, dass dies ein großer Betrieb ist, der viel für die Ausbildung tut.

Frau K.: Haben Sie sich sonst noch über unsere Produkte informiert, z. B. im Internet?

Herr S.: Mit dem Internet habe ich es nicht so. Meist lade ich mir die Musik herunter oder chatte mit meinen Freunden.

Frau K.: Wo liegen denn Ihre Schwächen?

Herr S.: Weiß ich selbst nicht genau, ich denke doch, dass ich keine habe.

Frau K.: Weshalb haben Sie in Mathematik im Schulzeugnis eine Vier?

Herr S.: Das liegt vor allem am Fachlehrer. Den habe ich nie richtig verstanden.

Frau K.: Im Sport haben Sie dafür eine gute Note.

Herr S.: Sport ist auch super, da haben wir immer Fußball gespielt.

Frau K.: Haben Sie noch Fragen?

Herr S.: Nee, im Augenblick nicht.

---

3 Rollenspiel: Tragen Sie das Gespräch in Rollen vor.   **A**

4 Beobachtergruppe: Die Lerngruppe entscheidet nach dem Rollenspiel: Einstellen ja oder nein? Begründen Sie Ihre Entscheidung.

5 Wie würden Sie auf die Fragen antworten? Verbessern Sie die Aussagen von Herrn S.

6 Bilden Sie eine Gruppe A und eine Gruppe B.

    a) Gruppe A: Erstellen Sie eine Liste mit Fragen, die der/die Arbeitgeber/-in beim Vorstellungsgespräch stellt.

    b) Gruppe B: Erstellen Sie eine Liste mit Fragen, die der/die Arbeitnehmer/-in beim Vorstellungsgespräch stellt.

    c) Suchen Sie sich eine/-n Partner/-in aus Gruppe A bzw. Gruppe B. Stellen Sie die Fragen als Arbeitgeber/-in oder Arbeitnehmer/-in und notieren Sie sich die Antworten.

7 Fassen Sie die wichtigsten Fragen und Antworten in einer Tabelle zusammen.

8 Welche Fragen sind beim Vorstellungsgespräch nicht erlaubt?

2.7 Arbeitszeugnis

Nach Beendigung des Arbeitsverhältnisses hat jede/-r Arbeitnehmer/-in Anspruch auf ein Zeugnis. Da in einem Zeugnis keine negativen Aussagen enthalten sein dürfen, nutzen die Unternehmen eine für Arbeitszeugnisse entwickelte Sprache. Nur wer zwischen den Zeilen lesen kann, ist in der Lage, die Aussagen richtig zu interpretieren.

A

1 Prüfen Sie das Zeugnis von Martin Gleich und bewerten Sie die einzelnen Aussagen mit Schulnoten.

ZEUGNIS

Herr Martin Gleich, geb. am 02.03.1977 in Hauenstein, trat am 01.08.2002 in unser Unternehmen ein und war bis zum 30.04.2007 als Mechatroniker beschäftigt.

Zu seinen Aufgaben gehörten folgende Tätigkeiten:

Reparaturannahme und -durchführung
Kundenbetreuung
Vorbereitung für die TÜV-Abnahme

○ Herr Gleich verfügt über ein solides Grundwissen in seinem Arbeitsbereich und setzte diese Fachkenntnisse auf zufriedenstellende Weise in der Praxis ein.

○ Er nutzte regelmäßig unsere internen Weiterbildungsveranstaltungen und externen Seminare zu seiner beruflichen Weiterentwicklung.

○ Dank seiner meist schnellen Auffassungsgabe überblickte Herr Gleich auch schwierigere Situationen und erkannte dabei sehr oft das Wesentliche. Herrn Gleichs fachliche Urteile in den wichtigsten Fragen waren in der Regel zutreffend.

○ Herr Gleich zeigte im Großen und Ganzen genügend Eigeninitiative und identifizierte sich mit seinen Aufgaben sowie dem Unternehmen, wobei er auch bezüglich seiner Einsatzfreude unsere Erwartungen im Wesentlichen erfüllen konnte. Dem üblichen Arbeitsanfall war er gewachsen.

○ In den meisten Fällen arbeitete Herr Gleich umsichtig, gewissenhaft und genau. Für einfache Problemstellungen fand Herr Gleich Lösungen, die er oft auch in die Praxis umsetzte, wodurch er im Großen und Ganzen solide Resultate erzielte.

○ Er war in der Lage, die Auszubildenden sachgerecht anzuleiten.

○ Er hat die ihm übertragenen Aufgaben überwiegend zu unserer Zufriedenheit erledigt.

○ Herr Gleich wurde wegen seines freundlichen und ausgeglichenen Wesens akzeptiert, wobei er die Zusammenarbeit und Teamatmosphäre immer aktiv zu fördern versuchte.

○ Das Arbeitsverhältnis mit Herrn Gleich endet aus betriebsbedingten Gründen.

○ Herr Gleich verlässt unser Unternehmen mit dem heutigen Tage auf eigenen Wunsch. Wir wünschen ihm für die Zukunft alles Gute.

Was Arbeitszeugnisse aussagen:

Formulierung	Interpretation
In ihrem Verhalten war sie stets ein Vorbild.	Sonst war sie eine Niete.
Die ihr übertragenen Aufgaben erledigte sie mit großem Fleiß.	Sie bemühte sich, hatte aber wenig Erfolg.
Er ist ein gewissenhafter Mitarbeiter.	Er tut, was er kann.
Gegenüber den anderen Mitarbeitern zeigte er großes Einfühlungsvermögen.	Er suchte Frauenkontakte.
Sie trug zur Verbesserung des Arbeitsklimas bei.	Sie war stets mit Nebensächlichkeiten beschäftigt, vertrödelte die Zeit, flirtete mit allen und lenkte sie von der Arbeit ab.
Er hat alle seine Fähigkeiten eingesetzt.	Seine Leistungen waren schwach.
Sie bemühte sich, die ihr übertragenen Arbeiten bestens zu erledigen.	Ihre Leistungen waren mangelhaft.
Er hat alle Aufgaben ordnungsgemäß erledigt.	Er zeigte keine Eigeninitiative.
Sie bemühte sich, ihre Aufgaben so gut wie möglich zu erfüllen.	Ihre Leistungen befriedigten nicht.
Der Austritt erfolgt im gegenseitigen Einverständnis.	Das Unternehmen war froh, dass sie das Unternehmen verlassen hat.
Die Zusammenarbeit verlief ohne Beanstandungen.	Die Zusammenarbeit war aber auch nicht sehr angenehm.
Sie zeigte für die Arbeit Verständnis.	Sie hat die Arbeit liegen gelassen.
Er erzielte im Verkauf einen nicht unerheblichen Umsatz.	Er erzielte jedoch auch keinen erheblichen Umsatz.
Sie hat die ihr übertragenen Arbeiten stets zu unserer vollsten Zufriedenheit erledigt.	Sie hat sehr gute Leistungen erbracht.
Er hat die ihm übertragenen Arbeiten stets zu unserer vollen Zufriedenheit erledigt.	Seine Leistungen waren gut.
Ihre Leistungen entsprachen in jeder Hinsicht den Erwartungen.	Ihre Leistungen waren befriedigend.
Er hat die ihm übertragenen Arbeiten zu unserer Zufriedenheit erledigt.	Seine Leistungen waren ausreichend.
Er hat die ihm übertragenen Arbeiten im Großen und Ganzen zu unserer Zufriedenheit erledigt.	Seine Leistungen waren mangelhaft.
Er hat sich bemüht, die ihm übertragenen Arbeiten zu unserer Zufriedenheit zu erledigen.	Seine Leistungen waren unzureichend.

A

Besondere Schulzensur
(Sch. O. § 18 Abs. 4, V.-B. Ziff 83)

für *Otto Baron*

zweiten
A. Am Schlusse des ersten Schuljahres

Schuljahr 19*14*/*15* Klasse *II* Klaßleiter: *J. Schweighofer*

a) Körperliche Anlagen und ihre Verwertung.	*Gut entwickelt, gesund und kräftig, sehr träge und ungezogen, zeigt bei körperlichen Übungen wenig Eifer.*
b) Geistige Anlagen und ihre Verwertung.	*Er hat es verstanden, seinen Lehrer über seine Begabung und seinen Fleiß längere Zeit zu täuschen.*
c) Fleiß, Pflichtgefühl, Vorliebe für einzelne Fächer od. Tätigkeiten.	*Der Fleiß entspricht den Anforderungen meist und ist zeitweise völlig unzureichend.*
d) Sittliches Verhalten.	*Neigt zu Ungezogenheit und Faulheit.*
e) Allgemeine Wahrnehmungen über das Verhalten außerhalb der Schule.	*Ohne Sinn für Ordnung und Reinlichkeit. Gegenüber seinen Kameraden recht gewöhnlich in seinen Ausdrücken. Ermahnungen und Strafen sind wirkungslos.*
f) Verhalten der Eltern gegenüber der Schule.	*Ohne Fühlung mit der Schule.*

2 Wie würde Ihr Schulzeugnis formuliert sein, wenn die Noten ausführlich verbal beschrieben werden? Beschreiben Sie die Noten in Ihrem Zeugnis.

3 Welche Besonderheiten werden im nebenstehenden Zeugnis besonders hervorgehoben?

4 Vergleichen Sie das Zeugnis von früher mit den heutigen Zeugnissen. Welche Leistungen werden heute gegenüber früher bewertet?

Die Rheinpfalz, 2.1.07, „Ein Knabe, der häufig in Tränen ausbricht"

2.8 Berichtsheft

A

1 Welche Berufe lernen die Auszubildenden?

2 Beschreiben Sie die Tätigkeiten auf den Fotografien.

In der Ausbildung müssen Sie ein **Berichtsheft** führen, in dem die betrieblichen Tätigkeiten, Ausbildungsinhalte sowie die Inhalte des Berufsschulunterrichts dokumentiert werden. Aber auch während des Praktikums ist es sinnvoll, ein Berichtsheft zu führen.

T

Beim Berichtsheft sollten folgende Punkte beachtet werden:

■ Kurze Sätze sind erlaubt und sinnvoll, wenn die Beschreibung der Tätigkeit trotzdem nachvollziehbar bleibt.
Falsch: Fräsen **Richtig:** Fräsen eines Zahnrades aus Polyamid an der Universalfräsmaschine mithilfe des Teilkopfes.

■ Drücken Sie sich so exakt wie möglich aus.
Falsch: Einkauf **Richtig:** Vergleichen von Angeboten aus dem Bereich Hilfsstoffe hinsichtlich Qualität, Stückpreis und Lieferzeit.

- Die Sprache ist sachlich und ohne Wertung. Es wird erwartet, dass die jeweilige Fachsprache benutzt wird. **Falsch:** Technologie **Richtig:** Technologie: Grundbegriffe der digitalen Informationsverarbeitung Technische Mathematik: Koordinaten für NC-Programmierung berechnen.
- Als Zeitform benutzen Sie das Partizip Perfekt (Mittelwort), z. B.: Ausbildungsbericht verfasst, Haare gewaschen, Mahnungen geschrieben.

Im Bericht sind kurze Angaben der ausgeführten Tätigkeit einschließlich der Werkstoffangabe, der eingesetzten Maschinen, Werkzeuge und Hilfsmittel (z. B. Prüfzeuge/Kleingeräte/Pflanzen/Materialien/Sonstige) erforderlich.

IHK RHEINLAND-PFALZ RICHTLINIEN
für das Führen von Berichtsheften in der Form von Ausbildungsnachweisen

1. Der sachliche und zeitliche Ablauf der Ausbildung ist für alle Beteiligten – Auszubildende, Ausbildungsstätte, Berufsschule und gesetzliche Vertreter des Auszubildenden – in möglichst einfacher Form nachzuweisen.
2. Dem Ausbildungsnachweis sind die Ausbildungsordnung bzw. die noch weiter anzuwendenden Ordnungsmittel (§ 108 BBiG) zugrunde zu legen. Der Ausbildungsnachweis dient der Systematisierung der Berufsausbildung.
3. Der Ausbildungsnachweis muss vom Auszubildenden täglich, wöchentlich, mindestens monatlich geführt werden. Der Ausbildende oder der Ausbilder hat den Ausbildungsnachweis mindestens monatlich zu prüfen und abzuzeichnen.

Er und der Auszubildende haben dafür Sorge zu tragen, dass auch der gesetzliche Vertreter des Auszubildenden in angemessenen Zeitabständen von den Ausbildungsnachweisen Kenntnis erhält und diese unterschriftlich bestätigt.
4. Der Auszubildende führt den Ausbildungsnachweis während der Ausbildungszeit.
5. Das Führen von Ausbildungsnachweisen ist Zulassungsvoraussetzung zur Abschlussprüfung gemäß § 43 Abs. 1 Ziff. 2 BBiG. Bei der Anmeldung zur Abschlussprüfung ist mit Unterschrift des Ausbildenden und des Auszubildenden zu dokumentieren, ob der Ausbildungsnachweis ordnungsgemäß und vollständig geführt wurde.

Industrie- und Handelskammer für die Pfalz, http://www.pfalz.ihk24.de/produktmarken/ausbildung/index.jsp, 4.12.06

3 Beurteilen Sie in Ihrer Lerngruppe die Vorgaben der IHK. **A**

Name und Vorname des Auszubildenden			
Ausbildungsnachweis Nr.	für die Zeit von	bis	
Abteilung oder Arbeitsgebiet:		Ausbilder:	
Tag	Betriebliche Tätigkeiten, Unterweisungen, Berufsschulunterricht		Stunden
Montag			
Dienstag			

Industrie- und Handelskammer für die Pfalz, http://www.pfalz.ihk24.de/produktmarken/ausbildung/index.jsp, 4.12.06

4 Übertragen Sie den Vordruck (eine Woche) in Ihr Heft und füllen Sie diesen aus. Wer noch nicht in der Ausbildung ist, kann ihn auch für das Praktikum nutzen. **A**
5 Halten Sie im Vordruck der IHK möglichst exakt die Tätigkeiten einer Woche fest.
6 Überprüfen Sie gegenseitig Zeitform und Inhalte des Arbeitsberichts. Markieren Sie Unklarheiten.
7 Recherchieren Sie im Internet die rechtliche Grundlage für Arbeitsberichte mithilfe der IHK-Richtlinien.

3 Geschäftsbrief

3.1 Geschäftsbrief nach DIN-5008

Für Geschäftsbriefe wurde die DIN 5008 als Norm festgelegt. Damit wird gewährleistet, dass die Briefe bestimmte Kriterien erfüllen, die im Rahmen der automatischen postalischen Bearbeitung und bei der Verwendung von Textbausteinen erforderlich sind. Diese Form einzuhalten empfiehlt sich z. B. auch für private Schreiben an Unternehmen oder beim Bewerbungsschreiben. Damit wird zum Ausdruck gebracht, dass Sie rationell und strukturiert arbeiten. Der Aufbau lässt sich in folgende Bausteine gliedern:

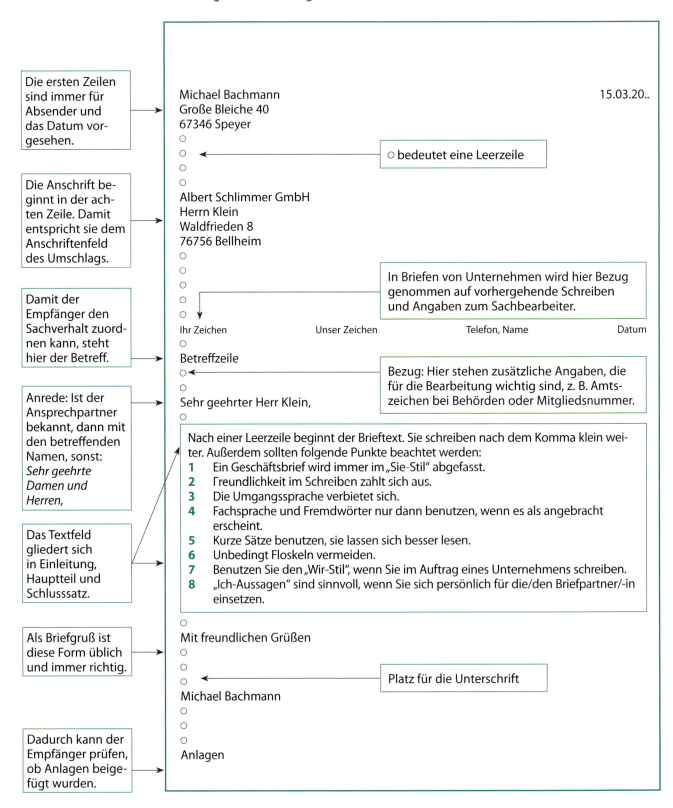

Die ersten Zeilen sind immer für Absender und das Datum vorgesehen.

Michael Bachmann
Große Bleiche 40
67346 Speyer

15.03.20..

○ bedeutet eine Leerzeile

Die Anschrift beginnt in der achten Zeile. Damit entspricht sie dem Anschriftenfeld des Umschlags.

Albert Schlimmer GmbH
Herrn Klein
Waldfrieden 8
76756 Bellheim

In Briefen von Unternehmen wird hier Bezug genommen auf vorhergehende Schreiben und Angaben zum Sachbearbeiter.

Damit der Empfänger den Sachverhalt zuordnen kann, steht hier der Betreff.

Ihr Zeichen   Unser Zeichen   Telefon, Name   Datum

Betreffzeile

Bezug: Hier stehen zusätzliche Angaben, die für die Bearbeitung wichtig sind, z. B. Amtszeichen bei Behörden oder Mitgliedsnummer.

Anrede: Ist der Ansprechpartner bekannt, dann mit den betreffenden Namen, sonst: *Sehr geehrte Damen und Herren,*

Sehr geehrter Herr Klein,

Das Textfeld gliedert sich in Einleitung, Hauptteil und Schlusssatz.

Nach einer Leerzeile beginnt der Brieftext. Sie schreiben nach dem Komma klein weiter. Außerdem sollten folgende Punkte beachtet werden:
1 Ein Geschäftsbrief wird immer im „Sie-Stil" abgefasst.
2 Freundlichkeit im Schreiben zahlt sich aus.
3 Die Umgangssprache verbietet sich.
4 Fachsprache und Fremdwörter nur dann benutzen, wenn es als angebracht erscheint.
5 Kurze Sätze benutzen, sie lassen sich besser lesen.
6 Unbedingt Floskeln vermeiden.
7 Benutzen Sie den „Wir-Stil", wenn Sie im Auftrag eines Unternehmens schreiben.
8 „Ich-Aussagen" sind sinnvoll, wenn Sie sich persönlich für die/den Briefpartner/-in einsetzen.

Als Briefgruß ist diese Form üblich und immer richtig.

Mit freundlichen Grüßen

Platz für die Unterschrift

Michael Bachmann

Dadurch kann der Empfänger prüfen, ob Anlagen beigefügt wurden.

Anlagen

Bausteine des Geschäftsbriefs

A	**Absenderangaben**	Dazu können Fax- und Handynummer oder E-Mail-Adresse gehören. Es spricht aber nichts dagegen, die Angaben in eine Zeile zu schreiben. Schreiben Sie den Absender mit Vornamen und Nachnamen. Dann kommen auch Antworten mit der richtigen Anrede (Herr/Frau) zurück. Trennen Sie zusätzliche Angaben deutlich von Ihrer Postanschrift. Eine Leerzeile Abstand, danach z. B. Kontonummer und Bankleitzahl.
B	**Datum**	Die DIN-Regeln empfehlen bei der nummerischen Schreibweise z. B. folgende Form: 29.10.20... Für persönliche Schreiben empfiehlt sich das Ausschreiben des Monats: 29. Oktober 20..
C	**Empfänger**	Für Versendungsform, Sendungsart und Vorausverfügungen werden die Zeilen 1–3 verwendet, die 3. Zeile wird unterstrichen. Die Empfängerbezeichnung nutzt die 2. und 3. Zeile. In die 4. Zeile kommen Straße mit Hausnummer oder Postfach bzw. „postlagernd". Die 5. Zeile enthält Postleitzahl und Ort. Beispiel: Warensendung Eilzustellung <u>Nicht nachsenden</u> Landavia GmbH Speditionsabteilung Herrn Schulze Lindenstraße 33 76889 Klingenmünster
D	**Bezugszeichenzeile**	Beispiele für Bezugszeichen sind: Kürzel für Abteilung, Mitarbeiter/-in und Datum eines zugesandten Briefes. Die Bezugszeile ist immer dann sinnvoll, wenn darauf hingewiesen wurde, dass bestimmte Daten, wie z. B. Kundennummer oder Amtszeichen, zur weiteren Bearbeitung notwendig sind.
E	**Betreffzeile**	Der Betreff fasst in Stichworten den Briefinhalt bzw. Schreibanlass zusammen. So ist es dem Empfänger sofort möglich, den Brief inhaltlich einzuordnen und eventuell an den entsprechenden Sachbearbeiter weiterzuleiten. Der Betreff kann durch Fettschrift hervorgehoben werden.
F	**Textfeld**	Wichtig ist, dass eine Struktur zu erkennen ist und einzelne Punkte in verschiedene Absätze untergliedert werden. Wichtige Punkte sollten durch Einrücken, Fettschrift, Kursivschrift, Unterstreichungen oder Anführungszeichen hervorgehoben werden.
G	**Schluss**	Jeder Brieftext sollte mit einem entsprechenden Schlusssatz beendet werden. Dabei sollte auf Konjunktionen verzichtet werden.
H	**Grußformel**	Üblich ist die Formel: „Mit freundlichen Grüßen".
I	**Anlagen**	In der Anlage werden die beigefügten Unterlagen untereinander geschrieben.

A

1 Erstellen Sie anhand der folgenden Angaben eine Formatvorlage für Geschäftsbriefe. Benutzen Sie hierzu ein Textverarbeitungsprogramm, z. B. MS-Word.

1. **Format:** Ihre Vorlage sollte auf folgendes Format eingerichtet werden: linksbündig, regelmäßiger Zeilenabstand einzeilig, Schriftgrad 12 pt, in kurzen Briefen kann der Zeilenabstand auf 1,5-zeilig erhöht werden. Seitenränder links und rechts 2,41 cm.

2. **Briefkopf:** Für den Briefkopf ist eine Positionierung **4 Zeilen** vom oberen Rand festzulegen.

3. **Absenderzeile:** Die Absenderangaben beginnen anschließend mit einem 6-pt-Schriftgrad, sollten aber wegen des Briefumschlagsfensters nicht mehr als 8,5 cm breit sein.

4. **Anschriftenfeld:** Für das Anschriftenfeld sind 9 Zeilen vorgesehen, einfacher Zeilenabstand.

5. Zwischen Anschriftenfeld und Bezugszeile werden **2 Leerzeilen** eingefügt.

6. **Bezugszeichenzeile:** Bevor Sie diese setzen, fügen Sie 2 Leerzeilen ein. Dann gehen Sie wieder 1 Zeile nach oben. Damit vermeiden Sie, dass die Änderungen, die Sie anschließend vornehmen, nicht für die folgenden Zeilen gelten.

7. **Bezugszeile markieren:** Die Zeile, die zur Bezugszeichenzeile werden soll, markieren Sie, indem Sie den Cursor rechts neben dieser Zeile platzieren, dann richten Sie Abstände mittels Tabstopps ein.
   Erster Tabstopp 5,08 cm Zweiter Tabstopp 10,16 cm Dritter Tabstopp 15,24 cm
   Vierter Tabstopp 17,65 cm.
   Die Bezugszeile wird in Schriftgrad 8 pt geschrieben.
   Beispiel: Ihre Nachricht … ; Unsere Nachricht vom … ; Telefon, Fax oder Ansprechpartner; Datum.

8. Zwischen Bezugszeile und Betreffzeile werden **2 Leerzeilen** eingefügt.

9. **Betreffzeile:** „Fett" hervorgehoben, aber gleiche Schriftgröße, gleiche Schriftart. Das Thema des Briefs knapp, aber konkret nennen.

10. Zwischen Betreff und Anrede werden **2 Leerzeilen** eingefügt

11. Anrede mit schließendem Komma, anschließend **1 Leerzeile** und dann den Satz kleingeschrieben fortsetzen, wenn es sich beim ersten Wort um kein Substantiv handelt.

12. **Textgestaltung:** Fließtext ohne harte Zeilenumbrüche, das erledigt das Textverarbeitungsprogramm automatisch. Ein neuer Sachverhalt wird durch einen Absatz getrennt. Dieser wird stets durch **1 Leerzeile** getrennt. Hervorhebungen im Text durch **Fettdruck** usw. nur sparsam einsetzen.

13. Zwischen Text und Grußformel **1 Leerzeile** einfügen.

14. **Grußformel:** Üblich ist hier „Mit freundlichen Grüßen"

15. **Unterschrift: 3 Leerzeilen** Platz lassen für die Unterschrift.

16. **Maschinenschriftlicher Name** der Unterzeichnenden, des Unterzeichnenden.

17. **3 Leerzeilen** vor den Anlagen.

18. **Anlagen:** darunter platzieren oder in dieselbe Höhe der Grußformel mit ca.12,5 cm Abstand vom linken Blattrand.

19. **Speichern:** speichern Sie die Vorlage als Geschäftsbriefvorlage.dot ab.

2 Schreiben Sie den nachfolgenden Brief neu in die von Ihnen erstellte Vorlage Ihres Textverarbeitungsprogramms und verbessern Sie die Formulierungen. Beachten Sie auch die DIN 5008.

○ Friedrich Knebel GmbH

○ Rüdesheimer Str. 34

○ 73641 Schondorf

○

○ Herrn

○ Jakob Kleinmann

○ Karl-Popp-Str. 23

○

○ 67000 Ludwigshafen

○

○ Ihr Zeichen,	Ihre Nachricht vom	Unserer Zeichen, unsere Nachricht vom Telefon, Name	Datum
○ 25.10.20..	Schl 0622/33333	3. 11.20..	
○	M. Schleier		

○

○

○ Ihre reklamierte Warenlieferung

○

○ Sehr geehrter Herr Kleinmann,

○

○ bezüglich Ihres Schreibens bestätigen wir dankend den Erhalt desselben und nehmen wie
○ folgt Stellung:

○

○ Nach sofortiger Überprüfung der von Ihnen reklamierten Warenlieferung vom 3. Oktober
○ diesen Jahres stellten wir fest, dass unsererseits ein Fehler passierte. Aufgrund eines Eng-
○ passes mit unserem Personal wurde die Ware vor der Auslieferung nicht kontrolliert. Das
○ bedauerliche Versehen ist uns außerordentlich peinlich, wofür wir Sie hiermit ausdrücklich
○ um Entschuldigung bitten.

○

○ Unseren Verkauf haben wir umgehend angewiesen, die bestellte Ware neu zu liefern.

○

○ In der Hoffnung, somit die Angelegenheit zu Ihrer vollsten Zufriedenheit erledigt zu haben,
○ verbleiben wir

○

○ Mit freundlichen Grüßen

○

○

○ H. Schleier

3.2 Formulierungen in Geschäftsbriefen

In Geschäftsbriefen finden Sie manchmal Formulierungen wie in den folgenden Beispielsätzen:

- Bezug nehmend auf Ihr Schreiben teilen wir Ihnen mit, dass sich die gewünschte Lieferung leider nicht vorzeitig versenden lässt.

- Wir bieten Ihnen einen 5%igen Rabatt, den wir nur in besonderen Ausnahmenfällen gewähren können. Wie Sie diesem Schreiben entnehmen können, bitten wir um eine Überprüfung der Rechnung.

- Des Weiteren bitten wir nach Abschluss der Überprüfung um Mitteilung, ob Sie mit den gespeicherten Daten einverstanden sind, oder ob Unstimmigkeiten bestehen.

- Für Rückfragen stehen wir unter der oben genannten Telefonnummer zur Verfügung.

- Es wird gebeten, die Unterlagen baldmöglichst zurückzusenden.

- Wir möchten Sie darüber in Kenntnis setzen, dass nachträgliche Reklamationen nicht anerkannt werden können.

- Unter diesen Umständen würde leider keine andere Möglichkeit bleiben, als den ganzen Rekorder auszutauschen.

- Hinsichtlich Ihres Angebots würden wir folgenden Vorschlag unterbreiten.

- Die Verzögerung bedauernd senden wir Ihnen heute die bestellte Ware.

A

1 Machen Sie Verbesserungsvorschläge für die Sätze und formulieren Sie die Sätze neu.
2 In Geschäftsbriefen sind Wortwiederholungen zu vermeiden. Diese lassen sich durch entsprechende Synonyme verbessern. Ersetzen Sie die Wörter:
   a) interessant
   b) übersenden
   c) anbieten
   d) prüfen
   e) mitteilen
3 Erstellen Sie mithilfe eines Textverarbeitungsprogramms Textbausteine für Geschäftsbriefe.
4 Schreiben Sie z. B. folgende Geschäftsbriefe:
   a) eine Auftragsbestätigung an eine/-n Kunden/-in
   b) eine Zahlungserinnerung an eine/-n Kunden/-in
   c) eine Mahnung an eine/-n Kunden/-in
   d) einen Antrag an die Gemeinde- bzw. Stadtverwaltung für ein Schulfest

3.3 E-Mail im Geschäftsleben

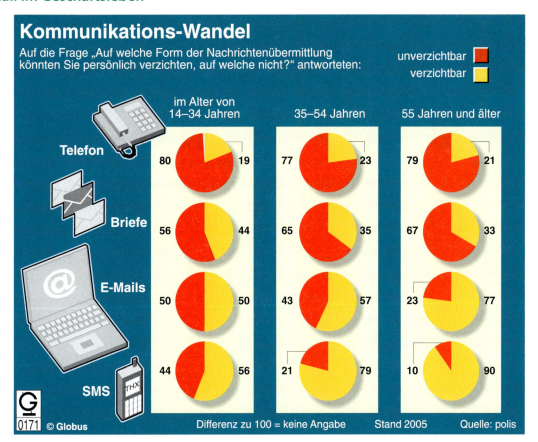

Kommunikations-Wandel

Auf die Frage „Auf welche Form der Nachrichtenübermittlung
könnten Sie persönlich verzichten, auf welche nicht?" antworteten:

unverzichtbar
verzichtbar

im Alter von
14–34 Jahren   35–54 Jahren   55 Jahren und älter

Telefon   80   19   77   23   79   21

Briefe   56   44   65   35   67   33

E-Mails   50   50   43   57   23   77

SMS   44   56   21   79   10   90

© Globus   Differenz zu 100 = keine Angabe   Stand 2005   Quelle: polis

1 Welche Unterschiede stellen Sie im Hinblick auf die Nachrichtenübermittlung in den verschiedenen Altersgruppen fest?   **A**

2 Weshalb ordnet die Mehrzahl der Menschen über 55 Jahren SMS und E-Mails als für die Kommunikation verzichtbar ein?

3 Führen Sie eine Umfrage in Ihrer Lerngruppe bzw. in Ihrer Schule durch und prüfen Sie, inwieweit das Ergebnis mit dem Ergebnis der Grafik deckungsgleich ist.

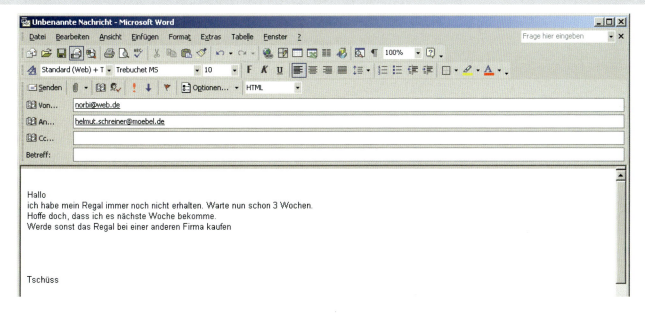

4 Wer ist der Adressat dieser E-Mail?

5 Welche Probleme hat der Empfänger voraussichtlich mit der Bearbeitung dieser E-Mail?

Nachhilfe in ... richtig emailen

CU nächste Woche!
LG, dein Kollege
Fehler, schlampige Formulierungen, unbedachte
Aussagen und unnötige Abkürzungen: E-Mails in der
Stilkritik.
Interview von: Viola Schenz
7.08.2006 10:16 Uhr

In der E-Mail-Sprache bedeutet das Geschriebene nicht unbedingt das Beabsichtigte. Ironie oder Ehrlichkeit wirken in einer E-Mail oft anders als am Telefon. Einer Untersuchung der Business School an

5 der University of Chicago zufolge kann das zu ernsthaften Missverständnissen in Unternehmen führen. Überhaupt lauern bei der elektronischen Kommunikation viele Fettnäpfchen. Die Frankfurter Etikette-Trainerin Lis Droste klärt über die richtigen

10 Umgangsformen beim Mailen auf.

SZ: Wann haben Sie sich zuletzt über eine E-Mail geärgert?

Droste: Die E-Mails, die ich bekomme, sind eigentlich so, wie ich sie gerne hätte. Das liegt wohl in der Natur

15 meines Berufs: Die Leute lesen ihre E-Mails vorm Losschicken einmal mehr durch, weil sie wissen, dass ich Wert auf Stil lege.

SZ: Was sind die üblichen Fauxpas?

Droste: Schlampige Formulierungen, viele Fehler –

20 und Aussagen, die man nicht überdacht hat, die man in einem Brief anders ausgedrückt hätte.

SZ: Was halten Sie von den gängigen Abkürzungen in E-Mails wie „LG" für „Lieben Gruß" oder „CU" für „See you"?

25 **Droste**: Gar nichts. In E-Mails sollten ebenso wenig Abkürzungen verwendet werden wie in Briefen. Auch keine Großbuchstaben, das wirkt wie Anschreien. Und keine Kleinschreibung, denn die ist schwer zu lesen.

30 **SZ**: Der Vorteil von E-Mails liegt aber doch in ihrer Kürze und Schnelligkeit, weitschweifige Höflichkeit erscheint vielen als zeitraubender Ballast.

Droste: Genau das merkt man den Mails auch an.

Man sollte eine E-Mail genauso behandeln wie einen Brief und sich nicht von dem schnellen Medium ver- 35 leiten lassen.

SZ: Dann bekommt die elektronische Kurzmitteilung aber schnell die Länge eines normalen Briefs.

Droste: Das sollte keine Rolle spielen.

SZ: Hat man bei Mails nicht inzwischen eine andere 40 Erwartungshaltung?

Droste: Das sehe ich nicht so. Selbst wenn man nur rasch auf eine E-Mail reagiert, sollte man nie auf die Anrede verzichten. Würden Sie mir jetzt eine Nachricht schicken und ich Ihnen auf die Schnelle 45 antworten, schreibe ich auf jeden Fall: „Herzlichen Dank, liebe Frau Schenz" und so weiter. Dasselbe gilt für die Verabschiedung. Selbst das Wort „Gruß" ist besser als dieses „Mit freundlichen Grüßen".

SZ: Wie sollte man reagieren, wenn man sich über ei- 50 ne E-Mail ärgert? Ignorieren oder ansprechen?

Droste: Man sollte das durchaus sagen, aber in einem höflichen Ton, nicht gleich wütend zurückschreiben, sondern sich wohl überlegen, was man antwortet. Auf die Sendetaste ist schnell gedrückt. 55

SZ: Wäre es sinnvoller, zum Hörer zu greifen und die Angelegenheit zu klären?

Droste: Die mündliche Klärung ist eh in vielen Fällen die bessere Lösung. 60

SZ: Haben Sie eine Richtlinie, wann das Telefon und wann eine E-Mail angebracht ist?

Droste: Die E-Mail hat natürlich den Vorteil, dass sie nicht unmittelbar einen Arbeitsvorgang stört. Wichtig ist ein klarer Betreff, damit der Adressat seine Mails 65 sortieren kann.

SZ: Was ist mit ironischen Formulierungen in E-Mails?

Droste: Teil von Ironie ist der entsprechende Tonfall, und der kommt natürlich nur im Mündlichen 70 „rüber", nicht im Schriftlichen. Witziges oder Zweideutiges kommt dann gar nicht oder falsch an. Gerade bei geschäftlichen E-Mails sollte man daher strikt sachlich bleiben.

Sueddeutsche.de, SZ vom 28.07.2006, http://www.sueddeutsche.de/jobkarriere/erfolggeld/artikel/240/82158, 18.03.07

A

  6   Lesen Sie den Text und markieren Sie die wichtigsten Regeln.
  7   Erstellen Sie eine Checkliste für „Richtiges emailen".

4 Protokollieren und Berichten

4.1 Protokoll

Einladung zur 3. Sitzung der Jugend- und Auszubildendenvertretung
28.10.20..

Hallo liebe Kolleginnen und Kollegen,

zu unserer **3. Sitzung**

am: 10.11.20..
um: 14:00 Uhr
im: Betriebsratszimmer

TOP 1: Antrag der Auszubildenden im 3. Ausbildungsjahr
TOP 2: Vorbereitung auf die Betriebsratssitzung
TOP 3: Informationen der JAV auf der Webseite
TOP 4: Verschiedenes

lade ich euch ein.

Gruß

Sabine K.
Vorsitzende der JAV

Protokoll: Michaela

Sabine: Hallo, ich darf euch zu unserer 3. Sitzung begrüßen. Die Einladung ist euch mit den Tagesordnungspunkten rechtzeitig zugegangen. Ich möchte mich bei Michaela bedanken, die heute das Protokoll übernimmt. Die Kollegin Maria hat sich entschuldigen lassen. Gibt es noch Wünsche für die Tagesordnung? Das ist nicht der Fall. Deshalb komme ich zum ersten Tagesordnungspunkt: Antrag der Auszubildenden im 3. Ausbildungsjahr. Nachdem Rainer im 3. Ausbildungsjahr ist, kann er sicher den Antrag erläutern.

Rainer: Das will ich gerne machen. Ich habe mit allen vom 3. Ausbildungsjahr gesprochen und sie waren meiner Meinung, dass es sinnvoll ist, schon rechtzeitig vor der Prüfung eine AG einzurichten, bei der sich alle treffen und gegenseitig bei der Prüfungsvorbereitung helfen können. Viele der Azubis finden, dass dies eigentlich während der ganzen Ausbildung sinnvoll ist.

Sabine: Vielen Dank. Gibt es dazu Wortmeldungen?

Michaela: Ich finde die Idee sehr gut. Denn es stellt sich immer wieder heraus, das gilt auch für mich, dass es manchmal schwer ist, sich ohne Hilfe bestimmte Fachkenntnisse anzueignen. Gerade bei der Präsentation habe ich immer wieder Probleme bei mir festgestellt. Ich würde mich freuen, wenn dazu eine AG eingerichtet werden könnte, in der wir uns gegenseitig helfen.

Thorsten: Ich bin ja nicht dagegen, aber ich denke es ist auch eine Zeitfrage. Denn wann soll sich die AG treffen und wer kommt alles zu der AG?

Sabine: Ich habe im Vorfeld schon einmal mit der Ausbildungsleiterin, Frau Herzog, gesprochen. Sie findet die Idee gut und würde uns einen festen Termin während der Arbeitszeit einrichten. Allerdings nur, wenn alle daran teilnehmen. Außerdem kann es sein, dass in bestimmten Fällen, wenn bei uns viel los ist, der Termin ausfallen müsste.

Karin: Wenn es während der Arbeitszeit ist, wäre dies prima. Allerdings müsste es ein fester Termin sein, damit wir uns darauf einrichten können. Der Haken ist natürlich, dass wir alle kommen müssen.

Sabine: Den Termin könnten wir ja jetzt schon als Vorschlag festlegen. Ich schlage Mittwoch um 15:00 Uhr vor. Da sind alle vom 3. Ausbildungsjahr im Betrieb. An diesem Tag ist keine Berufsschule.

Karin: Wenn wir aber erst um 15:00 Uhr beginnen und unsere Arbeitszeit nur bis 16:00 Uhr geht, ist dies doch sehr knapp.

Thorsten: Da stimme ich Karin zu. Ich denke, wir müssten schon um 14:00 Uhr beginnen. Sonst bringt das doch nicht viel.

Sabine: Das würde aber bedeuten, dass alle Auszubildenden des 3. Ausbildungsjahrs am Mittwoch kaum noch für die Arbeit zur Verfügung stehen. Auf der anderen Seite sind wir ja in der Ausbildung und es kann nur im Interesse des Betriebes sein, wenn wir gut abschließen.

Rainer: Ich denke doch, dass wir etwas Freizeit opfern sollten, deshalb ist 15:00 Uhr für mich schon okay. Wichtig wäre jedoch sicher auch, der Ausbildungsleiterin konkret zu sagen, was wir genau in dieser Zeit machen.

Michaela: Das Thema Präsentation und Kommunikation ist ein wichtiges Thema. Das könnten wir zu Hause vorbereiten und uns dann bei der Präsentation gegenseitig helfen und nützliche Tipps austauschen.

Sabine: Finde ich auch gut. Dies könnten wir doch als ersten Themenschwerpunkt festhalten.
Ich würde deshalb darüber gerne abstimmen. Wer ist für die Einrichtung der AG?
Abstimmung: alle
Wer ist für den Termin am Mittwoch um 15:00 Uhr?
Abstimmung: 1 Zustimmung, 4 Ablehnungen
Damit ist der Antrag abgelehnt.
Wer ist für den Termin am Mittwoch um 14:00 Uhr?
Abstimmung: 4 Zustimmungen, 1 Ablehnung
Dann werde ich dies so der Ausbildungsleiterin mitteilen.

Sabine: Wir kommen nun zum nächsten Tagesordnungspunkt.

Ergebnisprotokoll

über: ....
Ort: ....
Anwesende: ....
Vorsitz: ....
Protokollant/-in: ....
Zu TOP 1

A

1   Lesen Sie die Diskussionsbeiträge in Rollenverteilung.
2   Erstellen Sie für die Sitzung der Jugend- und Auszubildendenvertretung ein Ergebnisprotokoll.
3   Informieren Sie sich im Betriebsverfassungsgesetz über die Aufgaben der Jugend- und Auszubildendenvertretung.
4   Wie würden Sie abstimmen? Diskutieren Sie das Ergebnis der Sitzung in Ihrer Lerngruppe.

5 Weshalb ist ein Protokoll wichtig?

6 Welche Angaben muss ein Protokoll enthalten?

7 Erstellen Sie ein Verlaufsprotokoll über eine aktuelle Unterrichtsstunde.

8 Führen Sie eine Sitzung (z. B. zum Thema Klassenfahrt) durch und erstellen Sie danach ein Protokoll für diese Sitzung.

9 Schreiben Sie die Redebeiträge von Sabine in die indirekte Rede um.

A

Checkliste für das Protokoll

Kopfteil:

- ■ Art des Protokolls
- ■ Anlass für das Protokoll
- ■ Ort, Zeit, Datum
- ■ Anwesende/Abwesende
- ■ Vorsitzende/-r/Diskussionsleiter/-in

Hauptteil:

- ■ Verlauf in Hauptpunkten wiedergeben.
- ■ Redebeiträge nur in besonderen Fällen wiedergeben.
- ■ Ergebnisse/Beschlüsse und Abstimmungsergebnisse festhalten.

Schlussteil:

- ■ Ort, Datum, Unterschrift des/-r Protokollanten/-in
- ■ Unterschrift des/-r Vorsitzenden

T

Durch Protokolle werden Ablauf und Ergebnisse von Versammlungen, Konferenzen, Wahlen, wichtigen Gesprächen usw. schriftlich festgehalten. Es werden folgende **Protokollformen** unterschieden:

a) Verlaufsprotokoll
   – Diese Protokollform gibt die wichtigsten Redebeiträge in kurzer Zusammenfassung wieder und erfasst die wesentlichen Schritte des Ablaufs der Sitzung bis zur Entscheidungsfindung.

b) Ergebnisprotokoll
   – Diese Protokollform beschränkt sich auf die Wiedergabe der Ergebnisse und einen kurzen Hinweis auf die Redebeiträge.

Protokolle dienen vor allem der Dokumentation, der Information und der Kontrolle. Protokolle haben eine wichtige Beweiskraft und auch Abwesende können sich auf diese Weise über die Entscheidungen informieren. Wichtig ist zudem, dass überprüft werden kann, ob gefasste Beschlüsse auch umgesetzt werden.

Folgende Punkte sollten beim Abfassen von Protokollen beachtet werden:

- ■ Eine objektive Darstellung ist wichtig.
- ■ Äußerungen und Zitate müssen als solche gekennzeichnet werden.
- ■ Ergebnisprotokolle können in der Zeitform der Vergangenheit (Präteritum) geschrieben werden, Verlaufsprotokolle in Form der Gegenwart (Präsens).
- ■ Das Protokoll muss klar gegliedert werden und den zeitlichen Ablauf wiedergeben.

T

4.2 Mitschrift anfertigen

In der Schule, im Betrieb oder bei Konferenzen wichtige Informationen richtig mitschreiben zu können, erleichtert die Nachbereitung und ermöglicht die exakte Niederschrift eines Protokolls.

Folgende Methode kann Ihnen helfen, das Wesentliche richtig und übersichtlich mitzuschreiben.

M

BEREICH I: Notizen in Stichwörtern	9.12.20.. / Blatt 1
	BEREICH II **Schlüsselwörter** **und Gliederung**

Anfertigen einer Mitschrift:

1. Teilen Sie Ihre Blätter in drei Bereiche auf.
2. In Bereich I schreiben Sie Ihre Notizen während der Schulstunde, der Konferenz, des Vortrags auf. — Blattaufteilung
3. In Bereich II können Sie nach der Veranstaltung eine Gliederung einfügen, indem Sie Schlagwörter ergänzen.
4. Im Bereich III können Sie sich offene Fragen, Kommentare und eigene weiterführende Literatur notieren.

Vorteile der Mitschrift:

1. Sie konzentrieren sich besser auf den Vortrag.
2. Sie strukturieren bei der Mitschrift bereits und filtern die Informationen nach ihrer Wichtigkeit. — Konzentration auf Struktur und Inhalt
3. Dadurch erleichtern Sie sich das Lernen und die Anfertigung des Protokolls.

Systematik der Mitschrift:

1. Benutzen Sie lose Blätter, damit Sie das Einsortieren flexibel gestalten können.
2. Versehen Sie jedes Blatt mit Datum und fortlaufender Nummerierung.
3. Beachten Sie die Ziele der Konferenz, der Schulstunde, des Vortrags. — Ziele?
4. Schreiben Sie nicht wörtlich mit und verwenden Sie verkürzte Sätze, die den Inhalt aber im Wesentlichen wiedergeben.
5. Notieren Sie Überschriften und Teilüberschriften sowie die wichtigsten Aussagen und Schlussfolgerungen der/des Vortragenden. Wichtige Aussagen/Schlussfolgerungen unterstreichen Sie. — Visualisierung
6. Sie können auch mit Symbolen (! und ? etc.) und Abkürzungen (z. B. „Def." für Definition) arbeiten.

BEREICH III: Offene Fragen, Kommentare, Literatur

1. Welche weiteren Symbole sind benutzbar?

A

1 Fertigen Sie zunächst die Mitschrift eines Lehrer/-innenvortrags im Bereich I an.
2 Notieren Sie sich offene Fragen und Kommentare im Bereich III und gliedern Sie in Bereich II.
3 Vergleichen Sie Ihre Mitschrift mit der Ihres/-r Partners/-in. Klären Sie gemeinsam Fragen.
4 Vergleichen Sie die Ergebnisse erneut in Ihrer Lerngruppe.

A

5   Tragen Sie die wesentlichen Informationen, die Sie in Ihrer Mitschrift festgehalten haben, gemeinsam mit Ihrem/-r Partner/-in im Plenum vor.
6   Prüfen Sie gemeinsam im Plenum die Vollständigkeit des Vortrags. Beginnen Sie beim Feedback mit den positiven Aspekten des Vortrags (Inhalt und Methode) und geben Sie anschließend Tipps zur Verbesserung.
7   Gestalten Sie eine Folie der Mitschrift, die Ihnen als Grundlage des Vortrags dient.
8   Erstellen Sie in Ihrer Lerngruppe zunächst einen Plakatentwurf und übertragen Sie die Ergebnisse anschließend auf ein Plakat.

M

Das 1 x 1 der Plakatgestaltung
■   Geben Sie dem Plakat eine Überschrift!
■   Ordnen Sie die Inhalte übersichtlich an!

■   Unterstützen Sie die Aussagen durch Symbole!

■   Heben Sie die Aussagen durch Farben hervor!
■   Weniger ist mehr!
■   Veranschaulichen Sie die Inhalte durch Bilder!
■   Plakate sind eine Visitenkarte der Lerngruppe: Deshalb auf die Rechtschreibung achten!
■   Plakate müssen noch aus fünf Metern Entfernung gut lesbar sein!

A

9   Hängen Sie Ihre Plakate im Klassenzimmer auf.
10   Diskutieren Sie die unterschiedlichen Plakate.
11   Bewerten Sie mit Klebepunkten das nach Ihrer Meinung inhaltlich und optisch am besten gestaltete Plakat.

4.3 Bericht

Blaulicht

Ein Autounfall mit anschließender Fahrerflucht hat sich gestern in Mainz ereignet. Der beteiligte Wagen erfasste in den frühen Morgenstunden einen 17-Jährigen. Der junge Mann wurde verletzt und musste ins Krankenhaus. Der Autofahrer fuhr nach ersten Ermittlungen davon, ohne sich um den Verletzten zu kümmern. Der genaue Unfallhergang ist unklar. Zeugen hatten laut Polizei einen Geschäftsmann beobachtet, der in einen BMW einstieg und losfuhr. Glassplitter an der Unfallstelle stammen nach ersten Ermittlungen von einem Auto dieser Marke. Ein Zeuge konnte sich die Autonummer notieren.

T

Ein Bericht gibt Antworten auf die W-Fragen:
■   **Wer?**   Beteiligte
■   **Wann?**   Datum, Uhrzeit
■   **Wo?**   Ortsangabe
■   **Was?**   Geschehen
■   **Wie?**   Hergang
■   **Weshalb?**   Ursachen
■   **Welche?**   z. B. welcher Schaden
Berichte werden immer in der Zeitform **Vergangenheit (Präteritum)** geschrieben.

Zeugenaussagen zum Unfall

Aussage A: Die Zeugin Alexandra Endrulat

Es war am Mittwoch letzter Woche, als ich mit meinem Hund an der Kreuzung Bettina-von-Arnim-Straße/Bertolt-Brecht-Straße bei Rot an der Ampel stand, um erstere Straße zu überqueren. Mein Hund ist noch sehr klein und deshalb im Straßenverkehr ängstlich. Hasso zerrte an der Leine und wollte bei Rot über die Straße, weil er gegenüber eine Hündin gesehen hatte. Ich konnte ihn aber erfolgreich daran hindern. Plötzlich raste ein Fahrradfahrer auf dem Fahrradweg mit ziemlich hohem Tempo an uns vorbei und hätte meinen Hund beinahe angefahren. Fünf Sekunden später krachte es und ich hörte Glas splittern und einen dumpfen Aufprall. Ein paar Schritte weiter entfernt sah ich den Fahrradfahrer reglos und in einer Blutlache auf dem Bordstein liegen. Das Fahrrad war völlig verbogen und verbeult. Aus dem Auto, das eine Beule im vorderen Kotflügel hatte und dessen Scheinwerfer kaputt war, stieg ein älterer Herr aus. Er rief dem Fahrradfahrer zu: „Wir regeln das ohne Polizei, o.k.? Ich habe noch einen wichtigen Termin und muss dringend in meine Firma in die Landauer Straße. Den Schaden regelt meine Versicherung." Dann sprach er noch kurz mit einem älteren Passanten.

Aussage B: Der Radfahrer Stefan Buchert berichtet

Ich heiße Stefan Buchert und bin 17 Jahre alt. Am Mittwoch vor fünf Tagen fuhr ich gegen 8:30 Uhr mit meinem Fahrrad zu unserem Kunden in die Schillerstraße. Ich fuhr auf dem Radweg auf der Bettina-von-Arnim-Straße und wollte die Kreuzung auf Höhe der Bertolt-Brecht-Straße überqueren. Kurz vor der Kreuzung sah ich plötzlich einen blauen Audi quer vor mir. Ich wusste, dass es zu spät zum Bremsen war, der Wagen erfasste mich, ich fiel in hohem Bogen durch die Luft und knallte auf den Bordstein. Mein letzter Gedanke war, warum der Idiot nicht bremst. Danach wurde es mir schwarz vor Augen und ich bekam noch nicht einmal mit, dass mich der Krankenwagen in die Klinik am Graf-Adolf-Platz fuhr. Mein rechter Arm ist gebrochen, ich habe eine leichte Gehirnerschütterung und überall Prellungen. Auch mein Fahrrad ist nur noch Schrott!

Aussage C: Die Zeugenaussage der Motorradfahrerin Andrea Pfaffmann

Der Unfall ereignete sich am Mittwoch, dem 1. Juli. Ich fuhr an diesem Tag über die Schnellstraße Rheinpromenade in die Stadt, um das Geburtstagsgeschenk für meine Mutter am Staufenplatz abzuholen. Gegen 8:30 Uhr befand ich mich auf der Bettina-von-Arnim-Straße Richtung Stadtmitte und habe mich dann in die Rechtsabbiegerspur eingeordnet, weil ich in die Bertolt-Brecht-Straße einbiegen wollte. Die Ampel zeigte Grün. Vor mir fuhr ein blauer Audi, der mir schon vorher aufgefallen war, weil sein rechter Blinker nicht ging. Ich weiß, dass man an dieser Stelle als Rechtsabbieger sehr aufpassen muss, weil parallel zur Straße ein Radweg in die Stadt führt, den man beim Abbiegen kreuzt. In meinem rechten Außenspiegel sah ich einen Fahrradfahrer mit ziemlich hoher Geschwindigkeit auf dem Radweg fahren, deshalb fuhr ich langsamer. Dabei bemerkte ich, dass der Audifahrer den Radfahrer offensichtlich nicht bemerkt hatte und schon war es passiert. Der Fahrradfahrer fuhr ungebremst dem Audi in den rechten vorderen Kotflügel und wurde zusammen mit seinem Rad in hohem Bogen auf die Fahrbahn geschleudert. Er bewegte sich nicht mehr und blutete am Kopf. Glücklicherweise fuhr der Audi nicht so schnell in die Kurve und kam fast sofort zum Stehen. Ich fuhr gleich rechts ran und rief mit meinem Handy die Polizei und den Notfallarzt. Weil ich kein Blut sehen kann, war ich sehr aufgeregt. Passanten hatten den jungen Mann bereits in die stabile Seitenlage gebracht und die Erstversorgung eingeleitet. Ich hörte wie eine Passantin zum Audifahrer sagte: „Das geht nicht! Der Radfahrer ist doch bewusstlos und hat Sie nicht gehört! Termin hin oder her, das ist Fahrerflucht!" Ich schrieb schnell die Nummer des Audis auf: MZ-AK 2304. Nach wenigen Minuten kam ein Krankenwagen und nahm den Bewusstlosen mit.

Aussage D: Der Audifahrer Horst Schwade berichtet

Mein Name ist Horst Schwade, ich bin Geschäftsführer der Firma Schwade GmbH in der Landauer Straße. An diesem Mittwoch war ich auf dem Weg zu einem wichtigen Termin um 8:40 Uhr in der Alten Gasse in Mainz. Da ich schon spät dran war, hatte ich es sehr eilig. Als ich mich in der Bettina-von-Arnim-Straße in die Rechtsabbiegerspur eingeordnet hatte und gerade um die Kurve wollte, krachte es auch schon und ich hörte einen dumpfen Aufprall. Ich sah etwas durch die Luft wirbeln. Da ich nicht schnell fuhr, bremste ich und kam sofort zum Stehen. Unter Schock stieg ich aus dem Auto, ich hatte, ich weiß nicht warum, den Radfahrer übersehen. Nachdem ich mit dem Fahrradfahrer kurz gesprochen hatte, gab ich einem Passanten meine Visitenkarte und sagte, dass sich der Fahrradfahrer bei mir zu Hause in der Alicenstraße melden soll. Der Schaden an meinem Auto beträgt 2000 EUR, aber das kann ich mit meiner Versicherung klären.

M

Gruppenpuzzle – Expertenteams
- Im Plenum werden Stammgruppen mit so vielen Mitgliedern gebildet, wie Themenbereiche bearbeitet werden sollen.
- In jeder Stammgruppe wird zu jedem Themenbereich eine Expertin, ein Experte bestimmt.
- Die Experten/-innen mit dem jeweils gleichen Themenbereich treffen sich in einem Expertenteam.
- Die Expertenteams beschaffen sich die notwendigen Informationen, um ihre Aufgabenstellung zu bearbeiten.
- Die einzelnen Expertenteams präsentieren ihre Ergebnisse in der Stammgruppe.
- Die Nichtexperten stellen Verständnisfragen.
- Die Ergebnisse werden von allen Mitgliedern der Stammgruppe notiert.

Durch die Bearbeitung von Aufgaben können alle Mitglieder der Stammgruppe ihr neues Wissen selbst überprüfen.

A

1 Bilden Sie die Stammgruppen mit jeweils vier Mitgliedern. Jedem der vier Mitglieder wird eine der vier Zeugenaussagen A–D zugeteilt, für die die jeweiligen Mitglieder im weiteren Verlauf die zuständigen Experten/-innen sind.

2 Die Experten/-innen der verschiedenen Stammgruppen, die für die gleichen Zeugenaussagen zuständig sind, gehen in Expertenteams zusammen, z. B.: alle Mitglieder, die die Zeugenaussage A bearbeiten, bilden das Expertenteams A usw.

3 Die Expertenteams lesen zunächst die Zeugenaussage:
   - Expertenteam A die Aussage A von Alexandra Endrulat,
   - Expertenteam B die Aussage B von Stefan Buchert,
   - Expertenteam C die Aussage C von Andrea Pfaffmann,
   - Expertenteam D die Aussage D von Horst Schwade.

4 Die Expertenteams markieren die W-Fragen und fertigen für die Stammgruppe eine Unfallskizze an.

5 Anschließend kehren die Experten/-innen wieder in ihre Stammgruppe zurück und informieren sich gegenseitig über die Ergebnisse.

6 Die Stammgruppe verfasst gemeinsam einen Unfallbericht und präsentiert ihre Ergebnisse im Plenum.

7 Führen Sie ein Rollenspiel durch. Die Zeugenaussagen werden von Schüler/-innen vor dem „Gericht" vorgetragen. Bestimmen Sie dazu auch einen Vorsitz für das Gericht. Die übrigen Mitglieder Ihrer Lerngruppe protokollieren die Aussagen.

8 Besorgen Sie sich ein Formular für einen Unfallbericht im Internet und füllen Sie diesen für den Fahrradfahrer Stefan Buchert aus.

9 Besorgen Sie sich ein Formular für einen Unfallbericht im Internet von einem Autoverband und füllen Sie diesen für den Audi-Fahrer aus.

10 Markieren Sie die Straßennamen und suchen Sie in Ihrem Wörterbuch nach Regeln für die richtige Schreibweise.

4.4 Unfallbericht

Jessica wurde am 25. November 20.. gegen 18 Uhr Zeugin eines Verkehrsunfalls. Die Polizei bittet sie, einen Unfallbericht zu schreiben, deshalb setzt sie sich am selben Abend an ihren Schreibtisch. Und so liest sich ihr Unfallbericht:

> Also, ich komm die Steinfelder Straße von meiner Berufsschule runter gelaufen, ich war voll angenervt, weil ich die BWL-Arbeit in den Sand gesetzt habe. Der BWL-Lehrer hat rumgebrüllt, weil die Arbeit so schlecht und wir so faul waren. Naja, Pech. Ich komm also die Steinfelder Straße runter, den Einbahnstraßenteil, steh dort direkt neben dem Fliesen-Bauer. Da hat so ein grüner Mercedes vor links in die Steinfelder Straße ein-
> 5 zubiegen, nicht den Einbahnstraßenteil, sondern in die andere Richtung, und da kommt von unten, also von der Dahner Straße rauf, ein brauner BMW. Wer kauft sich den nen Auto mit so ner hässlichen Farbe. O.K., der BMW will also weiter Richtung Steinfeld und fährt ziemlich in der Mitte, denn, da steht ja ein Ford Transit, der steht in der Dahner Straße kurz vor der Kreuzung mit der Steinfelder Straße. Der BMW kam von unten die Dahner Straße rauf und ebenso der Ford Transit. Aber: Plötzlich hält der einfach so genau an der Kreuzung
> 10 an. Ich glaube, der hat da einen aussteigen lassen, trotzdem da Halteverbot ist. Und der Mercedes hat sich ja ziemlich schon in der Mitte eingeordnet, der kam ja aus Richtung Steinfeld, da wo die Sporthalle ist, die Dahner Straße runter und wollte in die Steinfelder Straße, da wo der Brunnen ist, reinfahren. Der BMW hatte ja keine Chance, der musste eben um den Ford Transit fahren und dann hat's super geknallt. Der Fahrer vom Mercedes hatte die ganze Seite kaputt. Ganzes Auto hin! Der BMW sah auch heftig verbeult aus. Dann bin ich
> 15 zu den beiden hin, weil ich hatte ja alles gesehen und habe die Polizei gerufen. Um den BMW tut's mir Leid. Der Mercedes war schuld. Danach bin ich zur Turnhalle. Danach bin ich zur Bushaltestelle gelaufen, weil ich ja nach Hause wollte, musste nämlich noch lernen und diesen Bericht schreiben.
>
> Jessica Pfeifer

A

1 Markieren Sie die Aussagen im Unfallbericht von Jessica Pfeifer, die nicht zum Bericht gehören.
2 Welche Fehler macht Jessica Pfeifer im Hinblick auf:
   a) Inhalt,
   b) Zeitform,
   c) Sprache und Stil?
3 Erstellen Sie mithilfe des Berichts eine Unfallskizze auf einer Pinnwand.
4 Diskutieren Sie in Ihrer Lerngruppe den Unfallhergang
5 Diskutieren Sie in Ihrer Lerngruppe, wer die Schuld am Unfall trägt.
6 Schreiben Sie den Unfallbericht unter Beachtung der Tipps auf Seite 79 neu.
7 Besuchen Sie eine Gerichtsverhandlung, bei der ein Unfall verhandelt wird.

5 Werbung

1 Welchen Eindruck hinterlässt bei Ihnen die Werbung? Begründen Sie Ihre Entscheidung.
2 Welche Information enthält die Werbeanzeige?
3 Was soll mit der Werbeanzeige bewirkt werden?
4 Welches Produkt, welche Leistung wird beworben?
5 Wer soll durch die Werbeanzeige angesprochen werden? Nennen Sie die Zielgruppe.

Werbung ist ein wichtiger Bestandteil unserer medialen Welt. Die Werbung hat in erster Linie natürlich das Ziel, ein Produkt zu verkaufen. Dabei bedient sich die Werbung der AIDA-Formel, die sich aus den folgenden englischen Begriffen ableiten lässt:

- Attention = Die **Aufmerksamkeit** der zukünftigen Kunden soll geweckt werden.
- Interest = Das **Interesse** am Produkt bzw. an der Leistung soll beim Kunden geweckt werden.
- Desire = Beim Kunden soll ein **Besitzwunsch** angeregt werden.
- Action = Der Kunde soll zur **Kaufhandlung** angeregt werden.

6 Analysieren Sie, inwieweit die Anzeige die Kriterien der AIDA-Formel erfüllt.
7 An welche Gefühle und Einstellung soll beim Konsumenten appelliert werden?

5.1 Werbebrief

AN ALLE HAUSHALTUNGEN

Liebe Haushaltsmitglieder

Wir haben ein tolles Angebot für Sie …

A

1   Welchen Eindruck wird dieser Werbebrief bei Kunden/-innen hinterlassen?
2   Weshalb fühlen sich die Kunden/-innen von diesem Werbebrief nicht angesprochen?

Bei einem **Werbebrief** entscheidet sich in den ersten Sekunden, ob der/die Kunde/-in den Brief liest oder ihn gleich in den Papierkorb wirft. Daher muss bei der Gestaltung des Werbebriefs sehr sorgfältig vorgegangen werden.

T

- Damit die Kunden/-innen das Unternehmen gleich erkennen, ist ein einprägsames Firmenlogo sinnvoll.
- Damit sich die Kunden/-innen angesprochen fühlen, sollten diese nach Möglichkeit mit Vor- und Nachnamen genannt werden.
- Das Unternehmen muss alle Kontaktmöglichkeiten, wie Ansprechpartner/-in, Telefon, Handynummer, Fax usw. im Werbebrief angeben.
- Der Betreff muss die Kunden/-innen auf den Nutzen des Angebotes hinweisen.
- Das Datum ist unbedingt mit im Brief anzugeben, ebenso die Gültigkeitsdauer des Angebotes.
- Der Werbebrief sollte klar in Absätze gegliedert werden.
- Durch Fettschrift im Text werden die wesentlichen Angebote hervorgehoben.
- Der Werbebrief muss unterschrieben werden.
- Bilder sollten immer links im Werbebrief zu finden sein.
- Auf die Möglichkeit für Rückfragen sollte hingewiesen werden.

So wecken Sie Wünsche

Kurze Sätze. Besonders der erste Satz in einem Werbebrief sollte kurz sein. Denn viele Leser schließen vom ersten Satz auf den Rest des Schreibens. Und wer hat schon Lust, sich in einem Werbeschreiben durch Bandwurmsätze zu quälen?

Nennen Sie Vorteile. Der Leser liest nur weiter, wenn ihm ganz klar der Vorteil genannt wird, den ihm das Produkt oder die Dienstleistung bietet. Vermeiden Sie es, nur das Produkt zu bewerben. Niemand lässt sein Wohnzimmer neu tapezieren, weil die neue Tapete so toll und strapazierfähig ist, sondern weil er sich in den neu gestalteten Räumen wohlfühlen möchte. Nennen Sie möglichst viele persönliche Vorteile für den Kunden, anstatt die Vorzüge des Unternehmens in den Vordergrund zu stellen. Die Vorzüge können schon in einer knackigen Überschrift angesprochen werden, zum Beispiel „So sparen Sie Heizkosten".

„uns" und „wir" vermeiden. Jeder fühlt sich gerne persönlich angesprochen. Versuchen Sie möglichst viele „Ich"- und „Wir"-Sätze in „Sie"-Sätze umzuformulieren. Schreiben Sie zum Beispiel „Sie erhalten …" statt „Ich schicke Ihnen …".

Sprache des Kunden. Sprechen Sie mit dem potenziellen Kunden auf Augenhöhe. Senioren mögen keinen Teenager-Jargon, Frauen bevorzugen oft einen einfühlsameren Sprachstil. Die Sprache sollte aber zugleich aber auch zum Charakter des Unternehmens passen. Beim Friseur beispielsweise modern, beim Goldschmied seriös, bei der Damenschneiderin extravagant etc. Werbebriefe dürfen ruhig unterhaltsam sein, denn sie sollten Gefühle ansprechen und Wünsche wecken.

Information nach vorne. Die Information sollte immer im Vordergrund stehen. Die

Unterhaltungselemente dürfen nur Mittel zum Zweck sein. Und gehen Sie möglichst sparsam mit Fachbegriffen um.

„PS" nicht vergessen. Das „PS" hat einen hohen Aufmerksamkeitswert, den Sie nutzen sollten. Hier können Sie noch einmal einen wichtigen Nutzen für den Kunden herausstellen und ihn dazu anregen, sofort auf den Brief zu reagieren.

Die Unterschrift. Die Unterschrift gehört natürlich unter jeden Brief. Am seriösesten wirkt sie in blauer Tinte. Unterschreiben Sie mit Vor- und Nachnamen – und möglicht leserlich.

Deutsches Handwerksblatt/handwerksblatt.de, „Briefe, die ihre Wirkung nicht verfehlen", http://handwerksblatt.de/files/werbebriefe_download.pdf, 18.03.07

3 Formulieren Sie einen Werbebrief, z. B. für Ihren Ausbildungsbetrieb oder für eine schulische Veranstaltung. **A**

5.2 Werbesprache – Werbeslogan

Schön.Schwarz.Stark Afri Cola	**Aus Miete mach Eigentum** Leonberger Bausparkasse
WIR GESTALTEN ZUKUNFT BAUSPARKASSE MAINZ	**Kleidung clever kaufen** KIK
Make every drop count Coca Cola	**Des Trinkens reicher Sinn** Carpe Diem
Was die Hand zum Leben braucht Nivea	**Nicht immer, aber immer öfter** Clausthaler
Geiz ist geil Saturn	**Nichts bewegt sie mehr** Toyota
The Power of Dreams Honda	**Spiegel-Leser wissen mehr** Der Spiegel

1 Welche Werbeslogans rufen bei Ihnen sofort Assoziationen hervor? **A**
2 Welche Slogans entsprechen nicht der deutschen Rechtschreibung?
3 Weshalb werden in der Werbung andere Sprachregelungen akzeptiert?
4 Erstellen Sie einen Werbeslogan für ein Produkt Ihrer Wahl.
5 Fertigen Sie einen Werbespot mit einem Slogan für die Radiowerbung an.
6 Sammeln Sie in Ihrer Lerngruppe weitere Werbeslogans. Können Sie die Slogans bestimmten Marken oder Unternehmen zuordnen?
7 Analysieren Sie die Werbeslogans nach:
  a) Aussagekraft,
  b) Einprägsamkeit,
  c) Wirkung,
  d) Wortneuschöpfung.

Ein einprägsamer Werbespruch oder **Werbeslogan** muss nicht informieren oder belehren. Er soll eine freundliche Atmosphäre und Vertrauen schaffen. Dabei stellt der Slogan die Werbeaussage prägnant zusammen und soll für die Zukunft beim potenziellen Kunden in Erinnerung bleiben. Ein Werbespruch muss so formuliert sein, dass die Zielperson diesen schnell im Gedächtnis speichert und in der Regel leicht lernen kann. Viele Werbeslogans haben sich in der Alltagssprache festgesetzt, z. B. der Werbeslogan: „Nicht immer, aber immer öfter." (Clausthaler alkoholfrei)

5.3 Werbung in der Musik

GUTEN TAG (Wir sind Helden)

(Die Reklamation)

Meine Stimme gegen ein Mobiltelefon
Meine Fäuste gegen eure Nagelpflegelotion
Meine Zähne gegen die von Doktor Best und seinem Sohn
Meine Seele gegen eure sanfte Epilation

Es war im Ausverkauf im Angebot die Sonderaktion
Tausche blödes altes Leben gegen neue Version
Ich hatte es kaum zu Hause ausprobiert da wusste ich schon
an dem Produkt ist was kaputt – das ist die Reklamation

Guten Tag guten Tag ich will mein Leben zurück
Ich tausch nicht mehr ich will mein Leben zurück
Guten Tag ich gebe zu ich war am Anfang entzückt
aber euer Leben zwickt und drückt nur dann nicht
wenn man sich bückt –
Guten Tag

Meine Stimme gegen die der ganzen Talkshownation
Meine Fäuste für ein müdes Halleluja und Bohnen
Meine Zähne gegen eure zahme Revolution
Visionen gegen die totale Television

Es war im Ausverkauf im Angebot die Sonderaktion ...

Guten Tag guten Tag ich will mein Leben zurück ...

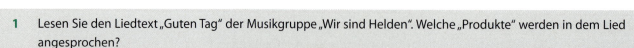

Guten Tag, Die Reklamation, Text: Judith Holofernes, Copyright: Wintrup Musikverlag, Detmold/Freudenhaus Musikverlag/Partitur Musikverlag

A

1   Lesen Sie den Liedtext „Guten Tag" der Musikgruppe „Wir sind Helden". Welche „Produkte" werden in dem Lied angesprochen?
2   Welche Haltung nimmt der Text gegenüber der Werbung ein?
3   Welche Aussage wird durch den Refrain „Guten Tag guten Tag ich will mein Leben zurück ..." besonders hervorgehoben?
4   Auf was will der Untertitel „Die Reklamation" hinweisen?
5   Hören Sie sich den gesamten Liedtext an. Welche Wirkung hat der Song auf Sie?
6   Diskutieren Sie in Ihrer Lerngruppe über den Einfluss der Werbung auf das alltägliche Leben.

5.4 Werbung in der Kritik

Leben auf prächtig

Englische Reklamesprüche werden von nicht einmal der Hälfte der deutschen Konsumenten verstanden. Manchmal ist das vielleicht sogar besser.

Neulich entdeckte Bernd Samland, 47, auf dem Frankfurter Flughafen ein Schild: „Long Distance Railway Station". Das Wörtchen „Fernbahnhof" wäre doch viel kürzer und klarer gewesen, glaubt er –
5 auch an einem so globalen Ort. Es geht ihm um Verständnis, nicht um „Deutschtümelei, Leitkultur und den ganzen Quatsch".

Er muss da ein bisschen aufpassen. Seine Firma hat ja selbst etliche Kunden aus anderen Ländern. Das
10 Unternehmen heißt Endmark, sitzt in Köln und denkt sich neue Namen und Werbesprüche für andere Firmen aus. Samland reklamiert für sich, dass beispielsweise der TV-Sender Vox sprachlich seine Idee war wie die Konzem-Ausgründung Tenovis
15 oder das TV-Format „Taff".

Zu Samlands Geschäft gehört auch, anderen zu erklären, wie sie sich noch klarer positionieren könnten. Also ließ er jüngst ein Dutzend englischer Reklamesprüche untersuchen, die zurzeit Deutsch-
20 land terrorisieren. Von „The Power to Surprise" (Kia) bis „Fly Euro Shuttle!" (Air Berlin). Wichtig war Samland, Verständnis für Verständlichkeit zu wecken. Das Ergebnis seiner Studie, die diese Woche veröffentlicht wird, ist eine glasklare Katastrophe.
25 Die große Mehrheit der Befragten verstand kaum oder gar nicht, was ihnen mit dem kauderwelschigen Englisch vermittelt werden soll. Einen Reklamespruch wie „Make the most of now" von Vodafone konnte nur jeder Dritte korrekt übersetzen mit: Mach
30 das Beste aus dem Augenblick! Bei der Center-Parcs-Parole „A State of Happiness" (Platz/Zustand der Glückseligkeit) waren's gar nur 13 Prozent.

Und selbst wenn junge Menschen über ein grünbeflaggtes Segelschiff hüpfen und eine Stimme mur-
35 melt: „Welcome to the Beck's experience", wissen nur 18 Prozent, dass das Bier ein „Erlebnis" ist. Einige Befragte dachten eher an ein Experiment. Das absolute Verständnis-Kellerkind: „Life by Gorgeous", einer der aktuellen Jaguar-Sprüche. Das
40 heißt so viel wie „Leben auf prächtig" und wurde nur noch von acht Prozent verstanden. Unter den vielen gescheiterten Übersetzungsversuchen waren immerhin wundervolle Kreationen wie „Leben in Georgien". Initiator Samland war entsetzt, dass sich in den ver-

gangenen Jahren so gar nichts gebessert hat. 2003 45 ließ er das Thema nämlich schon einmal untersuchen (SPIEGEL 38/2003). Und schon damals war das Ergebnis niederschmetternd, auch wenn sich dann einiges zu verändern schien: Insgesamt acht der seinerzeit analysierten zwölf Absender-Firmen began- 50 nen ihre Kunden nach dem Desaster deutsch statt englisch anzusprechen. In zwei Fällen heftet sich Samland die Rückkehr zum Deutsch gar ans eigene Revers, auch wenn es dafür nie offizielle Bestätigungen gab. Aber der Sat.1-Spruch „Powered by emoti- 55 on" (der von manchen Befragten als „Kraft durch Freude" interpretiert worden war) wich dem Satz: „Sat.1 zeigt's allen". Und Douglas trennte sich von „Come in and find out", das auch gern mal als Aufruf interpretiert wurde: „Komm rein und finde wie- 60 der raus!" Heute sagt die Parfümeriekette so schlicht wie klar: „Douglas macht das Leben schöner".

Doch die gegenläufige Entwicklung ist häufiger. Ford versuchte es erst mit „Besser ankommen". Neuerdings lautet die Parole: „Feel the difference". 65 Es war immerhin der einzige Satz, der von mehr als der Hälfte der Verbraucher korrekt übersetzt werden konnte. Doch auch hier gab es absurde Abwandlungen wie „Fühle das Differential" oder „Ziehe die Differenz ab". 70

Nur: Wer hat Schuld an solchen Kapriolen? Die Unternehmen, weil sie im Zeitalter globaler Märkte nach einem weltweit einheitlichen Auftritt streben – ohne Rücksicht auf kulturelle Unterschiede. Die Werber, weil ihr branchenspezifischer Sprachhori- 75 zont im Zweifel weiter reicht als der ihrer Zielgruppen. Und die Marketingleute der Firmen, die das im Zweifel schick finden. Gefühlsmäßig.

So erklärt sich auch ein besonderes Resultat der Analyse: Den Burger-King- Spruch „Have it your 80 way" (in etwa: „Nimm's auf deine Art") konnten nur 23 Prozent korrekt übersetzen, aber mehr als die Hälfte fand ihn gut. Irgendwie.

Und selbst wenn das vielleicht die gleichen Menschen sind, denen auch die Fleischlappen schme- 85 cken: Werbung muss offenbar nicht unbedingt verstanden werden. Samland nennt das den „Popmusik-Effekt": Gute Lieder werden auch dann

90 mitgejohlt, wenn kaum jemand ihren Text be-
herrscht. Braucht Werbung also womöglich gar keine Inhalte mehr?
Oft hat selbst Samland den Eindruck, dass mit dem
englischen Sprachkitt nur die grassierende Ideen-
95 losigkeit verklebt werden soll. Sonst würde womöglich auffallen, dass Adidas mit „Impossible is
nothing" nur eine müde Kopie der alten Toyota-
Kampagne „Nichts ist unmööööglich" gelang. Oder
dass die deutsche Version von Fords „Feel the difference" eigentlich zu jedem Produkt zwischen
Reißzwecke und Großraumflugzeug passt.
100 „Es fehlt an Originalität", sagt der Profi, der selbst
nicht ganz frei ist von der Anglizismen-Diarrhö seiner Branche: Im Auftrag von Tank & Rast hat er gerade deren Autobahnhaltestellen umbenannt. Künf-
tig heißen sie „Serways". Das klingt irgendwie nach
105 Service und Wegen - und nach Georgiern, die mal
experimentell ihr Differential fühlen wollen.

Thomas Tuna, Der Spiegel, 48/2006, S. 123

A

1 Markieren Sie alle englischen Reklamesprüche im Text.
2 Schreiben Sie alle englischen Werbe-/Reklamesprüche heraus und finden Sie dazu die passende Übersetzung in die deutsche Sprache.
3 Bei welchen Übersetzungen haben Sie Probleme?
4 Notieren Sie die Kritikpunkte des Autors über die Verwendung der Werbesprüche in englischer Sprache.
5 Führen Sie eine Pro-und-Kontra-Diskussion über die Verwendung der englischen Sprache für Werbeslogans.
6 Finden Sie weitere Werbesprüche/Werbeslogans in Werbeanzeigen, die in englischer Sprache abgefasst sind.
7 Führen Sie an Ihrer Schule eine Umfrage durch.

a) Schreiben Sie alle Werbesprüche aus dem Text in einer Tabelle nach folgendem Muster:

Werbeslogan	Den Werbeslogan kenne ich.	Den Werbeslogan kenne ich nicht.

b) Welche Werbesprüche werden von Ihren Mitschülern/-innen verstanden?

Werbeslogan	Richtig übersetzt	Falsch übersetzt	Teilweise richtig übersetzt

c) Wie ist die Einstellung Ihrer Mitschüler/-innen zu englischen Werbeslogans?

Werbeslogan	Finde ich gut.	Finde ich nicht so gut.	Ist mir egal.

d) Finden Sie noch weitere Fragen, die Sie in Ihrer Umfrage zum Thema Werbung bzw. Werbeslogans stellen.

8 Werten Sie Ihre Umfrage aus und erstellen Sie eine Übersicht in Form eines Schaubildes.
9 Bereiten Sie Ihre Umfrageergebnisse für einen Bericht in der Schülerzeitung auf.

Lernbereich 3: Journalistische Darstellungsformen

1 Zeitung

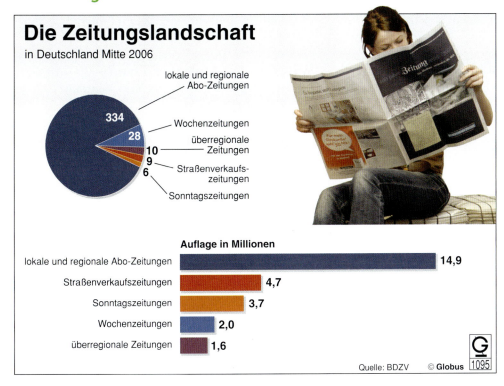

Die Zeitungslandschaft
in Deutschland Mitte 2006

lokale und regionale Abo-Zeitungen

334

28

Wochenzeitungen

überregionale Zeitungen

10

9

6

Straßenverkaufszeitungen

Sonntagszeitungen

Auflage in Millionen

lokale und regionale Abo-Zeitungen	14,9
Straßenverkaufszeitungen	4,7
Sonntagszeitungen	3,7
Wochenzeitungen	2,0
überregionale Zeitungen	1,6

Quelle: BDZV   © **Globus** 1095

A

1 Welche Zeitungen kennen Sie? Erstellen Sie eine Tabelle mit den in der Grafik aufgezählten fünf Kategorien und ordnen Sie der jeweiligen Kategorie die Ihnen bekannten Zeitungen zu.

2 Weshalb ist die Auflage der lokalen und regionalen Zeitungen, wie die Grafik zeigt, besonders hoch?

3 Welche Zeitung hat die höchste Auflage? Führen Sie dazu eine Internetrecherche durch.

4 Was verstehen Sie unter einer „Boulevardzeitung"?

5 Führen Sie die **Methode 635** zum Thema „Welche weiteren Inhalte/Themenbereiche enthält eine Tageszeitung?" durch.

M

Methode: Bei der **Methode 635** entwickeln **sechs** Schüler/-innen pro Gruppe **drei** Ideen jeweils **fünf** Mal weiter. Jede/-r Schüler/-in überlegt sich in einer festgelegten Zeit (ca. 3–4 Minuten) **drei Antworten** zur vorgegebenen Fragestellung und trägt diese auf dem Arbeitsblatt ein. Nach Ablauf der Zeit wird das Arbeitsblatt an den/die jeweils rechte/-n Platznachbarn/-in weitergereicht, der/die sich durch die Antworten seines/-r Vorgängers/-in zu neuen Ideen anregen lässt und daraus innerhalb von 2–3 Minuten wiederum drei Antworten entwickelt, usw., so dass am Ende jede Gruppe 18 „Inhalte/Themenbereiche" auf dem Blatt stehen hat.
Jede Gruppe erhält ein Arbeitsblatt nach folgendem Muster:

Fragestellung: „Welche weiteren Inhalte/ Themenbereiche enthält eine Tageszeitung?"	Name des Gruppenmitgliedes:
	1. M1 _____
	2. M2 _____
	3. M3 _____
	4. M4 _____
	5. M5 _____
	6. M6 _____

Antworten		
M1: z. B. Nachrichten	…	…
M2: z. B. lokale Nachrichten	…	…

1.1 Die Meinungsmacher

Ohne Verfassung keine neue EU-Erweiterung
Kanzlerin mahnt im EU-Parlament Reformen an

Anstieg der Preise gebremst
Inflationsrate nur noch bei 1,8 Prozent

Klangzauber beim Kaiser von China
Ein Puccini der Extraklasse: Turandot in Baden-Baden

Waterloo am Aachener Tivoli
Pokalverteidiger FC Bayern unterliegt Alemannia

Klima-Diskussion setzt Autobranche unter Druck
Deutsche Umwelthilfe attackiert die Autohersteller

26 Filme im Wettbewerb
Programm der Berliner Filmfestspiele steht

Regierung ist mit der Bilanz zufrieden
Reformen sind auf den Weg gebracht

Industrie in Rheinland-Pfalz gewinnt mehr Aufträge
Im dritten Monat in Folge sind die Auftragseingänge gewachsen

Schumi als Rentner – immer noch in den TOP 10
Gehaltsliste der Formel-1-Piloten

A

1   Aus welchen Bereichen stammen die Schlagzeilen?
    Ordnen Sie die Schlagzeilen den Bereichen Politik, Wirtschaft, Kultur und Sport zu.
2   Weshalb werden viele Zeitungsartikel oft mit „reißerischen Schlagzeilen" versehen?
3   Formulieren Sie folgende Sätze in Schlagzeilen um:
    a) Die deutsche Wirtschaft hat im vergangenen Jahr ihr Bruttoinlandsprodukt um 5,5% steigern können.
    b) Die Mannschaft des Fußballvereins des FCV hat gegen die Mannschaft des SC am Sonntag mit 7:0 gewonnen.
    c) Das Bundeskanzleramt hat mitgeteilt, dass sich die Bundeskanzlerin am Wochenende mit dem Wirtschafts-
        minister wegen des Gesetzgebungsverfahrens zur Unternehmenssteuerreform unter vier Augen treffen wird.
4   Welche weiteren Bereiche werden durch die Tageszeitungen abgedeckt?
5   Sammeln Sie eine Woche lang die Schlagzeilen aus verschiedenen Zeitungen und ordnen Sie diese den verschie-
    denen Bereichen zu.
6   Im „Hohlspiegel" der Zeitschrift „Spiegel" werden Schlagzeilen aufgegriffen:

Wichtiges Tor ohne Bedeutung   Köpfe vertauscht – wer ist denn da wer   Polizist wurde mitgeschliffen

Die Marke Mercedes wird gepflegt – nicht zuletzt auch über den Personalabbau

Pappeln müssen Federn lassen   Schwimmunterricht in trockenen Tüchern

Rentner muss für fünf Jahre ins Pflegeheim – Gericht verhängt Bewährungsstrafe

Der Spiegel, Nr. 48/2006, S. 220, Nr. 2/2007, S. 236, Nr. 3/2007, S. 154, Nr. 4/2007, S. 170

7   Weshalb sind die Aussagen missverständlich? Formulieren Sie die Aussagen sinnvoll um.

1.2 Pressefreiheit

„Die Lage der Pressefreiheit ist weltweit alarmierend"

Als „weltweit alarmierend" stuft die Organisation Reporter ohne Grenzen in ihrem heute erschienenen Jahresbericht die Lage der Pressefreiheit ein. Im vergangenen Jahr sind dem Bericht zufolge 871 Journa-
5 listen und Medienmitarbeiter festgenommen worden. 81 Medienleute wurden in Ausübung ihres Berufs getötet, davon 64 allein im Irak. Das seien die höchsten Zahlen seit 1994.
Angesichts dieser Situation sieht die Organisation
10 zur Verteidigung der Pressefreiheit auch die demokratischen Staaten in der Pflicht: Nach Ansicht der Reporter ohne Grenzen mangele es den Demokratien an Interesse, uneingeschränkt für Presse- und Meinungsfreiheit einzutreten. Die Organisation fordert
15 die EU-Staaten auf, sich weltweit stärker für freie Medien zu engagieren: „Bei einer wirtschaftlichen Zusammenarbeit, beispielsweise mit Russland oder China, muss das Menschenrecht auf freie Meinungsäußerung eingefordert werden."
20 Die Reporter ohne Grenzen sehen die Pressefreiheit nicht nur in Ländern wie China, Nordkorea oder Myanmar gefährdet, wo systematische Zensur herrsche. Auch in Staaten wie Syrien, Ägypten, Saudi-Arabien, Tunesien oder Libyen gelten trotz angekün-
25 digter Demokratisierung restriktive Pressegesetze; Zensur sowie Selbstzensur seien an der Tagesordnung. In Russland geht die Gefahr nach Ansicht der Organisation von Kremlnahen Unternehmen aus, die Medien aufkaufen. In Mexico wurden neun
30 Journalisten ermordet, ohne dass ein Täter gefasst wurde.
Auch innerhalb der EU und in den USA werde die Pressefreiheit aus Sicht der Organisation immer häufiger etwa durch Verletzung des Quellenschutzes
35 untergraben. Als Argument dienten dabei der Anti-Terror-Kampf und die damit einhergehenden Sicherheitsinteressen. Aus dem Westen stamme oft auch die Technik, mit deren Hilfe Staaten wie China, Vietnam, Syrien, Tunesien, Libyen oder Iran das
40 Internet kontrollieren. In diesen Ländern befänden sich mindestens 60 Menschen in Haft, weil sie online ihre Meinung geäußert haben.
Aber die Reporter ohne Grenzen wissen auch von Fortschritten zu berichten: Nach dem Waffenstill-
45 stand in Nepal wurden zahlreiche Journalisten aus der Haft entlassen; die Medien könnten wieder weitgehend ungehindert berichten.

heise online http://www.heise.de/newsticker/meldung/84668, 01.02.2007

**Artikel 5 (Auszug) GG
[Meinungs-, Informations,
Pressefreiheit; Kunst und
Wissenschaft]**

(1) Jeder hat das Recht, seine Meinung in Wort, Schrift und Bild frei zu äußern und zu verbreiten und sich aus allgemein zugänglichen Quellen ungehindert zu unterrichten. Die Pressefreiheit und die Freiheit der Berichterstattung durch Rundfunk und Film werden gewährleistet. Eine Zensur findet nicht statt.
(2) Diese Rechte finden ihre Schranken in den Vorschriften der allgemeinen Gesetze, den gesetzlichen Bestimmungen zum Schutze der Jugend und in dem Recht der persönlichen Ehre.

A

1 Welche Beispiele im Text zeigen, dass die Pressefreiheit nicht selbstverständlich ist?
2 Weshalb werden auch demokratische Staaten in dem Beitrag kritisiert?
3 Lesen Sie den Art. 5 des Grundgesetzes.
   a) Weshalb ist die Pressefreiheit ein Grundrecht?
   b) Welche Einschränkungen werden im Grundgesetz genannt?
4 Weshalb muss die Presse immer wieder um ihr Recht auf freie Presse kämpfen?
5 Recherchieren Sie im Internet und verfolgen Sie die aktuelle Diskussion zur Pressefreiheit.
6 „Prominente haben kein Recht auf Privatleben". Notieren Sie Pro- und Kontra-Argumente für diese These.

Der Begriff der Presse umfasst alle Druckerzeugnisse, die sich zur Verbreitung eignen, unabhängig von Auflage oder Umfang. Geschützt ist der gesamte Vorgang von Produktion und Verbreitung, sowie auch das Presseerzeugnis selbst. Die Pressefreiheit bedeutet deshalb auch, dass Ausrichtung, Inhalt und Form des Presseerzeugnisses frei bestimmt werden können, aber auch, dass Informanten geschützt werden und das Redaktionsgeheimnis gewahrt bleibt. Die Pressefreiheit konkretisiert sich zum Beispiel in einem eigenen Zeugnisverweigerungsrecht (§ 53 StPO, § 383 ZPO) für Journalisten, die auch nur unter erschwerten Bedingungen abgehört werden dürfen. Auch ist der Zugang zum Beruf des Journalisten nicht staatlich reglementiert – private Journalistenschulen bilden in eigener Regie und ohne staatlichen Einfluss Journalisten aus.

DJV sorgt sich um Informantenschutz

Der deutsche Journalisten-Verband (DJV) fürchtet eine Aufweichung des Informationsschutzes durch die die anstehende Neuregelung des Rechts zur Telefonüberwachung. Im Referentenentwurf des Bundesministeriums werde das Recht von
5 Journalisten, Zuträger von Informationen nicht zu enthüllen, relativiert, so DJV-Justitiar Benno H. Pöppelmann. Eine abschließende Stellungnahme des DJV werde jedoch noch erarbeitet. In dem Entwurf heißt es, bei Telefonüberwachung und an-
10 deren Ermittlungsmaßnahmen sei der Schutz von

Journalisten als Geheimnisträgern „im Rahmen der Prüfung der Verhältnismäßigkeit unter Würdigung des öffentlichen Interesses" besonders zu berücksichtigen. Der DJV fordert dagegen, den Informantenschutz zu stärken, indem etwa bei
15 Beschlagnahmungen in den Büros freier Journalisten ein richterlicher Beschluss erforderlich wäre, so wie es bislang für ähnliche Aktionen in Redaktionsräumen gilt. Im Jahr 2005 wurden bei der Zeitschrift „Cicero" die Redaktion und das
20 Wohnzimmer eines Journalisten untersucht.

Der Spiegel, 1/2007 S. 710

A

7 Führen Sie eine Pro-und Kontra-Diskussion zum Thema „Pressefreiheit und Persönlichkeitsschutz".
8 Bereiten Sie ein Referat zum Thema „Die geschichtliche Entwicklung der Pressefreiheit" vor.
9 Verfolgen Sie die Entwicklung im Hinblick auf die Ermittlungen gegenüber den Redakteuren und erstellen Sie eine Wandzeitung.

IN EIGENER SACHE

Ermittlungen gegen FTD

Die Staatsanwaltschaft Hamburg hat gegen einen Redakteur der Financial Times Deutschland Ermittlungen wegen Geheimnisverrats eingeleitet. Anlass ist ein Artikel über den von der CIA entführten Deutschen Khaled el-Masri vom 20. September 2006, in dem aus Akten des Bundeskriminalamts zitiert worden war. Ähnliche Ermittlungen führt die Staatsanwaltschaft auch gegen drei Redakteure des Magazins „Stern". Die FTD weist die Vorwürfe entschieden zurück. Sie wertet das Vorgehen als Versuch, Recherchen von Journalisten einzudämmen und im Zuge der Ermittlungen herauszubekommen, aus welchen Quellen die ihre Informationen beziehen.

Financial Times Deutschland, 02.02.07, S. 10

1.3 Nachricht

Tarifparteien bereiten sich vor

Frankfurt/Main (ap)
Mit Blick auf bevorstehende Tarif-auseinandersetzungen haben Gewerkschaften und Arbeitgeber ihre Fronten weiter abgesteckt. Während die Arbeitnehmerseite deutliche Lohnerhöhungen ver-langte, warnten die Unternehmer-verbände vor zu üppigen Forde-rungen. Für einen kräftigen Schluck aus der Lohnpulle, und zwar in allen Branchen, sprach sich Ver.di-Chef Frank Bsirske aus. Es müssten alle etwas von der florierenden Wirtschaft ha-ben, „damit endlich an die Stelle von Massenarbeitslosigkeit mas-senhaft gute Arbeit tritt".

ap: TAZ, Die Tageszeitung, 22.01.07, S. 2.

„Erfolg für den Jugendschutz"

Berlin (afp) Die Umrüstung der Zigaretten-automaten ist nach Ansicht der Drogenbeauf-tragten der Bundesregierung, Sabine Bätzig (SPD), ein voller Erfolg für den Jugendschutz. Seit Jahresbeginn sei der Absatz deutlich gesun-ken, erklärte Bätzing gestern. Laut Bätzing ging die Zahl der Zigarettenautomaten von 835.000 im Jahr 2002 auf nun 470.000 zurück. Damit hat sich die Anzahl fast halbiert. Seit dem 1. Januar müssen die Zigarettenautomaten mit einem Geldkarten-Chip ausgerüstet sein, der die Aus-gabe von Zigaretten an Jugendliche unter 16 Jahren verhindert. Das Jugendschutzgesetz un-tersagt seit 2003 die Abgabe von Tabakwaren an Jugendliche unter 16 Jahren. Automatenauf-stellern war bis Ende 2006 eine Übergangsfrist eingeräumt worden, um die Automaten umzu-rüsten. Kinder und Jugendliche könnten nun nicht mehr unkontrolliert über Zigaretten verfü-gen, so Bätzing. Mehr als 60 Prozent der Jugend-lichen bezogen bislang ihre Zigaretten aus Automaten.

afp: Die Rheinpfalz, 3.02.07, S. 2.

FC Bayern nur zehn Mal schlechter als Platz drei

München (dpa) – Nach sei-nem missglückten Bundes-liga-Comeback hat Trainer Ottmar Hitzfeld den dritten Tabellenplatz und die damit verbundene Teilnahme an der Champions-League-Qua-lifikation als Minimalziel ausgerufen.
In 42 Jahren Fußball-Bundes-liga seit dem Aufstieg der Münchner 1965 schnitt der deutsche Rekordmeister nur zehn Mal schlechter als Rang drei ab, zuletzt in der Saison 1994/95. Der absolute Tief-punkt war der 12. Platz 1977/78.

dpa: Westdeutsche Allgemeine Zeitung, 04.02.07.

A

1	Aus welchen Bereichen stammen die Nachrichten?
2	Worin unterscheiden sich die Nachrichten?
3	Welche Informationen können Sie aus diesen Nachrichten entnehmen?
4	Was bedeuten die Abkürzungen: ap, afp, dpa?

Eine **Nachricht** ist eine sachliche und wertfreie Information über ein Ereignis. Die Nachricht schildert ein Ereignis oder kündigt ein Ereignis an. Dabei kann die Nachricht eine kurze Meldung sein oder ein längerer Bericht. Wichtige Nachrichten bieten oft den Anlass für Hintergrundberichte, Analysen oder Kommentare. In einer Nachricht werden die W-Fragen beantwortet:

- Was ist geschehen?
- Wann ist es geschehen?
- Wo ist es geschehen?
- Wie ist es geschehen?
- Warum ist es geschehen?
- Aus welcher Quelle stammen diese Informationen?

A

5	Suchen Sie in der Tageszeitung nach aktuellen Nachrichten. Prüfen Sie, ob die W-Fragen beantwortet werden.
6	Wodurch unterscheidet sich eine Nachricht in der Zeitung von der Nachricht im Fernsehen?
7	Welche Auswirkungen können Nachrichten z. B. auf die politische oder wirtschaftliche Entwicklung haben? Suchen Sie dazu aktuelle Beispiele und begründen Sie Ihre Meinung.
8	Erstellen Sie eine Wandzeitung mit den täglichen aktuellen Nachrichten aus Tageszeitungen.
9	Erläutern Sie die folgenden Begriffe:

Redaktion	Impressum	Lektorat
Recherche	Feuilleton	Leitartikel
Abonnement	Reportage	Gegendarstellung

1.4 Bericht

TAXI-FAHRER WEGEN 70 EURO ÜBERFALLEN

Räuber haben meinen Mann ins Koma geprügelt

Magdeburg – Das Gesicht des Patienten ist mit Pflastern zugeklebt. Überall Schläuche, die sein Leben erhalten. Sanft beugt sich die Ehefrau über ihren Liebsten und fleht: „Bitte wach doch endlich auf!"

5 Der Patient – er ist ein Taxifahrer aus Magdeburg, der brutal ins Koma geprügelt wurde! Hans-Joachim Friedrich (55) war nachts mit seinem Taxi unterwegs, als zwei Männer bei ihm einstiegen. Christopher P. (20) schlug dem Fahrer mehrmals ei-

10 ne leere Weinflasche auf den Kopf, bis sich das Opfer nicht mehr regte. Der Schläger und sein Komplize Oliver G. (19) flüchteten – mit 70 Euro Beute! Ein Fußgänger fand das Taxi. Davor lag der Fahrer –

15 bewusstlos. In einer Not-OP retteten Ärzte ihm das Leben, legten ihn in ein künstliches Koma. Die Polizei fasste die brutalen Räuber. Der ältere Täter hat sofort gestanden. Sein Komplize sagte, dass er betrunken war und geschlafen hätte [...].

20 Niemand weiß, ob ihr Opfer wieder ganz gesund wird. Jeden Tag besucht Ehefrau Christina (54) ihren Mann. „Ich halte diese Ungewissheit kaum noch aus", sagt sie. „Was wird, wenn Hans-Joachim durch die schweren Kopfverletzungen für immer einen

25 Hirnschaden hat? Wird er mich überhaupt noch erkennen, wenn er aufwacht?" Chefarzt Dr. Günter Weiß (51): „Ob sämtliche Körperfunktionen erhalten geblieben sind, wissen wir erst, wenn er bei vollem Bewusstsein ist. Vor drei

30 Tagen wurden die Medikamente, die den Patienten im Koma gehalten haben, abgesetzt [...].

Andreas Radeck, BILD-Zeitung 8.12.2006, S. 1 gekürzte Fassung

Gewaltige Erschütterung

Riesiges Stück Schelfeis in der Arktis abgebrochen

TORONTO (ap). In der kanadischen Arktis hat sich ein 66 Quadratkilometer großes Stück Schelfeis vom Festland gelöst.

Wissenschaftler sprachen von einem dramatischen und beunruhigenden Ereignis und zogen eine Verbindung zum Klimawandel. Der Abbruch der Eismasse 800 Kilometer südlich des Nordpols ereignete sich bereits vor 16 Monaten, wurde anhand von Satellitenfotos aber erst kürzlich entdeckt.

10 Die Erschütterungen waren so gewaltig, dass sie von Geräten zur Aufzeichnung von Erdbeben in 250 Kilometern Entfernung registriert wurden. Wissenschaftlern zufolge war es das größte derartige Ereignis in Kanada in den vergangenen 30 Jahren.

15 Das Ayles-Eisschelf war eines von sechs, die es in der kanadischen Arktis noch gibt. Sie bestehen aus bis zu 3000 Jahre altem Eis und schwimmen im Meer, sind aber mit dem Festland verbunden. Vincent verwies darauf, dass das verbliebene Schelf-

20 eis inzwischen 90 Prozent kleiner ist als zur Zeit seiner Entdeckung 1906. Die Eismasse brach am 13. August 2005 ab. „Uns hat überrascht, wie schnell das geschah", sagte Luke Copland von der Universität von Ottawa. „Noch

25 vor zehn Jahren habe man angenommen, dass der Klimawandel das Eis langsam abschmelzen lasse. Tatsächlich habe sich das Eis aber plötzlich, innerhalb einer Stunde gelöst". Das Eisschelf driftete inzwischen rund 50 Kilometer

30 nach Westen, bevor es im Packeis festfror. Nun besteht die Gefahr, dass es vom Wind nach Süden in Richtung viel befahrener Schifffahrtsrouten getrieben wird.

ap: Die Rheinpfalz, 30.12.06, S. 31

A

1 Prüfen Sie, ob die Zeitungsberichte alle W-Fragen beantworten.
   Wer? Was? Wo? Wann? Wie? Warum? Welche Quelle?

2 Markieren Sie die wichtigsten Informationen in den Zeitungsberichten.

3 Welche Informationen können Sie aus dem Bericht entnehmen?

4 Markieren Sie die Stellen in den Berichten, die nicht zu einem Bericht gehören.

5 Welche Unterschiede können Sie in der Berichterstattung der BILD-Zeitung und der Rheinpfalz-Zeitung feststellen? Notieren Sie die wichtigsten Punkte.

Im Gegensatz zur Nachricht, die dazu dient, sich einen raschen Überblick zu verschaffen und sich auf die wesentlichen Informationen beschränkt, ist der **Bericht** ausführlicher. Im Zeitungsbericht erfährt man mehr über die Hintergründe, Zusammenhänge und Auswirkungen. Dadurch wird die Information für die Leser noch anschaulicher. Es gelten jedoch die gleichen Anforderungen, die auch an eine Nachricht gestellt werden.

1.5 Kommentar und Karikatur

Stoff zum Thriller

Die grüne Gentechnik wird einen ähnlichen Weg nehmen wie die rote Gentechnik und im Lauf der Zeit Akzeptanz finden.

Auf der einen Seite stehen massive Interessen von Weltkonzernen, deren Argumentation gestützt wird von angesehenen Wissenschaftlern – in Deutschland unter anderem vom Chef der Deutschen Forschungsgemeinschaft, Ernst-Ludwig Winnacker. Auf der anderen Seite hat sich eine wertkonservativ orientierte Allianz aus religiös verankerten Menschen, Umweltschutzgruppen und Ökobauern formiert. Der Streit um die grüne Gentechnik, welche die einen für eine zukunftsträchtige Schlüsseltechnologie halten und die anderen als Saat des Bösen verdammen, hat das Zeug zum Thriller: Globalisierte Konzerne zerstören im Auftrag profitgieriger „Heuschrecken" die Schöpfung und machen Bauern mit Knebelstrukturen abhängig. Das weltweite Saatgutgeschäft teilen wenige Multis untereinander auf.

Der Thriller wird aber Fiktion bleiben, weil auch im Saatgutgeschäft die Gesetze des Wettbewerbs gelten, denen Kartellbehörden Geltung zu verschaffen haben. Wie in anderen Wirtschaftsbereichen auch werden Bauern und Verbraucher nichts akzeptieren, was ihnen keine Vorteile bringt. Wirtschaft, Politik und Wissenschaft haben in Deutschland und in Europa bisher viel zu wenig getan, um die Menschen auf die neue Technologie vorzubereiten. Wenn die Diskussion in Gang kommt und der Nutzen der grünen Gentechnik offensichtlich wird, dann wird die Technologie einen ähnlichen Weg nehmen, wie die in den achtziger Jahren verteufelte rot Gentechnik. In Deutschland sind heute mindestens 123 Arzneimittel mit 88 Wirkstoffen zugelassen, die gentechnisch hergestellt werden. Dagegen protestiert keiner mehr.

Jürgen Eustach: Die Rheinpfalz, 22.12.06, S. 2

A

1 Welcher Sachverhalt wird kommentiert?
2 Welche Position vertritt der Kommentator?
3 Verfassen Sie zu einem der Berichte auf S. 96 einen Kommentar.

In einem **Kommentar** bezieht der/die Autor/-in Stellung zu politischen, wirtschaftlichen und gesellschaftlichen Ereignissen. Jeder Kommentar ist subjektiv und gibt die Meinung des/r Autors/-in wieder. Kommentare werden deshalb auch besonders gekennzeichnet. Durch den Kommentar sollen der/die Leser/-in zur eigenen Meinungsbildung angeregt werden und sich kritisch mit dem Sachverhalt auseinandersetzen.

Eine weitere Möglichkeit, die in der Zeitung genutzt wird, um Stellung zu nehmen, ist die **Karikatur**.

Gerhard Mester

A

4 Welcher Sachverhalt wird in der Karikatur kommentiert?
5 Analysieren Sie die Karikatur. Vergleichen Sie dazu Seite 52.

1.6 Zeitungsglosse

Der Dichtparker

In immer weiteren Teilen des fahrenden Volkes bricht sich die Erkenntnis Bahn, dass mit Raserei nicht mehr viel Staat zu machen ist. Der Reiz erlahmt und die Kontrolleure werden zu wachsam. Auch Unter- [5] lassen des Blinkens gibt nicht mehr viel an Aufmerksamkeit her und Promillegrenzen und Rotlicht zu missachten geht am Ende doch sehr an die eigene Existenz. Da muss man sich schon was Neues einfallen lassen, um im Verkehr – und wenn es der ruhen- [10] de ist – noch aufzufallen, und darum tritt inzwischen vermehrt der Nah-, Schräg- und Dichtparker auf den Plan.

Er bevorzugt Parkplätze in Tiefgaragen unter Supermärkten, vor belebten Arztpraxen oder an Ämtern [15] mit viel Kundenverkehr, und sein Hang ist es, in die vorgezeichneten Parkboxen so hineinzufahren, dass er möglichst dicht an ein bereits parkendes Auto heranrückt, sodass er zwar auf seiner Seite noch gut aussteigen kann, der Nachbar aber, wenn er nachher kommt, auf der eigenen Seite nicht mehr hinein. Die [20] Tür lässt sich nicht mehr weit genug öffnen.

Der Dichtparker erreicht diese Situation dadurch, dass er sein Fahrzeug schräg zur üblichen Richtung abstellt, oder dass er rückwärts von der Gegenseite aus in die Parklücke einfährt, sodass es ihm erspart [25] bleibt, die Blockade, die er damit anrichtet, zu erkennen. Vielleicht lässt sich sogar der ein oder andere Kratzer am Auto dem unschuldigen Nachbarn noch in die Schuhe schieben.

Dieser selbst ist meistens zu erleichtert, wenn ihn der [30] Dichtparker endlich aus seiner Blockadesituation befreit, als dass ihm die gebührende Antwort erteilt, und ein Schaukampf auf öffentlicher Walstatt ist natürlich auch nicht jedermanns Sache. Deswegen kommt der Dichtparker immer noch zu oft mit einem [35] verlegenen Entschuldigungsblick aus der Situation heraus, wenn er nicht gar den Korrektparker bezichtigt, an dieser selbst schuld zu sein. (hd)

hd: Die Rheinpfalz, 17.01.2006, S. 18

Bei der **Glosse** verpackt der/die Autor/-in seine/ihre Meinung in einen geistreichen, originellen, witzigen Beitrag, der oft satirischen Charakter besitzt. Typische Stilmittel sind Ironie und Übertreibung, oft kommt es zu einer überraschenden Pointe. Die Glosse will den/die Leser/-in einerseits zum Lachen und Schmunzeln bringen, andererseits aber auch zum Nachdenken anregen – in jeder Glosse versteckt sich eine Botschaft oder ein moralischer Fingerzeig. Die Themen können sowohl heiter als auch ernst sein.

A

1 Wie charakterisiert der/die Autor/-in die sogenannten „Dichtparker"?
2 Wodurch unterscheidet sich eine Glosse von einem Kommentar?
3 Welche Botschaft will der/die Autor/-in vermitteln?
4 Schreiben Sie zu einem aktuellen Zeitungsartikel eine Glosse.

1.7 Interview

„Frauen werden auf hohem Niveau generalisiert"

Die Medienwissenschaftlerin Alexandra Kühte hat das Frauenbild von „Emma" untersucht: Gezeigt werden Ausnahmeerscheinungen

taz: Frau Kühte, wird Emma noch gebraucht?
Alexandra Kühte: Nun ja, nach dreißig Jahren hat sich gesellschaftlich eine Menge verändert, aber *Emma* hat trotzdem noch immer eine singuläre [5] Stellung in der Medienlandschaft – ohne Alice Schwarzer hätte sie diese Bedeutung allerdings nicht.

Ohne Alice keine Emma?
Eine feministische Zeitschrift hätte es Ende der Siebziger sicher auch ohne eine solche Persönlichkeit geben können, heute nicht mehr. [10]

Weil die anderen Medien das Frauenthema längst integriert haben?

Genau. Der Markt der konventionellen Frauenzeitschriften ist ja ziemlich dicht besetzt, es gibt mehr als 70 Titel, in denen längst kein traditionelles Frauenbild mehr verbreitet wird.

Trotz der Schminktipps?

Die Konsumthemen sind natürlich ein fester Bestandteil bei konventionellen Frauenzeitschriften, aber längst auch Gleichberechtigung und Emanzipation – natürlich nicht in dem für *Emma* typischen provokanten Ton, ohne diese emotional geführten Diskussionen, denen es oft an Sachlichkeit fehlt. *Emma* könnte viel glaubwürdiger sein.

Heißt das, Emma arbeitet nicht journalistisch?

Doch natürlich. Es werden eben alle Themen aus der Frauenperspektive betrachtet, was teilweise bemüht wirkt. Nach dreißig Jahren findet man zum Teil immer noch Statements aus den Siebzigern.

Ist das Frauenbild der Emma nicht mehr aktuell?

Auch Emma hat sich modernisiert: Damals dominierte noch die negative Wahrnehmung, Frauen als Unterdrückte und Opfer. Das findet man heute auch noch, aber es dominiert die optimistisch-positive Betrachtungsweise – es wird allerdings meist nur eine kleine, elitäre Gruppe von Frauen thematisiert. Das sind weibliche Ausnahmeerscheinungen aus Wirtschaft, Politik und Gesellschaft.

Sogenannte Karrierefrauen?

Frauen, die es geschafft haben und sich in Männerdomänen durchgesetzt haben. Weibliche Eliten. Frauen werden von *Emma* auf hohem Niveau generalisiert.

Emma ist elitär?

Elitär in der Weise, dass sowohl die Zielgruppe als auch die von Emma thematisierten Frauen einer Minderheit angehören. Die Zeitschrift ist nicht für alle Frauen relevant.

Ist das Frauenbild der Emma relevant?

Der Blick auf die Frauen ist grundsätzlich positiv,

Frauen werden nur kritisiert, wenn sie nicht frauenbewusst auftreten. Es handelt sich um eine kontrastierende Herangehensweise: auf der einen Seite die Frau, die in *Emma* häufig noch Opfer ist, und auf der anderen Seite die Männer – die auch weiterhin in *Emma* selten gut weg kommen.

Emma ist gestrig?

Zu viel Veränderung sollte man bei der Emma gar nicht vornehmen. Sie ist immer noch ein Aufreger mit ihren Statements, die von Schwarzer kommuniziert werden – und immer noch oft der Zeit voraus: Frauen in der Bundeswehr zum Beispiel waren dort schon ein Thema, als der Mainstream längst noch nicht daran dachte.

Dann braucht man also keinen neuen „Feminismus", der alte ist frisch genug?

Der bissige Ton von Alice Schwarzer kommt einem allerdings tatsächlich ganz schön gestrig vor: „Männermedien", „Zwangsheterosexualität" … Das hat man schon zu oft gehört.

Das erwartet man doch auch von Emma, oder?

Das ist richtig. Ohne diese provokative Herangehensweise und die Überspitzungen hätte *Emma* auch nicht so viel erreicht. Man musste so handeln, um durchzudringen. Und wenn man Bücher wie die von Eva Herman liest, merkt man schnell, wie wichtig *Emma* auch noch heute ist. Trotz der kleinen Auflage ist *Emma* sehr bekannt, mehr als die Hälfte der Deutschen kennt die Zeitschrift.

Liest aber stattdessen lieber andere Frauenzeitschriften.

Die aber nicht so kompromisslos und unkonventionell sind. Natürlich gehört es sich heute für Mainstream-Medien, Gleichberechtigung zu thematisieren – auch, um die Kundschaft zu bedienen. Doch nur in *Emma* wird durchgängig aus Frauenperspektive berichtet.

Interview von Martin Reichert, taz, Die Tageszeitung, 20.01.07, S.13

A

1 Welcher „rote Faden" ist im Interview von Martin Reichert ersichtlich?
2 Welche Fragen fordern die Gesprächspartnerin besonders heraus?
3 Welche Erkenntnisse und Informationen können Leserinnen und Leser aus dem Interview gewinnen?

Das **Interview** ist eine tatsachenbetonte Darstellungsform. Der/die Leser/-in soll dadurch Informationen aus erster Hand erhalten. Das Interview ist ein Gespräch zwischen einem/-r Journalisten/-in und einer Person, oft einer berühmten Persönlichkeit. Um ein Interview durchzuführen, braucht es einer guten Vorbereitung. Dabei sind u. a. folgende Punkte zu beachten:

T

1.8 Reportage

„Das ist ja wie in der Schule"
Offenbach: Wenig Diskussion beim Philosophischen Café

„Die Kulturen treffen aufeinander und wir wissen nichts voneinander." Hans Flory schaut mit etwas verzweifeltem Lächeln in die Runde. Islamische Philosophie ist das Thema, das er den Gästen des
5 Philosophischen Cafés im Offenbacher Queichtalmuseum näherbringen möchte.
Rund 30 Leute sind am Sonntagmittag gekommen, um bei Kaffee und Kuchen miteinander zu philosophieren und zu diskutieren. Flory ist freiberuflicher
10 Philosophiedozent aus Heidelberg und leitet die Gruppe dieses Mal. Viermal im Jahr veranstaltet der Förderverein des Museums ein Philosophisches Café mit wechselnden Dozenten zu jeweils einem anderen Thema. Anfang 2006 startete die Veranstaltungsreihe.
15 „Wir haben das Café mal ausprobiert, und da es auf großes Interesse gestoßen ist, führen wir es fort", berichtet der Geschäftsführer des Fördervereins Lothar Bibus. Viele Stammgäste, aber auch einige neue Gesichter, konnte er dieses Mal im Queichtalmuseum
20 begrüßen. Die Themen stehen zumeist vorher fest, nur an diesem Sonntag kamen die Besucher ahnungslos nach Offenbach.
Flory beginnt seine Ausführungen mit den Grundlagen des Islam, erläutert dessen Gründung und berichtet, dass immer mehr Menschen auch in Deutsch-
25 land zum Islam konvertieren. 4000 seien es im vergangenen Jahr gewesen. Eine Diskussion entwickelt sich zunächst kaum; einige Gäste stellen Fragen, ein paar machen sich Notizen.
30 Große Emotionen weckt das Thema nicht. Im Gegensatz zum Vortragsstil des Dozenten, der immer wieder Wissensfragen an die Gäste einstreut. „Wir wollen uns nicht examinieren lassen!", bricht es aus einer Besucherin heraus, „das ist ja wie in der Schule".
35 Außerdem kritisiert sie, dass Florys Vortrag keine spontanen Diskussionen zulasse. „Es wird mir zu langweilig", schließt die Dame und erntet den Beifall einiger anderer Gäste. „Die Grundlagen müssen doch zuerst klar sein", verteidigt Flory sein Vorgehen, „erst dann kann ich mit Ihnen zusammen
40 etwas erarbeiten". Auch dieser Standpunkt findet Zustimmung.
Flory, der zum zweiten Mal beim Offenbacher Philosophischen Café doziert, erklärt sich dann bereit, konkreter in die Philosophie einzusteigen. Doch sei-
45 ne Kritiker stellt er damit nicht zufrieden. Auch in der Pause muss sich der Dozent mit ihnen auseinandersetzen. „Eine Unverschämtheit! So etwas habe ich noch nicht erlebt", schäumt er. (snf)

snf: Die Rheinlandpfalz, 23.01.07

1   Welche Gründe veranlassen den/die Autor/-in der Reportage auf S. 100 zu dieser Überschrift?
2   Welche Kritik bringt der/die Autor/-in zum Ausdruck?
3   Welche Regeln werden nach Meinung des/-r Autors/-in beim Vortrag nicht beachtet?
4   Besuchen Sie eine Veranstaltung, z. B. einen Vortrag, Diskussionsabend oder Ähnliches und verfassen Sie eine eigene Reportage darüber.

A

Bei der **Reportage** wird ein vom Reporter erlebtes Ereignis detailliert im erzählenden Sprachstil beschrieben. Im Gegensatz zum Bericht gibt die Reportage nicht nur Fakten wieder, sondern auch die subjektive Sicht und die Gefühle des Reporters; sie hat zugleich informierende und unterhaltsame Funktion. Die Reportage findet sich besonders häufig im Hörfunk und im Fernsehen, da hier die Möglichkeit besteht, direkt vor Ort vom Ereignis zu berichten und die jeweiligen Eindrücke zu vermitteln.

1.9 Leserbrief

Die Zeitungsredaktion lebt auch von der Rückmeldung durch die Leser/-innen. Deshalb freuen sich Redaktionen besonders, wenn Leser/-innen eine andere Meinung als die Redaktion vertreten. Dadurch wird dann eine rege Diskussion angefacht, die die Leser/-innen in die Öffentlichkeit tragen können. Gerade diese Form der Meinungsvielfalt trägt mit dazu bei, dass z. B. regionalpolitische Entscheidungen über einen Straßenbau oder eine Gebührenerhöhung noch einmal neu diskutiert werden. Allerdings liegt die presserechtliche Verantwortung für den Inhalt eines Leserbriefes weiterhin bei der Redaktion. Das heißt: Wenn ein Leserbrief eine Person beleidigt oder einer Straftat bezichtigt, macht sich die Redaktion mit der Veröffentlichung strafbar. Deshalb behält sich jede Redaktion vor, Leserbriefe zu kürzen oder nicht zu veröffentlichen.

Leser/-innenbriefe
•••

TAZ, DIE TAGESZEITSCHRIFT ▪ KOCHSTR. 18 ▪ 10969 BERLIN
TELEFON: 030 - 25 902-0 ▪ FAX: 030 - 59 001 040
E-MAIL: BREIFE@TAZ.DE ▪ INTERNET: WWW.TAZ.DE
•••

Die „Emma" ist verdammt modern
Betr.: „Frauen werden auf hohem Niveau generalisiert", taz vom 26.1.07

Das Interview gibt meiner Meinung nach einfach nur Alexandra Kühtes persönliche Haltung bzw. ihre subjektiven Schlussfolgerungen wieder. Ein Beispiel: „Der bissige Ton von Alice Schwarzer kommt
5   einem … gestrig vor: ‚Männermedien'…" Mich, eine begeisterte *Emma*-Leserin, stoßen diese pauschalen Äußerungen, die als „wissenschaftlich" dargestellt werden, vor den Kopf. Unabhängig davon: Ich habe noch keinen Artikel (das gilt nicht nur für die
10   taz) gelesen, in dem das Wesen der *Emma* nur annährend korrekt beschrieben wird. Wie lebendig, menschlich und vielseitig dieses Magazin ist, in dem sehr wohl Männer zu Wort kommen (z. B. was die Vereinbarkeit von Familie und Beruf angeht),
15   und das aktuelle politische Themen mit hohem journalistischem Anspruch aufgreift und darstellt, wird kaum erwähnt. Dies sind nur ein paar Gründe, weshalb ich die *Emma* von vorne bis hinten durchlese – im Gegen-

satz zu den sechs anderen Zeitungen/Magazinen,   20
die ich abonniert habe. Fazit: Die *Emma* ist verdammt modern. Die anderen Frauenzeitschriften, die sich von ihren Diätanzeigen nicht befreien, sind von gestern.

LILY MUSCUTT, 29, Solingen

Rückständiges Feminismusbild
Betr.: „Ein schriller Pfeifton im Konzert", taz vom 26.1.07

Ich finde es schön, dass in der taz noch mal über das 30-jährige Jubiläum von *Emma* berichtet wird. Mit einigen Argumenten aus dem Artikel/Kommentar von Frigga Haug sowie dem Interview mit Frau Kühte kann ich nichts anfangen.   5
1. *Emma* erstickte damals mit seinem Erscheinen „die Vielfalt der Bewegung": einerseits ist es ja im Hinblick auf Außenwirkung und Durchsetzung nie so besonders zielführend, mit mehreren Stimmen zu sprechen (siehe EU-Außenpolitik). Vielleicht hat   10
sich hier aber auch einfach Qualität durchgesetzt?
2. *Emma* kritisierte nie die Strukturen, deshalb war und sei sie so erfolgreich. Was bedeutet dann Strukturkritik? Ich nehme in *Emma* durchaus Artikel wahr, die sehr genau auf gesellschaftliche   15

Zusammenhänge von Themen – wie z. B. in Frage von Frauenfußball, Essstörungen, Frauenrechten weltweit – eingehen. Oder ist das ein Argument aus sozialistisch/marxistischer Ecke mit der Kritik, dass
20 *Emma* keine Weltrevolution anstrebt? Sie ist schließlich auch nur eine Zeitschrift und für die ganz Linken gibt's ja noch andere Medien. 3. Frau Kühne sagt, *Emma* sei nicht für alle Frauen relevant. Ja, und das ist auch gut so! Für mich sind *AMICA* und *Das*
25 *goldene Blatt* auch nicht relevant! 4. In *Emma* werde ein elitäres Frauenbild gezeichnet, in dem „weibliche Ausnahmeerscheinungen" dargestellt würden. Haben Sie schon mal die *Wirtschaftswoche* gelesen? Da geht es in den Porträts auch nicht um den klei-
30 nen Abteilungsleiter des Bauunternehmens um die Ecke! Versöhnlich dann der kurze Hinweis von Meyer-Siebert/Haubenreisser auf das rückständige Feminismusbild der „Männermedien" *Spiegel* und *FAZ*. Ja, Frau Kühne, das sind für mich Männer-
35 medien.

KATHRIN SCHROEDER, 29, Bochum

taz, Die Tageszeitung, Berlin, 31.01.07

Leser/-innenbriefe

TAZ, DIE TAGESZEITSCHRIFT ■ KOCHSTR. 18 ■ 10969 BERLIN
TELEFON: 030 - 25 902-0 ■ FAX: 030 - 59 001 040
E-MAIL: BREIFF@TAZ.DE ■ INTERNET: WWW.TAZ.DE

Inhalte sind nicht zu finden

Betr.: „30 Jahre ‚Emma'", taz vom 26.1.07

Alice Schwarzers Feminismus musste sich jeder/-m erschließen, als sie bei der letzten Bundestagswahl Angela Merkel unterstützte. Dafür, dass eine Frau Kanzlerin wird, nahm und nimmt sie alles in Kauf:
5 Ausstieg aus dem Atomausstieg, Intrigantenstadl, eine Maus als Frauenministerin, Kürzung des Erziehungsgeldes für arme Frauen, eine weitere Umverteilung von unten nach oben, Stillstand bei den Reformen … Die Partei, die Angela Merkel vertritt, ist eine Männerpartei. Es gibt außer der Kanz-
10 lerin nur wenige Frauen in oberen Positionen. Feminismus bedeutet nach dieser Handlungsweise, Frauen in der Männerwelt nach oben zu bringen. Das ist alles. Andere Inhalte sind nicht zu finden.

SUSANNE KEUTER, Berlin

taz, Die Tageszeitung, Berlin, 01.02.07

Lesen Sie das Interview auf Seite 98 f.

A

1 Notieren Sie die Argumente der Leserbriefschreiberinnen.
2 Welcher Meinung der Leserbriefschreiberinnen würden Sie zustimmen? Begründen Sie Ihre Aussage.
3 Schreiben Sie einen Leserbrief zu einem aktuellen Thema für Ihre regionale Zeitung.

1.10 Zeitung im Internet

Immer mehr Zeitungsverlage gehen dazu über, ihre Zeitung auch online zur Verfügung zu stellen. Allerdings ist es meist nur Abonnenten/-innen möglich, alle Texte vollständig zu lesen. Der Vorteil für die Online-Zeitung liegt darin, dass Nachrichten und Berichte aktualisiert und sofort in das Internet gestellt werden können.

Eine weitere Möglichkeit, die für die Zeitungen neu und erst in der Erprobungsphase ist, ist der Bürgerjournalismus. Hier stellt die Zeitung einen Artikel ins Web, z. B. in Form eines Blogs, und wartet die Reaktion der Leser/-innen ab. Die Redaktion nutzt dann die Anregungen und Vorschläge der Leser/-innen, um den Artikel zu überarbeiten, bevor dieser in die Zeitung gesetzt wird.

Internetsurfer:
So nutzen sie das WWW
Von je 100 Surfern in Deutschland nutzen das Web für

Preisvergleiche   71
Einkäufe   57
Reisebuchungen   55
Online-Banking   51
Politiknachrichten   36
Wirtschafts-/Börsennachrichten   35
Versicherungen   11
Börsengeschäfte   11

Stand 2006
Mehrfachnennungen
Quelle: FG Wahlen Online
0632 © Globus

Jedem Bürger seine Zeitung

„**Partizipativem Journalismus**", wahlweise auch „Open-Source" oder „Bürgerjournalismus" genannt, sind mittlerweile eigene Weblogs gewidmet. 1999 hatten erstmals Redakteure der Webzeitung *Jane's*
5 *Intelligence Review* einen Artikel vorab ins Internet gestellt, um ihn von Lesern ergänzen zu lassen. Seitdem gab es zahlreiche vergleichbare Projekte. Im Fall der südkoreanischen Internetzeitung *OhmyNews* führte der Erfolg der Internetplattform schließlich so-
10 gar zu einer Printausgabe. *OhmyNews* hat sich seit der Gründung im Jahr 2000 zu einer der führenden Stimmen des Landes entwickelt. Mehr als 40000 Bürgerreporter steuern Artikel bei. Jeden Samstag erscheinen die besten Beiträge als gedruckte Zeitung.
15 „**Jeder kann zum Journalisten werden**" lautet auch das Motto der „Readers Edition" der deutschen Netzzeitung. Seit Juni 2006 können registrierte Nutzer eigene Artikel auf deren Webseite publizieren. Das erinnert stark an die Philosophie der bekannten
20 Internet-Enzyklopädie Wikipedia. In der Tat ging auch aus Wikipedia eine Webzeitung hervor. *Wikinews* heißt das Portal, für das seit 2004 Bürgerjournalisten schreiben.
Der Washingtoner Examiner möchte den Leser auf
25 subtilere Weise mit dem gedruckten Endprodukt verknüpfen. Die Tageszeitung stellt seit 2006 auf ihrer Webseite Links zu Datenbanken des öffentlichen Dienstes zur Verfügung, zum Beispiel Tabellen mit

Gehältern von Lehrern an öffentlichen Schulen. Da-
30 hinter steht die Idee, dass die Leser ihre Realität mit den bereitgestellten Informationen abgleichen und die Redaktion daraufhin auf Unstimmigkeiten und Probleme auf lokaler Ebene aufmerksam machen.
Wenige herkömmliche Zeitungen haben Artikel
35 auch schon vorab online verfügbar gemacht, das Leserecho abgewartet und schließlich ein Destillat aus Ursprungstext und Lesermeinungen in der Druckausgabe veröffentlicht. Hierzu gehört das fehlgeschlagene Experiment mit dem „*Wiktorial*" der *Los
40 Angeles Times* aus dem Jahr 2005. Die populärwissenschaftliche Zeitschrift *Scientific American* hatte 2006 mehr Erfolg mit einem Artikel über das 3,3 Millionen Jahre alte Skelett eines Hominidenkindes. Auch die Wissenschaftsredaktion der *Sonntagszeitung* machte
45 in der Ausgabe vom 14. Januar 2007 positive Erfahrungen mit dem partizipatorischen Journalismus. Leser schrieben konstruktive Beiträge zu dem vorab online erschienenen Artikel „Schwer gedeckelt und genervt".
Im Internet kursiert zurzeit ein Film, der die Fiktion
50 schildert, Amazon und Google hätten sich zu einer Nachrichtenfirma zusammengeschlossen, die ausschließlich vom Leser gesteuert wird, und damit den althergebrachten Journalismus obsolet macht: www.albinoblcksheet.com/flash/epic
55

huch: Frankfurter Allgemeine Sonntagszeitung, 28.1.2007, S. 61

1 Weshalb ist die Nutzung des Internets für die Informationsgewinnung immer noch sehr gering?
2 Welche Informationsquellen nutzen Sie hauptsächlich?
3 Erstellen Sie eine Linkliste zu den wichtigsten Tageszeitungen.
4 Vergleichen Sie die verschiedenen Angebote der Online-Zeitungen.
5 Erläutern Sie den Begriff „Partizipativer Journalismus".
6 Führen Sie eine Pro- und Kontra-Diskussion zum Zeitungsartikel.

A

1.11 Schülerzeitung

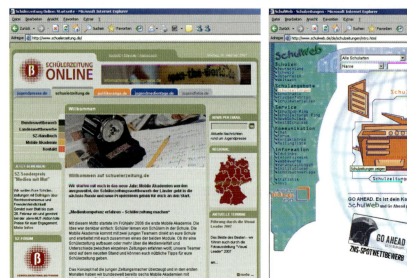
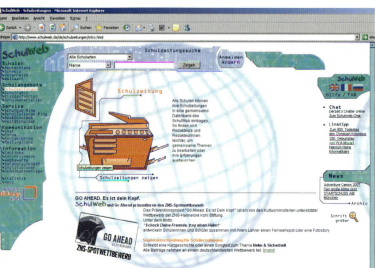

Die **Schülerzeitung** ist eine gute Möglichkeit, sich mit dem Thema Zeitung und Journalismus zu befassen und eigene Erfahrungen zu sammeln. Bei der Herstellung einer Schülerzeitung wird nicht nur die journalistischen Arbeit erlernt, die Schüler/-innen setzen sich auch mit den übrigen Bereichen der Zeitungsherstellung auseinander. Dazu gehören beispielsweise unternehmerisches Denken, die Entwicklung wirtschaftlicher Konzepte oder die Durchführung von Kostenkalkulationen. Eine Alternative besteht darin, die Schülerzeitung auf die Schulhomepage zu stellen. Dies ist kostengünstiger und lässt sich meist schneller verwirklichen. Allerdings müssen auch hier alle Regeln, die für eine Schülerzeitung gelten, beachtet werden.

T

Für die Schülerzeitung sollten folgende Punkte berücksichtigt werden:

- Das Grundkonzept festlegen:
  - a) Artikel und Ideen sammeln,
  - b) Themenschwerpunkte festlegen,
  - c) Umfang der Zeitung planen,
  - d) Verwendung der Bilder einplanen,
  - e) erstes Layout festlegen,
  - f) Beschaffung der finanziellen Mittel festlegen,
  - g) Teamarbeit festlegen.

- Die Redaktionsarbeit und Finanzierung regeln:
  - a) Recherche für Artikel durchführen,
  - b) Beiträge anfertigen,
  - c) Bilder und Grafiken vorbereiten und Copyright klären,
  - d) Sponsoren suchen.

- Technische Umsetzung der Schülerzeitung sichern:
  - a) Artikel redigieren und inhaltlich auf Richtigkeit prüfen,
  - b) Layout fertigstellen,
  - c) Druckvorlage erstellen und Korrekturdruck durchführen.

- Verkauf und Vertrieb absprechen:
  - a) Wo soll die Schülerzeitung verkauft werden?
  - b) Wie soll die Schülerzeitung vertrieben werden?
  - c) Wie und wo soll für die Schülerzeitung geworben werden?

A

1   Fertigen Sie eine Schülerzeitung oder eine Klassenzeitung für Ihre Schule/Klasse an.
2   Erstellen Sie eine eigene Schülerzeitung auf Ihrer Schulhomepage.
3   Informieren Sie sich über Schülerzeitungswettbewerbe im Internet, z. B. bei www.schulspiegel.de, und nehmen Sie daran teil.

Lernbereich 1: Sprache und Kommunikation

1 Sprache

1.1 Sprachebenen

Je nachdem, mit wem wir sprechen und zu welchem Anlass, bewegen wir uns auf unterschiedlichen **Sprachebenen**.
Im Folgenden sind einige der wichtigsten Sprachebenen aufgeführt:

Standardsprache	Definition: Die in Grammatik und Wörterbüchern normierte, allgemein verbindliche Form einer Sprache.	Beispiele: Zeitungstexte, Sprache bei Vorträgen
Umgangssprache	Definition: Sprache des alltäglichen Sprachgebrauchs, die nicht immer die Regeln der Standardsprache befolgt, aber allgemein verständlich ist.	Beispiele: persönliche Gespräche, informelle Telefongespräche
Mundart (Dialekt)	Definition: Sprache, die innerhalb eines bestimmten geografischen Gebiets/einer lokalen Sprachgemeinschaft verwendet wird und die von der hochsprachlichen Aussprachenorm abweicht.	Beispiele: Pfälzischer Dialekt, Hamburger Dialekt
Jugendsprache	Definition: Sprache, die Jugendliche zur Abgrenzung und Identitätsfindung untereinander verwenden; mit zum Teil großen Unterschieden zwischen den verschiedenen Gruppen.	Beispiele: Verwendung von Anglizismen („cool"), Steigerungen („mega", „hammer"), Fäkalismen und sexuelle Begriffe
Vulgärsprache	Definition: Verwendet Begriffe/Formulierungen, die allgemein als tabu gelten, mit Scham/Ekel besetzt sind.	Beispiele: Fäkalsprache, sexuelle Begriffe, Gewaltbegriffe

1. Warum muss in Nachrichtensendungen oder in Zeitungen die Standardsprache benutzt werden?
2. Was passiert, wenn Sie einen Vortrag in Dialektsprache halten?
3. Warum ist die Vulgärsprache unpassend für einen Vortrag?
4. Erläutern Sie Unterschiede und eventuelle Gemeinsamkeiten zwischen Jugend- und Vulgärsprache.

A

 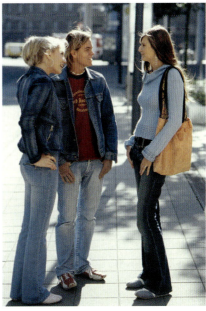

Kommunikation ist abhängig von der jeweiligen Situation.

1.2 Sprachwandel

A

1 Lesen Sie den folgenden Artikel aus der Wochenzeitung „Die Zeit".

Voll psycho
Harald Martenstein spricht mit seinem Sohn

Mein Sohn ist 14 Jahre alt. Wenn er etwas großartig fand, sagte er bis vor Kurzem: „Das ist geil." Das Wort geil bedeutete im Mittelalter gut. Später bedeutete es lüstern. Jetzt heißt geil wieder gut. Ich habe
5 meinen Sohn gefragt: „Was ist das Gegenteil von geil? Wie nennt ihr, in eurer jungen, taubedeckten Welt, in welcher gerade die Morgensonne der Selbstfindung aufgeht, eine Person, ein Tier oder eine Sache, die nicht großartig ist?"
10 Mein Sohn sagte: „Das Gegenteil von geil heißt schwul. Ein schwuler Film ist ein Film, der nicht geil war. Schwule Schulsportschuhe. Eine schwule Mathearbeit. Der Pitbull – ein schwuler Hund. Die Klassenfahrt nach Bad Orb war schwul. Die Klassen-
15 fahrt nach Beverly Hills war geil. Oder es heißt, dieses Mädchen finde ich schwul, jenes Mädchen finde ich geil."
In meiner Jugend ist schwul ein Schimpfwort gewesen. In meinen Mannesjahren wechselte schwul die
20 Bedeutung. Schwule Regierungschefs priesen auf schwulen Stadtfesten in schwulstmöglicher Weise das Schwulsein. In der neuerlichen Umprägung des Wortes kommt meiner Ansicht nach nicht ein Wiederaufleben des Ressentiments gegen Homosexuelle
25 zum Ausdruck, sondern die ewige Lust der Jugend an der Provokation. Hätten geile Regierungschefs auf dem geil-lüsternen Stadtfest in geilen Worten das Geilsein gepriesen, dann wäre in der Jugendsprache manches anders gekommen. An dem Tag
30 aber, an dem der Ministerpräsident von Rheinland-Pfalz auf dem Parteitagspodium mit schwerem Atem und ungeordnetem Haar ins Mikrofon stöhnt:

„Genossinnen und Genossen, ich bin geil, und das ist gut so", werden in der Jugendsprache die Karten neu gemischt.
35 Kürzlich kehrte mein Sohn aus der Schule zurück und teilte mir mit, weitere Umwertungen hätten stattgefunden. „Man sagt nicht mehr geil. Nur Dreißigjährige sagen geil." Jetzt sagt man, zu etwas Gutem, meistens porno. Das Schulfest war voll por-
40 no. Der Pfarrer im Jugendgottesdienst hat porno gepredigt. Mein Sohn sagte, das Gegenteil von porno bezeichne die Jugend neuerdings als psycho. Ein Mädchen, das gestern noch schwul war, ist heute schon psycho. In der Kombination dieser beiden
45 Begriffe ergeben sich reizende sprachliche Effekte, zum Beispiel: Psycho von Hitchcock ist ein porno Film. N. ist ein porno Typ, aber er muss jede Woche zu einem psycho Therapeuten.
Nach einigem Nachdenken wurde mir klar, dass die
50 Gutwörter und die Schlechtwörter der Jugend meist dem Bereich des Sexuellen entnommen werden. Dabei wird stets das gesellschaftlich Goutierte negativ besetzt, das gesellschaftlich Verpönte aber ins Positive gewendet. Dies ist die Entdeckung eines sozial-
55 psychologischen Gesetzes, dies ist das Holz, aus dem Promotionen geschnitzt werden. In zehn Jahren werden die 14-Jährigen sagen: Die Klassenfahrt nach Bad Orb war sensibel und nachhaltig. Die Klassenfahrt nach Beverly Hills aber war pädophil. Dann
60 aber dachte ich an das große Wort des großen Sigmund Freud: „Derjenige, der zum ersten Mal anstelle eines Speeres ein Schimpfwort benutzte, war der Begründer der Zivilisation."
65

DIE ZEIT, 09.03.2006, Nr. 11

A

2 Inwiefern hat sich die Bedeutung des Wortes „geil" gewandelt? Benutzen Sie bei der Erklärung auch den Auszug aus dem „Taschenlexer", einem mittelhochdeutschen Taschenwörterbuch (S. 107).
Schreiben Sie die Bedeutungen des Mittelhochdeutschen heraus.

3 Aus welchen Sprachebenen stammen die Wörter „schwul, porno, psycho"?

4 Was drücken Jugendliche mit diesen Worten aus?
Nennen Sie Beispiele aus dem Text.

5 Was wollen Jugendliche mit dieser Wortwahl erreichen?

6 Was meint Martenstein mit dem Freud-Zitat?

Psycho von Hitchcock
ist doch voll porno!

ALFRED HITCHCOCKs
KLASSIKER!

ALFRED HITCHCOCK's
PSYCHO

ANTHONY PERKINS
VERA MILES
JOHN GAVIN
JANET LEIGH ALS
MARION CRANE

JOHN McINTIRE
MARTIN BALSAM
REGIE:
ALFRED HITCHCOCK
DREHBUCH:
JOSEPH STEFANO

im Verleih der UIP

ge-heizen	64	geist-licheit

ge-heizen stv. befehlen mit ap. u. inf.; verheissen, versprechen; verheissen, weissagen. — pass. genannt werden, heissen.
ge-hêl adj. zusammenklingend, -stimmend.
ge-hêl, -illes stn. zu-, übereinstimmung.
ge-hëlfe swm. helfer; gehilfe.
ge-hëlfe swf. gehilfin.
ge-hëllen stv. zusammenklingen, einhellig sein, übereinstimmen; wozu (dat.) stimmen, passen, entsprechen.
ge-hëllen swv. in die hölle bringen.
ge-hëllesam adj. übereinstimmend; entsprechend (dat. od. an).
ge-hëllunge stf. = gehêl.
ge-hëln stv. tr. verhehlen; refl. sich verbergen, mit gen. sich mit od. in etwas verstellen.
ge-hëlze s. gehilze.
ge-hëlzen swv. lähmen.
ge-hende adj. bei der hand, bereit.
ge-henge stn. vorrichtung zum an-, ein-, umhängen.
ge-henge stfn. swm., -hengede stf. nachgiebigkeit, zulassung, erlaubnis.
ge-hengen swv. geschehen lassen, nachgeben, gestatten; dem orse geh. die zügel hängen lassen.
ge-henke, -henkede stn. gehänge (schmuck).
ge-hërsen swv. beherrschen, überwältigen.
ge-herten swv. intr. dauern, ausdauern; tr. behaupten.
ge-hërze adj. einträchtig, verbunden mit; beherzt.
ge-hërzen swv. beherzt machen, ermutigen.
ge-hetze adj. = gehaz.
ge-hetze, -hetzede stn. das hetzen.
ge-heve s. gehebe.
ge-hezze s. gehaz.
ge-hien, -hijen s. gehiwen.
ge-hilder stn. gelächter.
ge-hilwe stn. feiner nebel; gewölk.
ge-hilze, -hëlze stn. schwertgriff, heft.
ge-himelen swv. in den himmel bringen.
ge-himelze stn. himmelartige decke und traghimmel.
ge-hirmen swv. intr. ruhen; ablassen von mit gs.

ge-hirne stn. gehirn.
ge-hiure adj. geheuer, nichts unheimliches an sich habend; lieblich, angenehm.
ge-hiuse stn. gehäus.
ge-hiuze stn. lärm, geschrei (zur verfolgung); hohn.
ge-hiwen, -hijen, -hien swv. intr. sich vermählen; sich paaren. — tr. vermählen se.
ge-hœhen swv. erhöhen.
ge-holf adj. = beholf.
ge-holn swv. holen; erwerben, verdienen.
ge-hœne stn. hohn.
ge-hœnen swv. verächtlich machen od. behandeln, entehren.
ge-hœrchen, -horchen swv. mit dat. zuhören; gehorchen; gehören suo.
ge-hœrde stfn. das hören, der gehörsinn.
ge-hœre, -hœrec adj. folgsam, gehorchend mit dp. u. gs.
ge-hœren swv. abs. hören, mit dat. hören auf. — tr. hören, anhören. — intr. gehören, gebühren.
ge-horn adj. gehörnt; hornartig.
ge-hôrsam adj. gehorsam mit dp. u. gs.
ge-hôrsame, -sam stfm. gehorsam (g. tuon, profess ablegen); arrest, gefängnis.
ge-hôrsamen swv. gehorsam sein mit dp. u. gs.
ge-horwen swv. beschmutzen.
ge-houwen stv. hauen, niederhauen.
ge-hüge adj. eingedenk.
ge-hüge stf. sinn; erinnerung, andenken; freude.
ge-hügede stf. das denken an etwas (gen.); gedächtnis, erinnerung, andenken; erwägung; einbildungskraft.
ge-hügen swv. gedenken, sich erinnern mit gen. od. an, ûf, suo.
ge-hügende stf. gedächtnis, andenken.
ge-hugesam adj. in erinnerung bleibend.
ge-hugnisse stfn. gedächtnis, erinnerung; einbildungskraft.
ge-huht stf. gedächtnis; freude.
ge-hulden, -huldigen swv. tr. u. refl. geneigt machen; intr. huldigen.
ge-hülfec adj. helfend.
ge-hülze stn. gehölze.

ge-hünde stn. beute, raub.
ge-hünde stn. hunde; hündisches volk, gesindel.
ge-hürne stn. gehörn, geweih; horngebläse.
ge-hurste stn. md. ort mit gesträuch od. gestrüpp.
ge-hurwe stn. menge von schmutz od. kot.
ge-hûs adj. wohnhaft, ansässig.
ge-hûsen swv. intr. sich niederlassen, hausen, wohnen.
ge-hûset part. adj. = gehûs.
geil, geile adj. von wilder kraft, mutwillig, üppig; lustig, fröhlich; mit gen. froh über; begierig suo.
geil stm. übermut.
geil stn. fröhlichkeit; lustiges wachstum, wucher; hode.
geilœre stm. fröhlicher gesell.
geile, geil stf. üppigkeit; fruchtbarer boden; fröhlichkeit, übermut; swf. hode.
geilen swv. intr. übermütig, ausgelassen sein; froh werden. — tr. froh machen. — refl. sich freuen, erlustigen; lustig wachsen u. wuchern.
geil-haft adj. = geil.
geil-heit stf. fröhliche tapferkeit; ausgelassenheit.
geil-liche adv. lustig.
geilsen swv. intr. ausgelassen lustig sein. — refl. sich freuen über (gen.).
gein s. gegen.
geinde, geine, geinôte s. gegenôte, gegene.
ge-innern, ginnern swv. inne werden lassen, erinnern.
geisel stswf. geissel, peitsche.
geiseler stm. flagellant.
geiseln swv. geisseln.
geisel-ruote f. peitsche.
geisel-slac stm. peitschenschlag.
geisel-vart stf. fahrt der flagellanten.
geist stm. geist; überird. wesen (gott, der heil. geist, engel); der böse geist; frier g. anhänger der sekte des freien geistes.
geistec adj. geistig.
geisten swv. tr. geistig machen, mit geist (mit dem hl. geiste) erfüllen. — intr. geistig wirken.
geistern stf. schwester des freien geistes, begine.
geist-lich adj., -liche adv. geistlich, fromm; geistig.
geist-licheit stf. geistliches

Matthias Lexer: Mittelhochdeutsches Taschenwörterbuch, 2. Nachdruck der 3. Auflage,
Leipzig 1885, erschienen bei: Wissenschaftliche Verlagsgesellschaft, Stuttgart 1992 , S. 64

7 Nehmen Sie Stellung zu folgender Aussage: „Wenn ich mit meinem besten Kumpel weggehen will, rufe ich an und sage: ‚He, du alte Hure, gehen wir etwas trinken?'"

A

1.3 Sexistische Sprache

Seit den 80er-Jahren des 20. Jahrhunderts gehörte es zum guten Ton, gerade bei öffentlichen Reden, Auftritten, in Diskussionen im Fernsehen und wissenschaftlichen Arbeiten neben der männlichen Form auch die weibliche zu nutzen. Nicht mehr nur der Mann war die Norm, an der „man" sich maß, sondern zunehmend traten die Frauen durch die Verwendung der weiblichen Form in der Sprache in Erscheinung. Am Anfang des 21. Jahrhunderts ist zu beobachten, dass viele Männer und auch wieder vermehrt Frauen auf die Benutzung der weiblichen Form verzichten. Wie früher werden Frauen in Fußnoten zwar erwähnt, aber nicht explizit genannt. Es scheint, als habe ein Paradigmenwechsel stattgefunden. Junge Frauen sind selbstbewusst und individualistisch, ohne sich dabei am Feminismus der 70er und 80er Jahre des vergangenen Jahrhunderts zu orientieren. Viele Frauen fühlen sich heute gleichberechtigt und durch die Sprache nicht diskriminiert.

Was aber bedeutet sexistischer Sprachgebrauch und wieso ist es wichtig sich mit diesem Sachverhalt zu beschäftigen? Sprache ist ein mächtiges Mittel, um andere zu denunzieren, zu demütigen, zu verunglimpfen, zu mobben und klein zu halten. Findet sprachliche Diskriminierung aufgrund des Geschlechts statt, handelt es sich um Sexismus. Nichtsexistische Sprache setzt voraus, dass der Gebrauch von Sprache als Machtmittel erkannt, eine Alternative gesucht und verwendet wird.

Sexistische Sprache ist in mehrere Kategorien einteilbar:

a) Wenn Frauen lediglich mitgemeint sind und dies in einer Fußnote oder Bemerkung festgehalten wird, weil ein Text sonst schlecht lesbar ist, handelt es sich um sexistischen Sprachgebrauch. Dadurch werden sie als Menschen nicht zur Kenntnis genommen, ihre Leistungen nicht entsprechend gewürdigt, beispielsweise wenn zu einer Konferenz nur „die lieben Kollegen" angesprochen und eingeladen werden.

b) Eine Sprache, die Frauen nur mit weiblichen Verhaltensweisen und Eigenschaften darstellt, sie als Hausfrau und Mutter ausweist, und arbeitende Frauen als von der Norm abweichend darstellt, ist sexistisch.

c) Abwertende Sprache, bei der Frauen aufgrund ihrer Schönheit bewertet werden, ihre Intelligenz in Frage gestellt wird, sie generell als schwach, zickig, emotional dargestellt werden, ist sexistisch.

A

1　Erklären Sie mithilfe des Dudens den Begriff Paradigma bzw. Paradigmen.
2　Nennen und erklären Sie die aufgeführten Arten des sexistischen Sprachgebrauchs.
3　Finden Sie Überbegriffe.
4　Welche Beispiele für sexistischen Sprachgebrauch kennen Sie?
5　Formulieren Sie die gewählten Beispiele in nicht-sexistischer Sprache.
6　Untersuchen Sie mit Ihrer Lerngruppe unterschiedliche Zeitungen und Zeitschriften auf sexistischen Sprachgebrauch.
7　Präsentieren Sie Ihre Ergebnisse im Plenum.
8　Überlegen Sie, was in der Schule durch den Gebrauch von sexistischer Sprache bewirkt werden kann.

Sexistischer Sprachgebrauch in Hip-Hop-Texten

9 Lesen Sie den folgenden Artikel aus der Tageszeitung „taz". **A**

Nicht mehr allein unter Jungs

Schwestern zur Sonne, zum Freestyle: Hip-Hop ist traditionell eine Männerdomäne – das ist auch in Deutschland so. Doch die Zahl der weiblichen Rapperinnen wächst. Sie fordern Respekt. Und fra-
5 gen: Hat jemand was gegen Frauenrap?
Samy Deluxe gebührt die Ehre, den Begriff in Umlauf gebracht zu haben. In „Wie jetzt", einem Song von seinem Albumdebüt, das im April 2000 hoch in die deutschen Charts aufstieg, prägte der
10 Rapper aus Hamburg das Wort vom „Frauenrap". Als Schimpfwort. „Obwohl da ein paar Typen rap-pen, hört´s sich an wie Frauenrap", mokierte er sich über seine männlichen Konkurrenten. Heute, etwas mehr als ein Jahr später, fragt Nina MC auf ihrem
15 Stück „Doppel-X-Chromosom" genervt in die Runde: „Hat noch irgendjemand was gegen Frauenrap?"
Ja, hat denn? „Es gibt definitiv Sexismus", findet Nina, als sie beim Interview in einem mexikanischen
20 Restaurant darauf angesprochen wird, und meint da-mit nicht nur ihr direktes Umfeld in Hamburg. Aber ob die deutsche Hip-Hop-Szene generell frauenfeind-lich ist, das ist eine Diskussion, die nur widerwillig geführt wird. Selbst die meisten Rapperinnen wollen
25 die Frage nur ungern zum Thema machen. „Der Be-griff Frauenrap klingt für mich einfach blöd – unge-fähr so blöd wie Teakholzbeschlag", blockt Nina. „Ich fühle mich davon aber nicht angesprochen." […] Wenn das Hip-Hop-Magazin Backspin einen zweitei-
30 ligen Bericht über „Mädels" im deutschen Hip-Hop druckt, dann ist das eher Pflichtübung und Fleißar-beit. Das Thema Sexismus dagegen wird auf den neun Schwerpunktseiten sorgsam ausgespart. Die Kritik kommt vornehmlich von außen. Konfrontiert
35 man Aktivisten direkt, ist die Reaktion immer die gleiche. „Aus irgendeiner Ecke kommen immer die Ausziehn-Rufe", stellt stellvertretend der Hamburger Rapper Nico Suave fest. „Ich denke aber, dass das bei den Rockern nicht anders ist."
40 Von den Frauen selbst bekommt man Ähnliches zu hören. „Die Hip-Hop-Szene ist so sexistisch wie an-dere Szenen", meint Meli, Rapperin von Skillz en Masse aus Stuttgart, deren Album Anfang Juli er-

scheinen soll. Ihre Berliner Kollegin Pyranja fragt: „War das im Rock am Anfang nicht genauso?" Und 45
Nina ergänzt: „Die Szene ist viel zu groß, als dass man sagen könnte, sie sei prinzipiell sexistisch." […] In der deutlich männlich dominierten, sonst eher af-firmativen Szenepresse werden weibliche MCs dafür aber immer wieder mal abgewatscht: Da wird am 50
Flow gekrittelt und die Rhymes als whack abgetan. Beliebtester Vorwurf: Frauen würden Plattenverträge hinterher geworfen bekommen, ohne erst einmal ein paar Jahre lang von Jam zu Jam gereist zu sein und sich in Freestyle-Contests bewiesen zu haben. Dass 55
mittlerweile auch jeder Mann, der ein Mikro halb-wegs gerade vorm Mund halten kann, einen Platten-vertrag bekommt, verschweigen solche Kritiker da-gegen tunlichst – ebenso wie den Fakt, dass es vor allem Frauen sind, die beginnen, die Beschränkungen 60
im deutschen Rap aufzubrechen. Während der Groß-teil der männlichen Kollegen immer noch damit be-schäftigt ist, den anderen Schwanzträgern zu erzäh-len, wer den Längsten hat und sowieso am besten rappen kann, wagen sich Frauen über solche Battle- 65
Texte hinaus. Sie thematisieren ihr Frausein im Hip-Hop, aber auch im Allgemeinen.
Doch „Hip-Hop ist nun mal eine männliche Angele-genheit", hat Nina festgestellt. Schließlich ist der Rap einst aus dem Wettkampf hervorgegangen. Die 70
Sprache diente traditionell nicht dem Ausdruck von Gefühlen, sondern als Waffe. „Es geht um dicke Eier, um Muskeln. Es geht um Gepose, um nackte Frauen. Es geht ums Austesten von Grenzen, um männliches Balzgehabe", sagt Nina. „Das sind Jungs in ihrer 75
Pubertät."
So beschwören die Frauen ihr Einzelkämpfertum. Pyranja erzählt, dass sie eh schon immer allein unter Männern war, ob auf dem BMX-Rad oder beim Graffiti-Sprühen. Dass sie mit zwei älteren Brüdern 80
aufgewachsen sei, gegen die sie sich „immer durch-gesetzt" habe, berichtet auch Meli. Und Nina erzählt: „Es war vollkommen normal, dass ich mich haupt-sächlich zwischen Jungs bewege."
Frauensolidarität gerät da leicht zur Vokabel aus der 85
frauenbewegten Mottenkiste, Feministin zum

Schimpfwort. „Den Respekt", sagt Meli, „den habe ich mir erarbeitet. Das muss jede Frau für sich selbst erreichen", findet sie. Manche Frauen verdienen aber schlicht auch keinen Respekt. Lisi hat gleich einen ganzen Track über die „Votzen" geschrieben, die sich an männlichen Klischees orientieren. Und Bintia, bekannt geworden als Backgroundstimme auf der Deichkind-Erfolgssingle „Weit weg", rappt auf ihrem Solo-Album, das Mitte Juni erscheinen soll: „Warum setzt ihr euch erst aufs Bett und seht zu, wie Ihr falsche Gedanken weckt/Irgendwann kriegt ihr dafür ein Brett, denn ihr zieht damit den Ruf der Frauen in den Dreck/Wegen Opfern wie euch müssen Frauen wie ich sich auf der Bühne ‚Ausziehn' anhörn/Wegen euch Groupie-Gören, die ohne Stolz fame Typen betören".

Die meisten Rapperinnen kritisieren aber nur widerwillig ihr Umfeld. Wenn etwas gesagt wird, was ihr nicht passt, gehe sie halt weg, empfiehlt Meli als Strategie: „Sexismus ist so offensichtlich und alltäglich für mich, im Hip-Hop wie in jedem anderen Teil der Gesellschaft, dass ich gelernt habe, damit zu leben. So wie ich damit lebe, schwarz zu sein und Rassisten zu begegnen. Sexismus ist nicht mein Hauptthema. Würde ich mich die ganze Zeit damit beschäftigen, würde ich noch zur fanatischen Feministin." Fast spuckt sie das Wort aus. […]

Der Blick in die USA, das Heimatland des Hip-Hop, bietet allerdings wenig Verheißungen für die Zukunft. Dort dominiert, mit Rapperinnen wie Lil Kim oder Foxy Brown, das Sex-Sells-Modell. Frauen dagegen wie Missy Elliott, Lauryn Hill oder Bahamadia, die vor allem als Musikerinnen ernst genommen werden, bilden immer noch die Ausnahme.

Wer aber sollte das ändern, wenn nicht die Frauen selbst? Auch wenn Meli, Nina und Pyranja die Vorbildfunktion unisono ablehnen – vorerst gilt es, Freiräume zu erobern und Rollenverteilungen zu brechen. […]

Thomas Winkler, taz, die Tageszeitung, 1.6.2001, gekürzte Fassung

A

10 Informieren Sie sich mithilfe einer Internet-Recherche über
   a) unbekannte Begriffe der Hip-Hop-Sprache,
   b) die Begriffe Sexismus und Feminismus.
11 Welche frauenfeindlichen Themen werden angesprochen?
12 Warum findet Nina den Begriff „Frauenrap" „einfach blöd"?
13 Wie stehen die Rapperinnen zum Feminismus?
14 Wie sieht ihre Lösungsstrategie aus, um sich in der männlich dominierten Welt des Rap zu behaupten?
15 Suchen Sie im Internet nach Musiktexten von Bushido und informieren Sie sich über den Rapper und die Hip-Hop-Szene.
16 Bereiten Sie eine Fishbowl-Diskussion vor zum Thema „Schreibt Bushido sexistische Liedtexte?"

M

Fishbowl-Diskussion

1. Eine Pro-und-Kontra-Diskussion wird geführt, eine feste Diskussionszeit wird festgelegt. Jeweils die gleiche Anzahl an Teilnehmern/-innen und ein/-e Moderator/-in bilden einen Innenkreis. Je ein weiterer Stuhl auf der Pro- und Kontra-Seite wird dazugestellt.
2. Die Zuhörer/-innen sitzen in einem Außenkreis um die Diskutierenden.
3. Ein/-e Gastredner/-in kann für einen Beitrag, der einen neuen Aspekt in der Diskussion beleuchtet, im Innenkreis Platz nehmen. Dieser Beitrag hat Vorrang.
4. Der/die Moderator/-in sorgt für einen strukturierten Ablauf der Diskussion.

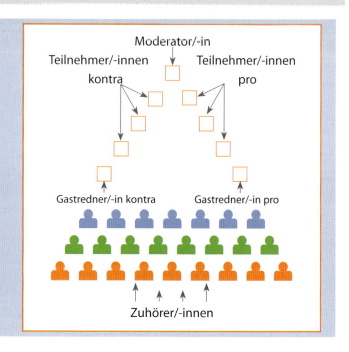

„Fremdkörper"

(Pyranja)

Chorus:
Mach die Box ma etwas lauter, habs langsam satt zu
warten. Ich geb euch was ihr braucht und wollts nur
nochma sagen. Pyranja ist am Starten, meine Herren
und die Damen. Also bounct zu diesem Beat und
5 merkt euch meinen Namen.
1. Ey yo, ich wollt da noch was sagen, denn ich habs
langsam satt zu warten, mach den Spaß seit ein paar
Jahren und zeig erst jetzt meine Karten, denn Kandi-
daten ohne Atem brauch kein Mensch in diesen
10 Tagen, also hol ich Luft und lass es raus, will Respekt
und dick Applaus, meist gutgelaunt Mic in der Faust
im Rücken Quest und Pflegerlounge. Kein Redner auf
'ner Ledercouch, 'n MC der grad' eben launcht, doch
was mich dann schonmal zerknautscht sind Fragen
15 von der falschen Crowd, so glanzverkackte
Punkansagen von halbstarken Akneschwarten, die ankommen und spontan erwarten, daß ich sie zum Chat
einlade. So hör ich oft: „Ey Pü verzeih, du leistest Dir
zwar grad'n Hype doch muß schon sagen Show war
20 tight und auch in Sachen Flow und Style, für 'ne Braut
ganz nice und cool, daß du Texte selber schreibst." Mit
andern Worten: „Baby, Willkommen im Mittelalter!"
und ich nur: „Danke für die Blumen, doch Du starrst
gerade auf meine Titten, Alter!" Oops! Zu harte
25 Worte? Für die harten Jungs im harten Biz? Die mit
Schulterklopfen ankommen und mir dann erklären
was Hip-Hop ist? Ich mein, man lernt nie aus doch
falls es jemand interessiert: Ich hab mir erstma „keep
it real" dick auf mein Hintern tätowiert!
30 2. Und da ich grad' dabei bin hier mit Statements rum-
zuwerfen, kommt ein „Bitte hört kurz zu!" an all die
Freaks, die plötzlich nerven. Was weiß ich warum so
wenig Frauen 'n Mikro in die Hand nehmen, wenn
du's wissen willst frag nach bei denen die zusehn und
35 am Rand stehen! Es ist wie aufm Land leben, wenn
Typen sich's Maul zerreißen, ich kann Euch grad' keinen Schwanz geben, doch dafür gut drauf scheißen!
Laß mich nicht reduzieren auf: „Komm wir machen
ma 'n Liebeslied! Du bist 'n girl das rapt und ich zeig
40 Dir jetzt dein Themengebiet!" „Ey ey, paß auf was du

sagst man, damit's hier nicht noch Tränen gibt! Bin
nicht die Bitch für 'n Ehekrieg, doch laß nichts auf mir
sitzen und wenn ich losleg wird die heiß bevor ich an-
fange zu schwitzen. Meine erhitzte Zungenspitze wird
dein Trommelfell zerschlitzen, ich besitz Grips wie´n 45
Spitzel und sag Wichs zu deinem Gekritzel, deine
Strophen nix als Skizzen, dein Anspruch fixe Witze,
ey, ich tret nicht gern auf Schlipse und wollt nur sagen, daß ich`s ernst mein: Es gibt MCs wie Sand am
Meer und manchmal auch 'n Bernstein! 50
3. Und sobald ich auf 'ne Stage bretter, mein Output
dein Gehirn entert, erkennt der letzte Rentner, dass
mein Brennwert jeden Trend ändert. Bin trotzdem oft
'n Fremdkörper, obwohl ich deine Band mörder, mit
Wörtern, die mehr Bock bringen, als Langeweile 55
Mittelmaß, und wenn Du mir 'n Mic zeigst, nehm
ich's mir bevor ich bitte sag.

Text : Anja Knäckenmeister, Copyright: Egoizin Edition/Gürü Musikverlag Klaus Boelitz Thomas Julel. Arabella Musikverlag GmbH (BMG UFA Musikverlage)
München

17 Klären Sie unklare Begriffe mithilfe des Internets.
18 Welche Themen spricht die Rapperin Pyranja in ihrem Liedtext „Fremdkörper" an?

A

2 Kommunikation

2.1 Vortrag

Ratschläge für einen schlechten Redner* (1930)
Kurt Tucholsky

Fang nie mit dem Anfang an, sondern immer drei
Meilen vor dem Anfang! Etwa so:
„Meine Damen und meine Herren! Bevor ich zum
Thema des heutigen Abends komme, lassen Sie mich
5 Ihnen kurz ...“
Hier hast du schon so ziemlich alles, was einen schönen Anfang ausmacht: eine steife Anrede; der Anfang
vor dem Anfang; die Ankündigung, daß und was du
zu sprechen beabsichtigst, und das Wörtchen kurz.
10 So gewinnst du im Nu die Herzen und die Ohren der
Zuhörer.
Denn das hat der Zuhörer gern: daß er deine Rede
wie ein schweres Schulpensum aufbekommt; daß du
mit dem drohst, was du sagen wirst, sagst und schon
15 gesagt hast. Immer schön umständlich.
Sprich nicht frei – das macht einen so unruhigen
Eindruck. Am besten ist es: du liest deine Rede ab.
Das ist sicher, zuverlässig, auch freut es jedermann,
wenn der lesende Redner nach jedem viertel Satz miß-
20 trauisch hochblickt, ob auch noch alle da sind.
Wenn du gar nicht hören kannst, was man dir so
freundlich rät, und du willst durchaus und durch-
um frei sprechen ... du Laie! Du lächerlicher Cicero!
Nimm dir doch ein Beispiel an unsern professionellen
25 Rednern, an den Reichstagsabgeordneten – hast du
die schon mal frei sprechen hören? Die schreiben sich
sicherlich zu Hause auf, wann sie „Hört! hört!“ rufen
... ja, also wenn du denn frei sprechen mußt:
Sprich, wie du schreibst. Und ich weiß, wie du
30 schreibst.
Sprich mit langen, langen Sätzen – solchen, bei denen du, der du dich zu Hause, wo du ja die Ruhe,
derer du so sehr benötigst, deiner Kinder ungeachtet,
hast, vorbereitest, genau weißt, wie das Ende ist, die
35 Nebensätze schön ineinandergeschachtelt, so daß der
Hörer, ungeduldig auf seinem Sitz hin und her träu-
mend, sich in einem Kolleg wähnend, in dem er früher so gern geschlummert hat, auf das Ende solcher
Periode wartet ... nun, ich habe dir eben ein Beispiel
40 gegeben. So mußt du sprechen.
Fang immer bei den alten Römern an und gib stets,
wovon du auch sprichst, die geschichtlichen Hinter-

gründe der Sache. Das ist nicht nur deutsch – das tun
alle Brillenmenschen. Ich habe einmal in der Sorbonne
einen chinesischen Studenten sprechen hören, der 45
sprach glatt und gut französisch, aber er begann zu
allgemeiner Freude so: „Lassen Sie mich Ihnen in
aller Kürze die Entwicklungsgeschichte meiner chinesischen Heimat seit dem Jahre 2000 vor Christi Geburt
...“ Er blickte ganz erstaunt auf, weil die Leute so 50
lachten.
So mußt du das auch machen. Du hast ganz recht:
man versteht es ja sonst nicht, wer kann denn das alles verstehen, ohne die geschichtlichen Hintergründe
... sehr richtig! Die Leute sind doch nicht in deinen 55
Vortrag gekommen, um lebendiges Leben zu hören,
sondern das, was sie auch in den Büchern nachschlagen können ... sehr richtig! Immer gib ihm Historie,
immer gib ihm.
Kümmere dich nicht darum, ob die Wellen, die von 60
dir ins Publikum laufen, auch zurückkommen – das
sind Kinkerlitzchen. Sprich unbekümmert um die
Wirkung, um die Leute, um die Luft im Saale; immer
sprich, mein Guter. Gott wird es dir lohnen.
Du mußt alles in die Nebensätze legen. Sag nie: „Die 65
Steuern sind zu hoch.“ Das ist zu einfach. Sag: „Ich
möchte zu dem, was ich soeben gesagt habe, noch
kurz bemerken, daß mir die Steuern bei weitem ...“
So heißt das.
Trink den Leuten ab und zu ein Glas Wasser vor – 70
man sieht das gern. Wenn du einen Witz machst,
lach vorher, damit man weiß, wo die Pointe ist. Eine
Rede ist, wie könnte es anders sein, ein Monolog.
Weil doch nur einer spricht. Du brauchst auch nach
vierzehn Jahren öffentlicher Rednerei noch nicht zu 75
wissen, daß eine Rede nicht nur ein Dialog, sondern
ein Orchesterstück ist: eine stumme Masse spricht
nämlich
ununterbrochen mit. Und das mußt du hören. Nein,
das brauchst du nicht zu hören. Sprich nur, lies nur, 80
donnere nur, geschichtele nur.
Zu dem, was ich soeben über die Technik der Rede
gesagt habe, möchte ich noch kurz bemerken, daß viel
Statistik eine Rede immer sehr hebt. Das beruhigt un-

In alter Rechtschreibung und Zeichensetzung geschrieben.

85 gemein, und da jeder imstande ist, zehn verschiedene Zahlen mühelos zu behalten, so macht das viel Spaß. Kündige den Schluß deiner Rede lange vorher an, damit die Hörer vor Freude nicht einen Schlaganfall bekommen. (Paul Lindau hat einmal einen dieser ge-
90 fürchteten Hochzeitstoaste so angefangen: „Ich komme zum Schluß.") Kündige den Schluß an, und dann beginne deine Rede von vorn und rede noch eine hal-

be Stunde. Dies kann man mehrere Male wiederholen. Du mußt dir nicht nur eine Disposition machen, du mußt sie den Leuten auch vortragen das würzt die 95 Rede.

Sprich nie unter anderthalb Stunden, sonst lohnt es gar nicht erst anzufangen.

Wenn einer spricht, müssen die andern zuhören – das ist deine Gelegenheit! Mißbrauche sie. 100

Kurt Tucholsky: Ratschläge für einen schlechten Redner, in: Gesammelte Werke Bd. III, Rowohlt Verlag, Reinbek bei Hamburg 1960, S. 600

1   Lesen Sie Tucholskys Ratschläge.
2   Markieren Sie die Ratschläge.
3   Notieren Sie stichpunktartig seine Ratschläge.
4   Formulieren Sie gemeinsam mit Ihrem/-er Partner/-in die ironisch gemeinten Ratschläge in positive Tipps um.
5   Erstellen Sie Stichwortzettel, um gemeinsam mit Ihrem/-r Partner/-in einen zweiminütigen, halbfreien Vortrag halten zu können (vgl. S. 114).
6   Sprechen Sie sich vor dem Vortrag ab und üben Sie.

Kurt Tucholsky (* 9. Januar 1890 in Berlin; † 21. Dezember 1935 in Göteborg) war ein deutscher Journalist und Schriftsteller. Er schrieb auch unter den Pseudonymen *Kaspar Hauser*, *Peter Panter*, *Theobald Tiger* und *Ignaz Wrobel*. Tucholsky zählte zu den bedeutendsten Publizisten der Weimarer Republik. Als politisch engagierter Journalist und zeitweiliger Mitherausgeber der Wochenzeitschrift *Die Weltbühne* erwies er sich als Gesellschaftskritiker in der Tradition Heinrich Heines. Zugleich war er Satiriker, Kabarettautor, Liedtexter und Dichter. Er verstand sich selbst als linker Demokrat, Pazifist und Antimilitarist und warnte vor antidemokratischen Tendenzen – vor allem in Politik, Militär und Justiz – und vor der Bedrohung durch den Nationalsozialismus.

http://de.wikipedia.org/wiki/Kurt_Tucholsky, 31.01.07

Der bayrische Ministerpräsident Edmund Stoiber bringt 2002 die Vision eines modernen Verkehrswegenetzes auf den Punkt:

Wenn Sie vom Hauptbahnhof in München mit zehn Minuten, ohne dass Sie am Flughafen noch einchecken müssen, dann starten Sie im Grunde genommen am Flughafen am am Hauptbahnhof in München, starten Sie ihren Flug – zehn Minuten schauen Sie sich mal die großen Flughäfen an, wenn Sie in Heathrow in London oder sonst wo meine Charles de Gaulle in äh Frankreich oder in Rom, wenn Sie sich mal die Entfernungen ansehen, wenn Sie Frankfurt sich ansehen, dann werden Sie feststellen, dass zehn Minuten Sie jederzeit locker in Frankfurt brauchen, um Ihr Gate zu finden. Wenn Sie vom Flug- äh vom Hauptbahnhof starten, Sie steigen in den Hauptbahnhof ein, Sie fahren mit dem Transrapid in zehn Minuten an den Flughafen in an den Flughafen Franz-Josef Strauß, dann starten Sie praktisch hier am Hauptbahnhof in München. Das bedeutet natürlich, dass der Hauptbahnhof im Grunde genommen näher an Bayern an die bayerischen Städte heranwächst, weil das ja klar ist, weil aus dem Hauptbahnhof viele Linien aus Bayern zusammenlaufen.

htto://www.heise.de/tp/r4/artikel/21/21735/1.html, 21.03.07

A

7 Fassen Sie kurz zusammen, worum es in Edmund Stoibers Rede auf S. 113 geht.

8 Untersuchen Sie mit Ihrem/-r Partner/-in die Rede in Bezug auf
   – Satzlänge,
   – Satzstruktur und
   – grammatikalische Richtigkeit.

9 Überlegen Sie sich mit Ihrer Lerngruppe 7 Tipps, die Sie Herrn Stoiber geben, damit seine Rede gelingt. Sie können auch auf Ihre anderen Erfahrungen mit Reden zurückgreifen.

10 Erstellen Sie einen Stichwortzettel.
   Halten Sie zunächst in Ihrer Lerngruppe mit einem/-r Partner/-in einen einminütigen Vortrag darüber, wie eine Rede gelingt.

11 Halten Sie Ihren Kurzvortrag zusammen mit Ihrem/-r Partner/-in im Plenum.

M

Stichwortzettel schreiben

1. Nehmen Sie sich DIN-A6-Karten oder Papier.
2. Notieren Sie maximal 5 Stichworte in großer Schrift.
3. Nehmen Sie sich weitere Zettel, falls Ihnen einer nicht reicht.
4. Nummerieren Sie Ihre Stichwortzettel.
5. Kontrollieren Sie im Stehen: Können Sie Ihre Stichworte bequem lesen, wenn Sie die Hände vor dem Bauch halten?
6. Tragen Sie Kurzvorträge immer laut vor. Stoppen Sie die Zeit – haben Sie die Vorgaben eingehalten? Was müssen Sie verändern?

Zum 65. Geburtstag des bayerischen Ministerpräsidenten Edmund Stoiber am 28.9.2006 gratuliert Jürgen Trittin, früherer stellvertretender Fraktionsvorsitzender von Bündnis 90/Die Grünen zum Geburtstag. Seine Wünsche erinnern an die Transrapidrede Stoibers aus dem Jahr 2002:

„Wenn Sie von München nach Berlin in 65 Jahren, dann starten Sie im Grunde genommen, starten Sie Ihre Bundeskarriere, 65 Jahre, schauen Sie sich mal die großen Präsidenten an in London oder sonst wo, Charles de Gaulle in Frankreich oder in äh Rom, dann werden Sie feststellen, dass 65 Jahre Sie jederzeit locker in München brauchen, um das Kanzleramt zu finden. Wenn Sie vom Wirtschaftsministerium, äh der Staatkanzlei einsteigen, das bedeutet natürlich, dass im Grunde genommen das Kanzleramt näher an Bayern heranwächst, weil das ja klar ist, weil alle Linien in Bayern zusammenlaufen. Lieber Herr Stoiber: Herzlichen Glückwunsch zum 65. Geburtstag.“

http://blog.tagesschau.de/?p=141, 21.03.0/

A

12 Fassen Sie kurz zusammen, worum es in Jürgen Trittins Rede geht.

13 Untersuchen Sie mit Ihrem/-r Partner/-in die Rede in Bezug auf
   – Satzlänge,
   – Satzstruktur und
   – grammatikalische Richtigkeit
   – und vergleichen Sie sie mit Stoibers Rede.

14 Inwiefern kann man hier von einer Satire sprechen? (Vgl. S. 140)

2.2 Einen Vortrag halten

Den Inhalt einer Geschichte wiedergeben

Einen Vortrag halten zu müssen, führt bei den meisten Schüler/-innen zu Nervosität und den damit verbundenen Begleiterscheinungen wie feuchte Hände, Schweißausbrüche, belegte Stimme. Im schlimmsten Fall haben Sie einen Blackout und wissen nicht mehr, worüber Sie eigentlich sprechen wollten. Vorträge zu halten, können Sie üben. Je mehr Sie üben, desto sicherer fühlen Sie sich und umso besser gelingen Ihre Vorträge.

A

1 Lesen Sie arbeitsteilig die folgenden Kurzgeschichten von Franz Hohler (S. 116 f.).
2 Geben Sie Ihrem/-r Partner/-in den Inhalt Ihrer Geschichte wieder, ohne dabei Ihr Buch zu Hilfe zu nehmen.
3 Suchen Sie sich eine/-n neue/-n Partner/-in und erzählen Sie Ihre Geschichte erneut.
4 Sie können auch im Doppelkreis vortragen, wobei jeweils A, B, C, D im Innen- wie Außenkreis nebeneinander stehen und nur eine Position weitergerückt wird.

M

1. Es werden **zwei Lerngruppen** gebildet.
2. Die Mitglieder der **A-Gruppe** lesen und bearbeiten den Text A, die Mitglieder der **B-Gruppe** den Text B. Sie machen sich Notizen.
3. Die Mitglieder der A-Gruppe bilden den **Außenkreis**, die Mitglieder der B-Gruppe den **Innenkreis**.
4. Die Mitglieder der Innenkreises **informieren** die Mitglieder des Außenkreises über den Lernstoff.
5. Erst nach dem Vortragen stellen die Mitglieder des Außenkreises **Fragen**.
6. Auf Anweisung des/der Moderator/-in bewegen sich die Mitglieder des Innenkreises im Urzeigersinn **zwei Plätze weiter**.
7. Die Mitglieder des Außenkreises **informieren** nun die Mitglieder des Innenkreises über den Lernstoff.

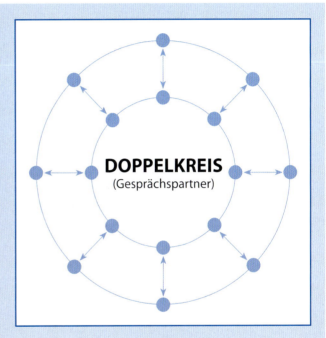

DOPPELKREIS
(Gesprächspartner)

A

5 Tragen Sie nun Ihre Geschichte frei im Plenum vor.
6 Überlegen Sie – in der Rolle des/-r Erzählers/-in – gemeinsam mit Ihrer Lerngruppe:
   a) Inwiefern hat sich die Geschichte nach dem zweiten Erzählen verändert?
   b) Hat sich das Erzählen durch den/die Zuhörer/-in verändert?
   c) Wie gelingt es, dass die Geschichte auch beim dritten Vortrag spannend und ansprechend ist?
7 Überlegen Sie – in der Rolle des/-r Zuhörers/-in – gemeinsam mit Ihrer Lerngruppe: Was hat den Vortrag des anderen spannend und pointiert werden lassen?

Franz Hohler wurde 1943 in Biel, Schweiz geboren und lebt in Zürich. Er gilt als einer der bedeutensten Kabarettisten und Erzähler; seit 30 Jahren schreibt Hohler Geschichten. 2002 erhielt er den Kasseler Literaturpreis für grotesken Humor.

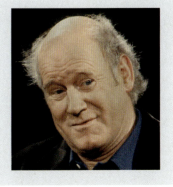

A: Die Göttin
Franz Hohler

Am Anfang, bevor die Welt erschaffen war, streifte
Gott durchs Nichts, um irgendwo etwas zu finden.
Er hatte die Hoffnung schon fast aufgegeben und war
todmüde, als er plötzlich vor einer großen Baracke
5   stand. Er klopfte an, und eine Göttin öffnete und bat
ihn, hereinzukommen.
Sie sei, sagte sie, gerade mit der Schöpfung beschäftigt, aber er solle sich ruhig ein bisschen hinset-
zen und ihr bei der Arbeit zuschauen. Zur Zeit
10   war sie daran, in einem Aquarium verschiedene
Wasserpflanzen einzusetzen.
Gott war in höchstem Maße erstaunt über das, was
er sah, er wäre nie auf die Idee gekommen, eine
Substanz wie Wasser zu erschaffen. Gerade dies
15   aber, sagte die Göttin lächelnd, sei sozusagen die
Grundlage des Lebens überhaupt.

Nach einer Weile fragte Gott, ob er vielleicht etwas
helfen könne, und die Göttin sagte, sie wäre sehr froh,
wenn er das Wasser und ihre bisherigen Schöpfungen
auf einen der Planeten bringen könnte, die sie etwas   20
weiter hinten eingerichtet habe. Sie würde gerne auf
dem unbedeutendsten anfangen, probeweise.
Also begann Gott damit, die Schöpfungen der Göttin
eine nach der andern aus ihrer Baracke auf die Erde
zu bringen, und es ist nicht verwunderlich, dass spä-   25
ter die Menschen auf diesem Planeten nur den Gott
kannten, der das alles gebracht hatte und ihn für den
eigentlichen Schöpfer hielten.
Von der Göttin aber, die sich das ausgedacht hatte,
wussten sie nichts, und deshalb ist es höchste Zeit,   30
dass sie einmal erwähnt wurde.

Franz Hohler: Die Karawane am Boden des Milchkrugs, Luchterhand Verlag, München 2003, S. 85–86

B: Die zwei Forscher
Franz Hohler

Als Sir Alexander Fleming noch nicht Sir hieß, sondern nur Alexander Fleming, hatte er im chemisch-
medizinischen Trakt des St. Mary`s Hospitals in
London ein Labor, in welchem er Forschungen auf
5   dem Gebiet der Bakteriologie betrieb. Tür an Tür mit
ihm forschte sein Kollege Foster Brack-Peacock. Foster
Brack-Peacock war ein mürrischer, verschlossener
Mensch, der nichts so sehr wünschte, als mit sich und
seinen Reagenzgläsern in Ruhe gelassen zu werden.
10   Den Portier schaute er jeweils kaum an, wenn er das
Gebäude betrat, und wenn er die Putzfrau aus Kenia
noch antraf, die zweimal in der Woche ab 5 Uhr morgens die Labors reinigte, schnauzte er sie an, warum
sie noch nicht fertig sei, und sagte ihr drohend, sie
15   solle sich ja nicht einfallen lassen, irgendetwas auf
den Pulten und Gestellen zu berühren.
Ganz anders Alexander Fleming. Dem Portier nickte
er freundlich zu, wenn er durch die Pforte schritt, und

wenn er der kenianischen Putzfrau begegnete, fragte
er sie stets, wie es ihr gehe, und manchmal brachte er   20
ihr Schokolade für ihre Kinder mit. Er bedankte sich
für die strahlend gereinigten Böden und sagte ihr, wie
froh er sei, dass sie seine Unordnung so stehen lasse
wie sie war.
Eines frühen Montagmorgens, als die Putzfrau auf   25
einer Tischkante von Foster Brack-Peacock ein verschimmeltes Joghurt stehen sah, kippte sie dieses kur-
zerhand in den Abfallkübel, wusch das Glas aus und
stellte es wieder an seinen Platz.
Als sie etwas später auch im Labor von Alexander   30
Fleming ein verschimmeltes Joghurt sah, reinigte sei
die Tischplatte darum herum mit großer Sorgfalt, ließ
aber das Joghurt stehen, so sehr es sie ekelte. So kam
es, dass das Penicillin nicht von Foster Brack-Peacock
entdeckt wurde, sondern von Alexander Fleming.   35
Sir Alexander Fleming.

Franz Hohler: Die Karawane am Boden des Milchkrugs, Luchterhand Verlag, München 2003, S. 115–116

Das Penicillin ist eines der ältesten Antibiotika und wurde 1928 vom schottischen Bakteriologen Sir Alexander Fleming entdeckt. Eine durch den Schimmelpilz verunreinigte Probe wollte er zunächst wegwerfen, entdeckte dann aber, dass bestimmte Bakterien abgetötet worden waren.

C: Der Wunsch
Franz Hohler

„Haben Sie noch einen Wunsch?", fragte der Kellner den Gast, als er den Teller und das Besteck abräumte. „Ja", sagte der Gast, „einen Cognac Napoléon, eine Villa am Zürichberg, einen Bentley und eine Frau, mit
5 der man Pferde stehlen kann."
„Das ist ein bisschen viel auf einmal", sagte der Kellner, „aber wir werden sehen, was wir tun können."
Und als er wenig später den Cognac servierte, wurde er von einem Notar begleitet, der eine 10 Schenkungsurkunde für eine Villa an der Krönlein-straße mit einem Bentley in der Garage bei sich hatte. Der Gast bedankte sich und trank einen Schluck, da setzte sich eine Frau mit blitzenden Augen an seinen Tisch und stellte sich als Pferdediebin vor. 15 Bevor sie zusammen das Lokal verließen, schrieb der Gast in sein Notizbuch: „Essen mittelmäßig, Bedienung erstklassig."

Franz Hohler: Die Karawane am Boden des Milchkrugs, Luchterhand Verlag, München 2003, S. 119

D: Abmagern
Franz Hohler

Eine Fettcrème wollte abnehmen und versuchte alles, was ihr eine Nasensalbe empfohlen hatte. Sie machte Kniebeugen und Liegestütze, stemmte jeden Tag kleine Hanteln in die Höhe und rannte bis zur Erschöpfung
5 kreuz und quer durchs Badezimmer, aber abends auf der Waage kam die große Enttäuschung: Sie wog kein einziges Gramm weniger als am Morgen.
Auf dem Tiefpunkt ihrer Stimmung griff eine Frauen-hand nach ihr und begann die Crème über Arme und
10 Beine zu verteilen. Am Abend zeigt die Waage 4 g weniger an, und die Fettcrème fühlte sich erleichtert und war sehr zufrieden.
So ging es von nun an jeden Tag weiter, die Fettcrème wurde immer schlanker und teilte der Nasensalbe fortlaufend ihre Fortschritte im Abnehmen mit. 15 Kurz bevor sie vollständig aufgebraucht wurde, sagte sie zur Nasensalbe, jetzt sei ihr so wohl wie nie, und tags darauf presste die Frauenhand die letzte Portion aus der Tube und warf sie weg.
„Tja", sagte die Nasensalbe, „mit dem Abnehmen 20 darf man eben nicht übertreiben."
Ein Niesen ertönte, und eine Frauenhand griff nach ihr.

Franz Hohler: Die Karawane am Boden des Milchkrugs, Luchterhand Verlag, München 2003, S. 123–124

2.3 Eine politische Rede halten*

Zum 40. Jahrestag der Beendigung des Krieges in
Europa und der Beendigung der nationalsozialistischen
Gewaltherrschaft hielt der damalige Bundespräsident
Richard von Weizsäcker am 8. Mai 1985 in der
Gedenkstunde im Plenarsaal des Deutschen Bundestages
eine Ansprache, deren Schluss folgendermaßen lautet:

[…] Manche junge Menschen haben sich und uns in
den letzten Monaten gefragt, warum es vierzig Jahre
nach Ende des Krieges zu so lebhaften Auseinanderset-
zungen über die Vergangenheit gekommen ist. Warum
5 lebhafter als nach fünfundzwanzig oder dreißig
Jahren? Worin liegt die innere Notwendigkeit dafür?
Es ist nicht leicht, solche Fragen zu beantworten. Aber
wir sollten die Gründe dafür nicht vornehmlich in äußeren Einflüssen suchen, obwohl es diese zweifellos
10 auch gegeben hat.
Vierzig Jahre spielen in der Zeitspanne von Menschen-
leben und Völkerschicksalen eine große Rolle.
Auch hier erlauben Sie mir noch einmal einen Blick
auf das Alte Testament, das für jeden Menschen, un-
15 abhängig von seinem Glauben, tiefe Einsichten aufbe-
wahrt. Dort spielen vierzig Jahre eine häufig wieder-
kehrende, eine wesentliche Rolle.
Vierzig Jahre sollte Israel in der Wüste bleiben, bevor
der neue Abschnitt in der Geschichte mit dem Einzug
20 ins verheißene Land begann.
Vierzig Jahre waren notwendig für einen vollständigen Wechsel der damals verantwortlichen Väter-
generation.
An anderer Stelle aber (Buch der Richter) wird aufge-
25 zeichnet, wie oft die Erinnerung an erfahrene Hilfe
und Rettung nur vierzig Jahre dauerte. Wenn die Erinnerung abriss, war die Ruhe zu Ende.
So bedeuten vierzig Jahre stets einen großen Ein-
schnitt. Sie wirken sich aus im Bewusstsein der
30 Menschen, sei es als Ende einer dunklen Zeit mit der
Zuversicht auf eine neue und gute Zukunft, sei es als
Gefahr des Vergessens und als Warnung vor den
Folgen. Über beides lohnt es sich nachzudenken.
Bei uns ist eine neue Generation in die politische Ver-
35 antwortung hereingewachsen. Die Jungen sind nicht
verantwortlich für das, was damals geschah. Aber sie
sind verantwortlich für das, was in der Geschichte daraus wird.
Wir Älteren schulden der Jugend nicht die Erfüllung
40 von Träumen, sondern Aufrichtigkeit. Wir müssen

den Jüngeren helfen zu verstehen, warum es lebens-
wichtig ist, die Erinnerung wach zu halten. Wir wollen ihnen helfen, sich auf die geschichtliche Wahrheit
nüchtern und ohne Einseitigkeit einzulassen, ohne
Flucht in utopische Heilslehren, aber auch ohne mora- 45
lische Überheblichkeit.
Wir lernen aus unserer eigenen Geschichte, wozu der
Mensch fähig ist. Deshalb dürfen wir uns nicht einbil-
den, wir seien nun als Menschen anders und besser
geworden. 50
Es gibt keine endgültig errungene moralische Voll-
kommenheit – für niemanden und kein Land! Wir haben als Menschen gelernt, wir bleiben als Menschen
gefährdet. Aber wir haben die Kraft, Gefährdungen
immer von neuem zu überwinden. 55
Hitler hat stets damit gearbeitet, Vorurteile,
Feindschaften und Haß zu schüren.
Die Bitte an die jungen Menschen lautet:
Lassen Sie sich nicht hineintreiben in Feindschaft und
Haß 60
gegen andere Menschen,
gegen Russen oder Amerikaner,
gegen Juden oder Türken,
gegen Alternative oder Konservative,

In alter Rechtschreibung und Zeichensetzung geschrieben

55 gegen Schwarz oder Weiß.
Lernen Sie, miteinander zu leben, nichtgegeneinander.
Lassen Sie auch uns als demokratisch gewählte
Politiker dies immer wieder beherzigen und ein
Beispiel geben.
70 Ehren wir die Freiheit.

Arbeiten wir für den Frieden.
Halten wir uns an das Recht.
Dienen wir unseren inneren Maßstäben der
Gerechtigkeit.
Schauen wir am heutigen 8. Mai, so gut wir können, 75
der Wahrheit ins Auge.

http://www.bundestag.de/geschichte/parlhist/dokumente/dok08.html

1 Erläutern Sie Anlass und Umstände der Rede des ehemaligen Bundespräsidenten von Weizsäcker.   **A**
2 Wer sind seine Zuhörer/-innen?
3 Inwiefern war es für von Weizsäcker schwierig, diese Rede zu halten?
4 Warum ist die Zeitspanne von 40 Jahren bedeutungsvoll für von Weizsäcker?
5 Erläutern Sie die zentrale Stelle der Rede (Zeile 35 ff.).
6 Welche Rolle kommt den Älteren gegenüber den Jüngeren bei der Aufarbeitung der nationalsozialistischen Vergangenheit zu?
7 Für welche zentralen Werte sollen sich die heutigen Politiker/-innen und die Menschen einsetzen?
8 Untersuchen Sie die sprachlichen Mittel, die von Weizsäcker benutzt.
   a) Welche Funktion haben die Fragen ab Zeile 5 ff.?
   b) Wie benutzt er das Pronomen „wir"?
   c) Was drückt er mit den „Aber-Sätzen" aus?

© *Deutscher Bundestag/Lichtblick/Achim Melde*

Lernbereich 2: Fiktionale Texte

1   Fiktionale Texte

1.1 Lyrik

Als „**Konkrete Poesie**" bezeichnet man Gedichte, deren Aussage phonetisch, akustisch oder visuell dargestellt wird. Buchstaben, Wörter, aber auch Satzzeichen stehen für sich selbst und werden konkret dargestellt.

Schweigen (1960)
Eugen Gomringer

schweigen schweigen schweigen
schweigen schweigen schweigen
schweigen   schweigen
schweigen schweigen schweigen
schweigen schweigen schweigen

Eugen Gomringer: Schweigen, in: Konkrete Poesie, Reclam Verlag, Stuttgart 1972

Apfel (1965)
Reinhard Döhl

Reinhard Döhl: Apfel, in: Konkrete Poesie, Reclam Verlag, Stuttgart 1972

Staub (1970)
Kahtan al Madafi

Kahtan al Madafi: Staub, gekürzte Fassung, übersetzt aus dem Irakischen, in: Konkrete Poesie international 2, Hg: Max Bense und Elisabeth Walther, Edition rot, Text 41, Stuttgart 1970

A

1   Lesen Sie die drei Gedichte.
2   Erklären Sie anhand der drei Gedichte, was unter Konkreter Poesie zu verstehen ist.
3   Entwerfen Sie selbst Konkrete Poesie. Halten Sie diese auf einem Plakat fest und stellen Sie die Plakate anschließend in der Klasse aus.
4   Gehen Sie gemeinsam mit Ihren Mitschülern/-innen ins Poesiemuseum.

Was bewirkt ein Gedicht (1986)
Ulla Hahn

Gedichte sollen süchtig machen. Nach einer Wahrheit, die es so sonst nirgends gibt. Auch nach Schönheit. Jedoch: Schönheit allein erzeugt nur den Rausch, der ins Leere fallen lässt.

5 Gedichte sollen langsam wirken. Chronisch vergiften. Mit Erkenntnissen über uns selbst. Das ist gefährlich. Das Gift bleibt im Körper, die Erkenntnis im Kopf. Das ist nicht immer angenehm. Wir leben bequemer naiv. Indes: Das richtige Gift, richtig dosiert, stärkt.

10 Gedichte sind Stoff, in dem wir uns nicht verlieren. Wir finden immer mehr von uns selbst. Gedichte nehmen uns ins Gebet, decken auf, was wir zudecken möchten. Jede Lawine beginnt mit einer Schneeflocke. Zumindest die müssen Autor und Leser gemeinsam haben, sonst kommt nichts ins Rollen. Was bewegt 15 wird, ist unkalkulierbar.

Das Gedicht ist so harmlos und gefährlich wie der Leser selbst. Er muss bereit sein die Lawine zuzulassen, sonst wird aus den Schneeflocken nicht mal ein Ball. Jeder hat das Recht sich so dumm zu stellen, wie 20 er will. Das Gedicht ist einfach nur da. Es hat allein die Macht, die der Leser ihm einräumt. Es kommt vor, dass einer aufschrickt beim Lesen eines Verses: Du musst dein Leben ändern!

Ulla Hahn: Was bewirkt ein Gedicht, in: Unerhörte Nähe, Deutsche Verlags-Anstalt, München 1986, gekürzte Fassung

5 Erläutern Sie den Zusammenhang zwischen „Gift" und „Gedicht". **A**
6 Wann übt das Gift eine heilsame Wirkung aus?
7 Wieso müssen Autor/-in und Leser/-in eine „Schneeflocke" gemeinsam haben?
8 Wann kann eine Lawine ins Rollen kommen?

Mit Haut und Haar (1981)
Ulla Hahn

Ich zog dich aus der Senke deiner Jahre
und tauchte dich in meinen Sommer ein
ich leckte dir die Hand und Haut und Haare
und schwor dir ewig mein und dein zu sein.

5 Du wendetest mich um. Du branntest mir dein Zeichen
mit sanftem Feuer in das dünne Fell.
Da ließ ich von mir ab. Und schnell
begann ich vor mir selbst zurückzuweichen

und meinem Schwur. Anfangs blieb noch Erinnern
10 ein schöner Überrest der nach mir rief.
Da aber war ich schon in deinem Innern
vor mir verborgen. Du verbargst mich tief.

Bis ich ganz in dir aufgegangen war:
da spucktest du mich aus mit Haut und Haar.

Ulla Hahn: Mit Haut und Haar, in: Herz über Kopf, Deutsche Verlags-Anstalt, München 1981.

9 Welchen ersten Eindruck hinterlässt das Gedicht? **A**
10 Untersuchen Sie die Auffälligkeiten in Form und Inhalt und erklären Sie die Funktion von:
a) Strophenaufbau,
b) rhetorischen Mitteln,
c) Bildsprache,
d) Perspektive,
e) Fortgang der Gedanken,
f) Entwicklung der Gefühle.

Durcheinander (1979)
Erich Fried

Sich lieben
in einer Zeit
in der Menschen einander töten
mit immer besseren Waffen
5   und einander verhungern lassen
Und wissen
dass man wenig dagegen tun kann
und versuchen
nicht stumpf zu werden
10   Und doch
sich lieben

Sich lieben
und einander verhungern lassen
Sich lieben und wissen
15   dass man wenig dagegen tun kann
Sich lieben
und versuchen nicht stumpf zu werden
Sich lieben
und mit der Zeit
20   einander töten
Und doch sich lieben
mit immer besseren Waffen

Erich Fried: Durcheinander, in: Als ich mich nach dir verzehrte, Wangenbach Verlag, Berlin 2003, S. 18

A

11   Analysieren Sie das Gedicht inhaltlich und formal.
12   Vergleichen Sie die beiden Gedichte „Durcheinander" und „Mit Haut und Haar".

Erich Fried (* 6. Mai 1921 in Wien; † 22. November 1988 in Baden-Baden) war ein österreichischer Lyriker, Übersetzer und Essayist jüdischer Herkunft.
Fried war neben Hans Magnus Enzensberger der Hauptvertreter der politischen Lyrik in Deutschland in der Nachkriegszeit. Gleichzeitig gilt er vielen als bedeutender Shakespeare-Übersetzer, dem es als erstem gelungen ist, die Sprachspiele des englischen Dramatikers ins Deutsche zu übertragen.
Erich Fried mischte sich praktisch in die Politik seiner Zeit ein. Er hielt Vorträge, nahm an Demonstrationen teil und vertrat öffentlich kritische linke Positionen.

http://de.wikipedia.org/wiki/Erich_Fried, 8.1.07

Fügungen (1981)
Erich Fried

Es heißt
ein Dichter
ist einer
der Worte
5 zusammenfügt

Das stimmt nicht

Ein Dichter
ist einer
den Worte

10 noch halbwegs
zusammenfügen

wenn er Glück hat

Wenn er Unglück hat
reißen die Worte
15 ihn auseinander

Erich Fried: Fügungen, in: Erich Fried, Gedichte, Hg: Alexander Borman, Reclam Verlag, Stuttgart 1993

13 Was bewirken Worte bei einem Dichter?

14 Vergleichen Sie die Aussage von Frieds Gedicht mit der von Hahns „Was bewirkt ein Gedicht".

A

Zeilenbruch und Wortsalat (1982)
Roman Ritter

Es gab Zeiten, in denen man meinte, ein Gedicht sei das, was sich reimt. Es gab Zeiten, in denen man meinte, ein Gedicht sei das, was unverstanden bleiben muss. Heute weiß man: Ein Gedicht ist das, was die Zeilen bricht. Moment mal – warum eigentlich die perlenden Einfälle vor die Prosa werfen?

5 Es gab Zeiten,
in denen man meinte,
ein Gedicht sei das,
was sich reimt.

Es gab Zeiten,
10 in denen man meinte,
ein Gedicht sei das,
was unverstanden bleiben muss.

Heute
weiß man:
15 Ein Gedicht ist das,
was die Zeilen bricht.

Roman Ritter: Zeilenumbruch und Wortsalat, in: Kürbiskern, Literatur, Kritik, Klassenkampf, hg. von Friedrich Hitzer u. a., Damnitz Verlag, München 1982, Heft 1, S. 88–95

15 Inwiefern verändert sich Ritters Text durch die unterschiedliche Schreibweise?

A

Wer bin ich (1976)
Rose Ausländer

Wenn ich verzweifelt bin
schreib ich Gedichte

Bin ich fröhlich
schreiben sich Gedichte
5 in mich

Wer bin ich
wenn ich nicht
schreibe

Rose Ausländer: Gesammelte Werke in 7 Bänden, hrsg. von Helmut Braun, Bd. 4, S. Fischer Verlag, Frankfurt am Main 1984, S. 162

A
16   Analysieren Sie Sprache, Syntax und Inhalt des Gedichtes von Rose Ausländer.
17   Was ist mit „Gedichte" gemeint?
18   Informieren Sie sich über die Lyrikerin.

Umsturz (1977)*
Ursula Krechel

Von heut an stell ich meine alten Schuhe
nicht mehr ordentlich neben die Fußnoten
häng den Kopf beim Denken
nicht mehr an den Haken
5 freß keine Kreide. Hier die Fußstapfen
im Schnee von gestern, vergeßt sie
ich hust nicht mehr mit Schalldämpfer
hab keinen Bock
meine Tinte mit Magermilch zu verwässern
10 ich hock nicht mehr im Nest, versteck
die Flatterflügel, damit ihr glauben könnt
ihr habt sie mir gestutzt. Den leeren Käfig
stellt man ins historische Museum
Abteilung Mensch weiblich.

Ursula Krechel: Nach Mainz! Gedichte, Luchterhand Verlag, Darmstadt/Neuwied 1977

* In alter Rechtschreibung und Zeichensetzung geschrieben

A
19   Welche sprachlichen und rhetorischen Mittel setzt Krechel in ihrem Gedicht ein?
20   Erläutern Sie den Umsturz, der im Gedicht stattfindet.

Reim

Der Endreim	Man unterscheidet: a) Paarreim: aa b) Kreuzreim: abab c) umarmender Reim: abba d) Schweifreim: aabccd
Der reine Reim	Die Lautfolge der Reimsilben in der gesprochenen Sprache stimmt überein, z. B.: merken und stärken.
Der unreine Reim	Die hörbare Lautfolge stimmt nicht ganz überein, z. B.: Sprache – lache.
Der Stabreim	Mindestens zwei Worte beginnen mit demselben Buchstaben (siehe Rhetorische Figur – Alliteration)

Die Zeile eines Gedichts wird Vers (Plural: die Verse) genannt. Fallen Versende und Satzende (oder zumindest das Ende des Satzgliedes) zusammen, nennt man dies **Zeilenstil**.

Wenn ein Satz (oder das Satzglied) das Versende überspringt, also im folgenden Vers weitergeht, spricht man von **Zeilensprung** oder auch **Enjambement**. Es folgt keine Pause.

Rhetorische Figuren

Die rhetorischen Figuren, die Sie in der Übersicht finden, werden in Gedichten, in der Werbung, in öffentlichen Reden, Prosa und Sachtexten eingesetzt.

Rhetorische Figur	Beispiel	Definition
die Allegorie	Justitia (als Personifikation des Begriffs Gerechtigkeit)	Abstrakte Begriffe werden in konkreten Bildern dargestellt, meist durch Personifikation.
die Alliteration	Geiz ist geil, Haus und Hof	Der Anfangslaut von Wörtern wird wiederholt.
die Anapher	Lies keine Oden, mein Sohn, lies die Fahrpläne. (Hans Magnus Enzensberger)	Ein Wort oder mehrere werden am Satz- oder Versanfang wiederholt.
die Ellipse	Je schneller, desto besser.	Auslassung eines für das Verständnis nicht notwendigen Satzteiles, in der Lyrik oft Ausdruck gesteigerten Gefühls.
der Euphemismus	rationalisieren statt entlassen	Etwas wird beschönigend formuliert.
die Ironie	Das hast du wirklich gut gemacht!	Das Gegenteil des Gesagten ist gemeint und wird durch den Tonfall angedeutet.
die Metapher	das Recht mit Füßen treten, Wüstenschiff	Zwei Bereiche, die sprachlich nicht miteinander verbunden sind, werden verknüpft.
der Neologismus	simsen (Das Verschicken von Kurznachrichten ist gemeint.)	die Wortneuschöpfung
die rhetorische Frage	Wollen Sie die einmalige Chance verstreichen lassen?	Eine Frage wird gestellt, deren Beantwortung nicht erwartet wird, weil z. B. die Antwort bekannt ist.
das Oxymoron	bittersüß, kalte Glut	Kombination von sich logisch ausschließenden Begriffen.

1.2 Parabel

A

1   Informieren Sie sich in diesem Schulbuch (S. 79), wie Sie das Protokoll einer Schulstunde erstellen können, und wie Sie eine Mitschrift gestalten.

2   Fertigen Sie ein Verlaufsprotokoll an und halten Sie die Ergebnisse fest.

3   Beschreiben Sie das Bild von Otto Dix, indem Sie auf

   a)   Vorder-, Mittel- und Hintergrund,

   b)   Personen,

   c)   und deren Mimik, Gestik und Kleidung eingehen.

4   Erläutern Sie mithilfe der Bildbeschreibung die Bildaussage.

5   Informieren Sie sich auf der nächsten Seite über die historische Schlacht am Isonzo.

6   Klären Sie mit Ihrer Lerngruppe, welche Informationen bis jetzt in Ihr Stundenprotokoll gehören.

OTTO DIX: Abgekämpfte Truppe kehrt zurück

VG Bild-Kunst, Bonn 2007

Das Bild der Schlacht am Isonzo
Günter Kunert

Auch der Maler war in der Schlacht gewesen; bald danach fertigte er ein Gemälde an, auf dem er darstellte, was er gesehen hatte: Im Vordergrund lagen Sterbende, denen die Gedärme aus den aufgerissenen
5 Leibern quollen, und Leichen, über die Pferde und Tanks weggegangen, dass bloß blutiger Brei geblieben, geschmückt mit Knochensplittern. Dahinter stürmten die Soldaten der gegnerischen Heere aufeinander zu, in besudelten Uniformen, angstver-
10 zerrt die Gesichter. Im Hintergrund, unterhalb des Befehlsstandes, waren Offiziere dabei, Weiber zu schwängern, Kognak zu saufen und die Ausrüstung ganzer Kompanien für gutes Geld zu verhökern.

Dies war das Bild, und es hing im Atelier des Malers, als ein Besucher erschien, der sich porträtieren lassen 15 wollte und durch Wesen und Benehmen sich als alter General zu erkennen gab. Er erschrak vor dem Bild. So sei die Schlacht nie gewesen, rief er, das Bild lüge! Sein blinzelnder Blick fuhr kreuz und quer das Werk ab und entdeckte dabei hinter dem zerschmetterten 20 Schädel eines Toten eine kleine Gestalt, die trommelnd und singend und mit kühn verschobenem Helm auf das Schlachtfeld lief. Dieses Detail kaufte der General, ließ es aus dem Gemälde schneiden und einrahmen: Damit künftige Generationen sich ein Bild 25 machen könnten von der großen Schlacht am Isonzo.

Günter Kunert: Das Bild von der Schlacht am Isonzo, aus: Tagträume in Berlin und andernorts, Hanser Verlag München 1972

A

7   Lesen Sie die Parabel von Günter Kunert „Das Bild der Schlacht am Isonzo".

A

8   Bilden Sie Sinneinheiten des Textes von Kunert, fassen Sie diese jeweils in einem Satz zusammen und geben Sie
     die Zeilen an.

9   Klären Sie erneut mit Ihrer Lerngruppe, welche Informationen in Ihr Protokoll gehören.

10   Besprechen Sie im Plenum,

    a)   welche Intention der Maler hatte das Bild anzufertigen,

    b)   was es für das Bild und seine Botschaft bedeutet, dass der Maler es verkauft.

    c)   Nennen und erklären Sie die Reaktion des Generals.

    d)   Stellen Sie einen aktuellen Bezug her zu Kriegen im 21. Jahrhundert.

11   Überprüfen Sie Ihre Mitschrift und vergleichen Sie mit Ihrer Lerngruppe.

12   Schreiben Sie das Stundenprotokoll am PC.

Günter Kunert (* 6. März 1929 in Berlin) ist ein deutscher Schriftsteller, der mit seinem Werk in besonderem Maße die Literatur der beiden deutschen Staaten und des wiedervereinigten Deutschlands repräsentiert.

Nach dem Besuch der Volksschule ist es Günter Kunert aufgrund der nationalsozialistischen Rassengesetze (jüdische Mutter) nicht möglich, eine höhere Schule zu besuchen. Nach Ende des 2. Weltkrieges studiert er in Ost-Berlin fünf Semester Grafik, bricht sein Studium dann jedoch ab. 1948 tritt er der SED bei. […] 1979 ermöglicht ihm ein mehrjähriges Visum das Verlassen der DDR. Kunert lässt sich mit seiner Frau Marianne und sieben Katzen in Kaisborstel bei Itzehoe nieder, wo er bis heute als freier Schriftsteller lebt. […]

Kunert gilt als einer der vielseitigsten und bedeutendsten Gegenwartsschriftsteller. In seinen Arbeiten nimmt er eine kritische Haltung zu Themen wie Fortschrittsgläubigkeit oder Nationalsozialismus ein.

http://de.wikipedia.org/wiki/G%C3%BCnter_Kunert, 5.12.06

Die Schlachten am Isonzo

Nach dem Kriegseintritt Italiens entwickelte sich das Grenzgebiet am Isonzo zum Hauptkampffeld an der südlichen Front. Insgesamt kam es dort zu zwölf Schlachten zwischen Juni 1915 und Oktober 1917. In

5 den fünf ersten Offensiven versuchten die italienischen Truppen, den Isonzo zu überschreiten und auf Triest vorzustoßen, konnten aber trotz hoher Verluste auf beiden Seiten keinen nennenswerten Erfolg erzielen. Als die Mittelmächte im August 1916 […] große

10 Truppenkontingente von der Südfront abziehen mussten, gelang den italienischen Truppen in der 6. Isonzoschlacht nach besonders heftigem Artillerieeinsatz die Einnahme von Görz (heute: Gorizia, Italien). Zu einem entscheidenden Durchstoß fehlten jedoch

15 die erforderlichen Reserven. Während die Italiener in den nächsten drei Schlachten 1916 nur geringe

Geländegewinne erzielten, gelang ihnen in der 10. Schlacht unter Einsatz von 36 Divisionen im Mai 1917 zwar ein großer Flächengewinn, den sie durch österreich-ungarische Gegenangriffe jedoch wieder 20 verloren. In der 11. Isonzoschlacht wollte die italienische Armee mit 48 Divisionen und 6800 Geschützen auf einer Frontbreite von 70 Kilometern endgültig den Durchbruch nach Triest erzwingen. Zwar konnten die zahlenmäßig unterlegenen österreich-ungarischen 25 Truppen den Durchbruchsversuch mit äußersten Anstrengungen gerade noch verhindern, aber nach den hohen Verlusten der Österreicher stand ihre Isonzofront vor dem Zusammenbruch. Erst durch deutsche Verstärkungen gelang den Mittelmächten im Oktober 30 1917 ihrerseits der Durchbruch zur Piave.

http://www.dhm.de/lemo/html/wk1/kriegsverlauf/isonzo/index.html, 5.12.06.

A

13 Lesen Sie die Parabel „**Herr Keuner und die Flut**" von Bertolt Brecht.

Herr Keuner und die Flut*
Bertolt Brecht

Herr Keuner ging durch ein Tal, als er plötzlich bemerkte, daß seine Füße in Wasser gingen. Da erkannte er, daß sein Tal in Wirklichkeit ein Meeresarm war und daß die Zeit der Flut herannahte. Er blieb sofort stehen, um sich nach einem Kahn umzusehen, und solange er auf einen Kahn hoffte, blieb er stehen. Als kein Kahn in Sicht kam, gab er diese Hoffnung auf und hoffte, daß das Wasser nicht mehr steigen möchte. Erst als ihm das
5 Wasser bis ans Kinn ging, gab er auch diese Hoffnung auf und schwamm. Er hatte erkannt, daß er selber ein Kahn war.

*In alter Rechtschreibung und Zeichensetzung geschrieben.

Bertolt Brecht: Geschichten vom Herrn Keuner, Suhrkamp Verlag, Frankfurt am Main 1971, S. 76

A

14 Visualisieren Sie die Parabel in mehreren Bildern.
15 Geben Sie Ihren Bildern Überschriften.
16 Welche Rettungsversuche werden geschildert?
17 Wie rettet sich Herr Keuner?
18 Erläutern Sie die Bedeutung des Wortes „Kahn" in Bezug auf Herrn Keuner.
19 Welche stilistischen Mittel verwendet Brecht?

Bertolt Brecht wurde am 10. Februar 1898 in Augsburg geboren und starb am 14. August 1956 in Ost-Berlin.
Brecht, Sohn eines leitenden Angestellten, besuchte in Augsburg das Realgymnasium und schloss mit dem Abitur seine schulische Laufbahn ab.
Zunächst studierte er in München Medizin, begann aber schon bald, für das Theater zu arbeiten. Seine ersten Bühnenstücke entstanden in den frühen 20-er-Jahren des 20. Jahrhunderts, für *Trommeln in der Nacht* erhielt er 1922 den Kleist-Literaturpreis.
1924 ging Brecht nach Berlin, wo er das deutsche Theater entscheidend mitprägte, einer seiner größten Erfolge ist die *Dreigroschenoper*.
Brecht bekannte sich zu den kommunistischen Lehren und floh deshalb 1933 aus Deutschland, zuletzt 1941 in den USA.
Erst 1948, drei Jahre nach Ende des Krieges, kehrte er nach Deutschland nach Ost-Berlin zurück.
In seiner Zeit im Exil entstanden viele seiner bekannten Dramen wie *Mutter Courage und ihre Kinder* (1941), oder *Leben des Galilei* (1943).
Außerdem verfasste er viele Balladen und Gedichte.

www.wikipedia.org/wiki/Bertolt_Brecht, 26.12.06

20 Lesen Sie die Parabel von Friedrich Dürrenmatt.

Weihnacht
Friedrich Dürrenmatt

Sprachlichrhetorische Mittel		INHALT
Einfacher Satz	Es war Weihnacht. Ich ging über die weite Ebene.	Geburt Christi, Friedensfest, tote Landschaft, 2. WK
Unvollst. Satz	Der Schnee war wie Glas. Es war kalt. Die Luft war tot.	
Anapher	Keine Bewegung, kein Ton. Der Horizont war rund.	
	Der Himmel schwarz. Die Sterne gestorben. Der Mond gestern zu Grabe getragen. Die Sonne nicht aufgegangen.	
	Ich schrie. Ich hörte mich nicht. Ich schrie wieder.	
	Ich sah einen Körper auf dem Schnee liegen.	
	Es war das Christkind. Die Glieder weiß und starr.	Totes Christuskind
	Der Heiligenschein eine gelbe gefrorene Scheibe.	
	Ich nahm das Kind in die Hände. Ich bewegte seine Arme auf und ab. Ich öffnete seine Lider. Es hatte keine Augen. Ich hatte Hunger. Ich aß den Heiligenschein.	Zerstörung des Christus-Kindes = Krieg
	Es schmeckte wie altes Brot. Ich biß ihm den Kopf ab.	
	Altes Marzipan. Ich ging weiter.	

* In alter Rechtschreibung und Zeichensetzung geschrieben.

Friedrich Dürrenmatt: Aus den Papieren eine Wärters, Frühe Prosa, Diogenes Verlag, Zürich 1998

21 Übertragen Sie die Parabel „Weihnacht" sowie die vorgegebene Struktur auf ein Plakat.

22 Erschließen Sie sich die Parabel zunächst mithilfe der vorgegebenen Randbemerkungen.

23 Ergänzen Sie die Randbemerkungen zunächst auf einem Blatt und übertragen Sie die Ergänzungen erst in einem zweiten Arbeitsschritt auf das Plakat.

A

24 Die sprachlichen und rhetorischen Mittel finden Sie auf Seite 125.

25 Stellen Sie Ihre Plakate in der Klasse aus und vergleichen und bewerten Sie Ihre eigenen Ergebnisse.

26 Sprachlich-rhetorische Mittel und Inhalt bilden eine Einheit. Erläutern Sie die Parabel, indem Sie auf beide Bereiche eingehen.

Die Parabel ist eine gleichnishafte Erzählung. Bildhaft wird ein allgemein interessierender Einzelfall dargestellt. Die Parabel will aufklären und überzeugen, sie wendet sich nicht an eine wissende oder bereits von einem Sachverhalt überzeugte Person.

A

27 Erklären Sie mit eigenen Worten und anhand der zwei Beispieltexte von Brecht und Dürrenmatt, was eine Parabel ist.

28 Vergleichen Sie die beiden Beispieltexte.

29 Klären Sie, an welchen Stellen die Parabeln in alter Rechtschreibung geschrieben sind. Wie müssten sie heute geschrieben werden?

30 Warum werden Texte noch in alter Rechtschreibung und Zeichensetzung geschrieben? Überlegen Sie gemeinsam Gründe.

Friedrich Dürrenmatt (* 5. Januar 1921 in Konolfingen; † 14. Dezember 1990 in Neuenburg/Neuchâtel) war ein Schweizer Schriftsteller, Dramatiker und Maler. […]
Noch in Konolfingen begann er zu malen und zu zeichnen, eine Neigung, die er sein Leben lang verspüren sollte. Er illustrierte später manches seiner eigenen Werke, verfasste Skizzen, zum Teil ganze Bühnenbilder. […] Trotz seiner malerischen Begabung begann er im Jahr 1941 Philosophie, Naturwissenschaften und Germanistik zu studieren, zunächst in Zürich, aber schon nach einem Semester in Bern. […] Er hatte es mit dem Studium nicht besonders eilig und entschied sich wohl schon 1943, nicht die akademische, sondern die schriftstellerische Laufbahn einzuschlagen. Sein erstes veröffentlichtes Stück entstand 1945/46 […]. Weltweiten Erfolg erzielte er mit seiner Komödie „Der Besuch der alten Dame". „Die Physiker", er bezeichnete dieses Werk ebenfalls als Komödie, wurde sein erfolgreichstes Theaterstück. Für sein Schaffen, das neben Theaterstücken, Detektivromanen, Erzählungen und Hörspielen auch Essays und Vorträge umfasst, erhielt er viele Auszeichnungen.

www.wikipedia.org/wiki/Friedrich_D%C3%BCrrenmatt, 9.12.06

1.3 Kurzgeschichten

1 Lesen Sie die Kurzgeschichte „Die Tochter" von Peter Bichsel.   **A**

Die Tochter
Peter Bichsel

Abends warteten sie auf Monika. Sie arbeitete in der Stadt, die Bahnverbindungen sind schlecht. Sie, er und seine Frau, saßen am Tisch und warteten auf Monika. Seit sie in der Stadt arbeitete, aßen sie erst
5 um halb acht. Früher hatten sie eine Stunde eher gegessen. Jetzt warteten sie täglich eine Stunde am gedeckten Tisch, an ihren Plätzen, der Vater oben, die Mutter auf dem Stuhl nahe der Küchentür, sie warteten vor dem leeren Platz Monikas. Einige Zeit spä-
10 ter dann auch vor dem dampfenden Kaffee, vor der Butter, dem Brot, der Marmelade.

Sie war größer gewachsen als sie, sie war auch blonder und hatte die Haut, die feine Haut der Tante Maria. „Sie war immer ein liebes Kind", sagte die
15 Mutter, während sie warteten. In ihrem Zimmer hatte sie einen Plattenspieler, und sie brachte oft Platten mit aus der Stadt, und sie wusste, wer darauf sang. Sie hatte auch einen Spiegel und verschiedene Fläschchen und Döschen, einen Hocker aus marokkanischem
20 Leder, eine Schachtel Zigaretten.

Der Vater holte sich seine Lohntüte auch bei einem Bürofräulein. Er sah dann die vielen Stempel auf einem Gestell, bestaunte das sanfte Geräusch der Rechenmaschine, die blondierten Haare des Fräuleins,
25 sie sagte freundlich „Bitte schön", wenn er sich bedankte.

Über Mittag blieb Monika in der Stadt, sie aß eine Kleinigkeit, wie sie sagte, in einem Tearoom. Sie war dann ein Fräulein, das in Tearooms lächelnd Ziga-
30 retten raucht. Oft fragten sie sie, was sie alles getan habe in der Stadt, im Büro. Sie wusste aber nichts zu sagen. Dann versuchten sie wenigstens, sich genau vorzustellen, wie sie beiläufig in der Bahn ihr rotes

Etui mit dem Abonnement aufschlägt und vorweist, wie sie den Bahnsteig entlang geht, wie sie sich auf
35 dem Weg ins Büro angeregt mit Freundinnen unterhält, wie sie den Gruß eines Herrn lächelnd erwidert. Und dann stellten sie sich mehrmals vor in dieser Stunde, wie sie heimkommt, die Tasche und ein Modejournal unter dem Arm, ihr Parfum; stellten sich
40 vor, wie sie sich an ihren Platz setzt, wie sie dann zusammen essen würden.

Bald wird sie sich in der Stadt ein Zimmer nehmen, das wussten sie, und dass sie dann wieder um halb sieben essen würden, dass der Vater nach der Arbeit
45 wieder seine Zeitung lesen würde, dass es dann kein Zimmer mehr mit Plattenspieler gäbe, keine Stunde des Wartens mehr. Auf dem Schrank stand eine Vase aus blauem schwedischem Glas, eine Vase aus der Stadt, ein Geschenkvorschlag aus dem Modejournal.
50 „Sie ist wie deine Schwester", sagte die Frau, „sie hat das alles von deiner Schwester. Erinnerst du dich, wie schön deine Schwester singen konnte."

„Andere Mädchen rauchen auch", sagte die Mutter.
„Ja", sagte er, „das habe ich auch gesagt."
55 „Ihre Freundin hat kürzlich geheiratet", sagte die Mutter. Sie wird auch heiraten, dachte er, sie wird in der Stadt wohnen.

Kürzlich hatte er Monika gebeten: „Sag mal etwas auf Französisch." – „Ja", hatte die Mutter wiederholt,
60 „sag mal etwas auf Französisch." Sie wusste aber nichts zu sagen.

Stenografieren kann sie auch, dachte er jetzt. „Für uns wäre das zu schwer", sagten sie oft zueinander.
Dann stellte die Mutter den Kaffee auf den Tisch. „Ich
65 habe den Zug gehört", sagte sie.

Peter Bichsel: Die Tochter in: Eigentlich möchte Frau Blum den Milchmann kennen lernen, Suhrkamp Verlag, Frankfurt am Main 1996

2 Geben Sie knapp den Inhalt der Kurzgeschichte wieder.   **A**
3 Stellen Sie die Gedanken des Vaters und der Mutter dar. Welche Gefühle haben sie?
4 Warum erzählt Monika, die Tochter, so wenig von sich und ihrem Leben in der Stadt?
5 Stellen Sie in einer Lerngruppe, bestehend aus mindestens vier Personen, die Beziehungen zwischen Monika, ihrem Vater und ihrer Mutter in einem Standbild dar.

A

6   Präsentieren Sie Ihr Standbild im Plenum.

7   Schreiben Sie einen inneren Monolog aus Monikas Sicht.

M

Ein Standbild bauen

1.   Mithilfe eines Standbildes stellen Sie ein Beziehungsgeflecht dar, wie Sie es z. B. in der Kurzgeschichte „Die Tochter" finden.

2.   Überlegen Sie gemeinsam in Ihrer Lerngruppe, wie Sie die Beziehungen der drei Personen (Monika, Vater und Mutter) durch Position, Körperhaltung, Mimik und Gestik wiedergeben können.

3.   Wählen Sie drei Darsteller/-innen aus Ihrer Lerngruppe aus, die die Personen aus der Kurzgeschichte spielen, und begeben Sie sich in die vereinbarten Positionen. Ein Mitglied Ihrer Gruppe betätigt sich als Regisseur/-in. Er/Sie korrigiert, gegebenenfalls mit der Hilfe weiterer Mitglieder, Haltung, Position, Mimik und Gestik, bis das Standbild Ihren Vorstellungen entspricht. Die Darsteller/-innen verhalten sich in dieser Phase passiv und nehmen die Vorschläge des/der Regisseurs/-in an.

4.   Prägen Sie sich die Positionen des fertigen Standbildes gut ein, sodass Sie es im Plenum zügig nachbauen können. Als Hilfe können Sie ein Sofortbild anfertigen.

Peter Bichsel (* 24.3.1935 in Luzern) ist zwischen 1955 und 1968 Primarlehrer in Solothurn, arbeitet einige Zeit als freier Schriftsteller, um dann erneut als Lehrer zu wirken. Ab 1973 arbeitet er erneut als Publizist und Dozent und verfasst regelmäßig politische Artikel für Schweizer Tageszeitungen. Er hat zahlreiche Preise für seine schriftstellerische Tätigkeit erhalten und ist Mitglied der Deutschen Akademie für Sprache und Dichtung.

8 Lesen Sie die Kurzgeschichte „Gestern ein König" von Corinna Schmitt. **A**

Gestern ein König
Corinna Schmitt

Eines Tages erhielt Otto N. einen Brief, in dem er aufgefordert wurde, am 15. des Monats in der Lebensaufsichtsbehörde zu erscheinen, und zwar pünktlich morgens um halb zehn, Zimmer 666. Herr N. wun-
5 derte sich ein wenig, denn er hatte noch nie mit der Lebensaufsichtsbehörde zu tun gehabt. Bis heute hatte er nicht einmal gewusst, dass es sie gab.
Da er aber ein pflichtbewusster Bürger war und außerdem in dem Brief etwas über Maßnahmen stand,
10 die ein Nichterscheinen nach sich ziehen würde, klemmte er den Brief sorgfältig hinter den Spiegel und ging erst einmal ins Büro.
Ansonsten passierte an diesem Tag nichts Aufregendes. Herr N. erledigte gewissenhaft seine
15 Arbeit, nutzte die Mittagspause, um ein Gebot bei eBay abzugeben und seinen Kontostand abzufragen, erledigte um 17:30 noch rasch ein paar Einkäufe und traf sich abends mit seinem besten Freund Paul auf ein Bier.
20 Paul kam wie immerzu spät, rutschte ungeschickt auf den Barhocker neben Herrn N. und blickte nervös um sich. „Otto, sie sind hinter mir her!", flüsterte er. Paul war nett, aber so paranoid, wie man als eindeutig zu spät geborener Spätachtundsechziger nur sein konnte.
25 Er rebellierte gegen alles und jeden, witterte überall eine Verschwörung und rauchte Kette.
N. lächelte gutmütig. „Wer ist es denn diesmal?", fragte er. „Die GEZ oder die Steuerbehörde? Oder hast du nachts wieder ‚Selber denken ist billiger!' auf
30 die Werbeplakate der Bildzeitung gesprüht?"
Paul schüttelte den Kopf. „Nichts von alledem", sagte er. „Ich war einkaufen."
Herr N. runzelte die Stirn und bestellte noch zwei Bier. „Was ist daran schlimm?"
35 „Eigentlich nichts", antwortete sein Freund. „Ich hatte nur das übliche: Transfair-Kaffee, Neutralreiniger und Zigaretten. Aber als ich bezahlen wollte, hat sich die Kassiererin geweigert, mein Geld zu nehmen, weil ich keine Karte hatte."
40 „Ach so", nickte N. „Du bist wirklich entsetzlich altmodisch. Wer zahlt denn heutzutage noch bar?"
Paul schüttelte verzweifelt den Kopf. „Nein! Ich hatte keine Kundenkarte!"
Herr N. schaute ihn verständnislos an. „Wieso denn
45 nicht? - Ich denke, du gehst da immer hin? Weil sie

diesen ganzen Ökobio- transfairkram haben. Und das Zeug ist doch teuer genug. Wieso holst du Dir nicht ein bisschen von deinem sauer verdienten Geld zurück?"
50 „Weil", antwortete Paul im Ton dessen, der diese Diskussion schon tausendmal geführt hat, „ich nicht will, dass sie Informationen über mich sammeln. Aber wie du siehst, sind sie mir auf die Schliche gekommen."
Herr N. zuckte die Achseln und bestellte noch zwei
55 Bier. Wenn sie ins Spiel kamen, war mit Paul nicht zu reden. Sie waren in beliebiger Reihenfolge: Die Regierung, die Wirtschaftsbosse, die Massenmedien, Sekten im Allgemeinen und Scientology im Besonderen. Manchmal waren es auch Außerirdische.
60 „Hast du gewusst", fragte Paul und zog hektisch an der x-ten Zigarette des Abends, „dass sie kleine Chips an Rasierklingen und Frischkäse anbringen, die eine eindeutige Identifikationsnummer per Funk übertragen können? Ich meine, das ist das, was sie zugege-
65 ben haben. Niemand weiß, was man mit den Dingern sonst noch anstellen kann."
„Ach komm, Paul. Du übertreibst mal wieder. GPS für Lebensmittel? Wozu soll das denn gut sein?"
Herr N. gestattete sich nun doch ein herzliches
70 Lachen. „Ich werde nachts nicht mehr schlafen können vor lauter Angst, dass irgendein Satellit ein bekanntes Frischkäseobjekt in meinem Kühlschrank ortet. Trinken wir noch eins auf den Weg?"
Sie tranken eins und dann noch eins und trennten
75 sich wie immer in aller Freundschaft. Paul klopfte Otto zum Abschied auf die Schulter und murmelte: „Du wirst es erst merken, wenn sie dir die Nummer auf den Arm tätowieren. Zu schade, denn sonst bist du ein feiner Kerl!"
80 N. schwankte ein wenig und lachte. „Wieso machst du dir überhaupt Sorgen? Wenn du Recht hast, haben sie dich zu dem Zeitpunkt längst an die Wand gestellt oder dir eine nette Gummizelle mit Aussicht spendiert. Du wirst es also gar nicht mitkriegen!"
85 „Das ist ja das Schlimme!", jammerte Paul, drehte sich um und verschwand in der Nacht.
Als Otto N. am nächsten Morgen aus unruhigen Träumen erwachte, fand er seinen Kopf in eine ungeheure Basstrommel verwandelt, auf die ein kleiner
90 unsichtbarer Teufel begeistert einschlug. Nach zwei

Aspirin besserte sich sein Zustand ins Erträgliche, blieb aber weiterhin suboptimal. Zu allem Überfluss schrillte dann auch noch das Telefon.

95 „Guten Morgen!", schmetterte es ihm fröhlich entgegen. „Mein Name ist Britta Lästig vom Feldforschungsinstitut für angewandten Marketingterror. Spreche ich mit Herrn Otto N.?"
N. gab dies zu, bat sie aber im Gegenzug da-
100 rum, etwas leiser zu schreien.
„Haha!", dröhnte es aus der Muschel.
„Wo Sie gerade schon so gut aufgelegt sind, Herr N., Sie haben neulich eine Packung Freifröhlichfromms
105 im ST-Markt an der Kaiserallee gekauft. Es gab sie zum Einführungspreis. Darf ich fragen, wie Sie mit dem Produkt zufrieden sind?"
110 „Sie dürfen selbstverständlich fragen", antwortete Herr N. höflich. „Allerdings wüsste ich wirklich nicht, was Sie das an-
115 geht." Und legte auf.
Der Tag hatte unerfreulich begonnen und schien nach allen Kräften
120 bemüht, diesen Zustand beizubehalten. Beim Rasieren im Bad hatte Herr N. ein är-
125 gerliches Piepen im Ohr, das erst aufhörte, als er den Nassrasierer in seine Magnethalterung zurücksteckte. Der Briefkasten quoll über vor Werbezeitschriften, unseriösen Kreditangeboten und betont wichtig aussehenden
130 Umschlägen der Klassenlotterie. Sein Handy meldete aufgeregt, er möge bitte DRINGEND die folgende Nummer anrufen. Auf der anderen Seite informierte ihn eine freundliche Frauenstimme darüber, dass momentan leider alle Plätze besetzt seien, man ihn
135 aber so bald als möglich durchstellen würde. Er möge doch so lange etwas klassische Musik genießen. Die ersten Takte des Rheingold wallten auf und Herr N. trennte schaudernd die Verbindung. Für den ganzen „Ring" hatte er nun wirklich keine Zeit.
140 Der Computer an seinem Arbeitsplatz war an der nächtlichen Spamflut erstickt oder einem Virus zum Opfer gefallen. Ein Techniker machte Wiederbele-

bungsversuche und warf Herrn N. dabei merkwürdige Blicke zu. In diesem Moment erschien der Chef und zitierte N. in sein Büro.
150 „Können Sie mir erklären, wieso Sie 2983 E-Mails zum Thema Olivenöl erhalten, Herr N?", fragte er.
„Unser Mailserver hat nach der Zweitausendsten kapituliert, keine schlechte Leistung, wenn
155 man bedenkt, dass jede dieser Mails einen 1 Gigabyte großen Anhang hatte. Wir haben, so hat der Administrator mich informiert, Filter
160 für jede Art von Spam. Von Cialis über Viagra bis Xanax. Sie werden allnächtlich aktualisiert. Aber damit haben wir
165 nicht gerechnet."
Herr N. errötete und murmelte, er bedaure zutiefst, aber es sei ihm leider nicht möglich, Licht
170 in diese Angelegenheit zu bringen. Was nicht ganz der Unwahrheit entsprach. Sein Chef musste sich wohl oder übel mit dieser Antwort zufrieden geben
175 und entließ ihn in einen nervenzermürbenden Arbeitstag.
Als Otto N. abends erschöpft nach Hause kam, fielen ihm zwei Dinge ins Auge. Das
180 eine war der Brief hinter dem Spiegel und das andere das Lämpchen des Anrufbeantworters. Seine Mutter hat-
185 te angerufen. Und Milena.
Und ein Herr, der es nicht für nötig gehalten
hatte, sich vorzustellen: „Meine Mitarbeiterin hat mir berichtet, dass Sie sich unkooperativ zeigen, Herr N.",
190 klang es sanft aus dem Lautsprecher. „Sie werden nach dem morgigen Termin hoffentlich einsehen, dass jeder seinen Beitrag leisten muss. Wir machen Ihnen ein Angebot, das Sie nicht ablehnen können. Ein Sonderangebot ..."
195 N. stürzte in sein Schlafzimmer und riss die Bettdecke herunter. Aber dort lag lediglich Milenas alberner Teddybär. Und eine Orange.

Am nächsten Morgen um Viertel vor neun begab sich
200 Herr N. mit einem leicht flauen Gefühl im Magen
zu seinem Termin in der Lebensaufsichtsbehörde.
Erst fand er die Adresse nicht, dann verlief er sich in
den endlosen Gängen des Gebäudes, blieb in einem
Fahrstuhl stecken und wurde schließlich von einem
205 mitleidigen Beamten zu Zimmer 666 gebracht und
hineingeschoben.
Hinter einem langen Tisch erwarteten ihn vier Männer
und eine Frau. Herr N. steuerte automatisch auf die
Frau zu, erkannte aber gerade noch rechtzeitig, dass
210 hier wohl alle für ihn zuständig waren. Er stand vor
einem Tribunal.
Einer der Herren, vermutlich der Vorsitzende,
richtete das Wort an ihn: „Wie wir aus unseren
Unterlagen ersehen, sind Sie 43 Jahre alt, ledig, wohn-
215 haft Biedermeierweg 17 in Bielefeld. Sie verfügen
über Festnetz- und DSL-Anschluss, besitzen die üb-
liche Multimedialandschaft, bestehend aus Anlage,
Fernseher und einem DVD-Player. Sie nutzen einen
Laptop sowie ein Handy der Marke ‚Klingelwicht'.
220 Und in Ihrem Kühlschrank befindet sich momentan
nichts als eine halbe Salatgurke und eine Packung
Frischkäse. Können Sie das bestätigen?"
Herr N. nickte verwirrt. „Woher wissen Sie das mit der
Salatgurke?", flüsterte er.
225 „Der Frischkäse", antwortete der Vorsitzende knapp.
„Wir sind mit der Datenübertragung äußerst zufrieden.
Allerdings stört irgendetwas den Empfang aus Ihrem
Badezimmer. Lagern Sie die Rasierklingen in der Nähe
eines Magneten? Falls dem so ist, entfernen Sie ihn
230 bitte umgehend. Wir haben nicht Milliarden in dieses
Projekt investiert, nur um uns von Individualisten aus-
bremsen zu lassen. Fräulein Nachtigall, Ihr Kunde."
Der Vorsitzende nahm die Lesebrille ab und lehnte
sich zurück.
235 Fräulein Nachtigall schenkte ihm das Lächeln einer
Zahnarztfrau. „Herr N.", begann sie, „in Ihrem Alter
sind Sie zwar in der Hochrisikogruppe angelangt,
dennoch freut es mich, Ihnen mitteilen zu können,
dass das Risiko für uns kalkulierbar ist. Ihr Blutdruck
240 ist normal, Sie ernähren sich gesund, treiben zweimal
die Woche Sport, haben ein geregeltes Sexualleben
und keine genetischen Defekte. Allerdings würden wir
Ihnen dringend empfehlen, Fräulein Milena endlich
zu heiraten. Wie Sie vielleicht wissen, liegt die durch-
245 schnittliche Lebenserwartung verheirateter Männer
ungefähr zehn Jahre höher als die unverheirateter. Die
Beschränkung auf einen Sexualpartner verringert darüber hinaus das Risiko, sich mit Geschlechtskrankheiten
anzustecken. Wir begrüßen es zwar, dass Sie als verant-

wortungsbewusster Mensch Safer Sex praktizieren, 250
möchten aber an dieser Stelle ausdrücklich darauf
hinweisen, dass es sich bei Olivenöl in Verbindung
mit Latex keinesfalls um ein geeignetes Gleitmittel
handelt."
„Aber ... Woher wissen Sie ... es war doch nur einmal 255
...", stammelte Herr N.
„Ich weiß", strahlte Fräulein Nachtigall beruhigend.
„Und die betreffende Person war wirklich hinreißend,
abgesehen von diesem kleinen Problem. Kurz gesagt:
Wenn Sie sich im Straßen- und sonstigen Verkehr wei- 260
terhin vorsehen, können Sie ein biblisches Alter erreichen, ohne nennenswerte Kosten zu verursachen."
„Äh – wir wollen es doch nicht übertreiben!", warf ein
etwas verbittert dreinschauender Herr von der Seite
ein. „So zufrieden meine Kollegen mit Ihnen auch 265
sind, Herr N., sehe ich mich doch gezwungen, an Ihr
Verantwortungsgefühl als Staatsbürger zu appellieren.
Warum rauchen Sie nicht für die innere Sicherheit?
Warum trinken Sie so wenig Alkohol? Mit jedem Jahr,
das Sie länger leben, verkürzt sich Ihr Rentenanspruch. 270
Natürlich können Sie steinalt werden, wenn Sie so
weitermachen – aber wofür? Ihr momentaner Beitrag
zur Pflegeversicherung reicht gerade für einen Zivi,
der Ihnen in 25 Jahren morgens zwischen 5:10 und 5:15
Uhr die Temperatur misst. Rektal. Also überlegen Sie es 275
sich. Genießen Sie das Leben lieber jetzt. Gehen Sie in
Spielcasinos, parken Sie falsch, gehen Sie bei Rot über
die Straße. No risk, no fun! – Mr. Marley?"
Verzweifelt blickte sich N. nach einem Stuhl um. Es
war keiner da. Mr. Marley hatte für die Worte seines 280
Vorredners nur ein missbilligendes Kopfschütteln
übrig. „Wir von der Finanzdienstleistung", sagte er
freundlich, „raten Ihnen natürlich keinesfalls dazu, Ihr
Geld zum Fenster rauszuwerfen. Geben Sie es lieber
uns. Sie haben zwar einige gute Anlagen, sind aber of- 285
fenbar nicht optimal beraten worden. Diese Immobilie
zum Beispiel, in der Sie Ihre Mutter mietfrei wohnen
lassen, brächte auf dem derzeitigen Markt einiges ein.
In einem Heim wäre Ihre Frau Mutter sowieso viel besser untergebracht ..." 290
„Moment!", protestierten der verbitterte Herr und
Fräulein Nachtigall gleichzeitig. „Herr N. ist ein vor-
bildlicher Sohn und würde das dem Beitragszahler
(‚Steuerzahler!', zischte der griesgrämige Herr.) ... äh ...
seiner Mutter niemals antun. Nicht wahr?" 295
„Warum eigentlich nicht?", fragte eine sanfte Stimme.
Herr N. fuhr zusammen. „Wie ich Ihnen gestern schon
telefonisch mitgeteilt habe", sagte der Herr, dem die
Stimme gehörte, „ist, was Sie wollen oder nicht wollen,
nicht Gegenstand unserer Unterhaltung. Sie haben 300

unsere Dienste in Anspruch genommen – aber wer garantiert uns, dass Sie das auch weiterhin tun? Sie werden verstehen, dass wir uns absichern müssen. Bis jetzt haben Sie uns dabei vorbildlich unterstützt.

305 Wir kennen Ihre Bankkonten, Ihre Steuererklärung und den Unterschied zwischen beiden. Wir kennen Ihre sexuellen Vorlieben und Abneigungen und die Frauen beziehungsweise Männer, die diese teilen. Wir kennen Ihren Gesundheitszustand besser als Ihr

310 Arzt. Wir sind, könnte man sagen, so etwas wie Ihre Familie. – Wir machen Ihnen folgendes Angebot: Sie kaufen oder nutzen alle Produkte, die wir für Ihre Zielgruppe als geeignet erachten, und dafür lesen wir Ihnen jeden Wunsch von den Augen ab, sobald das Biometriemodul so weit ist."

315 Otto N. schaute gehetzt von einem zum anderen, hyperventilierte und ging zu Boden. Als er erwachte, lag er in seinem eigenen Bett. Dumpf starrte er an die Decke und versuchte sich zu erinnern, wie er dorthin gekommen war. Auf jeden Fall hatte er einen abscheu-

320 lichen Traum gehabt. Etwas juckte an seinem rechten Unterarm. Er wollte sich kratzen, zuckte aber vor Schmerz zusammen. Direkt unter der rot geschwollenen Haut ertastete er einen kleinen Fremdkörper. Das Telefon klingelte – Fräulein Nachtigall. „Otto! Wie

325 geht es Ihnen? Wir haben uns Sorgen um Sie gemacht. Bitte versuchen Sie auf keinen Fall, den LSK-Chip zu entfernen. Mittlerweile dürften sich die Nanoantennen fast bis in Ihr Rückenmark vorgeschraubt haben, und da wäre jeder Manipulationsversuch tödlich. So prak-

330 tisch, diese neue Schnittstelle zum Gehirn! Wir haben Sie für die laufende Woche krank schreiben lassen und Ihren Arbeitgeber bereits informiert. Was LSK heißt? Lifestylekontrolle natürlich, Sie Dummerle. Ach, und nennen Sie mich doch einfach Florence!" Otto N.

335 starrte noch eine Weile den Hörer an und legte ihn dann behutsam auf. Mühsam erhob er sich und suchte sein Jackett. Es hing ordentlich über einem Stuhl, darin befand sich seine Brieftasche und darin die Karte. Zum ersten Mal machte er sich die Mühe, sie genau

340 anzusehen.

Und da, für jeden sichtbar und verständlich, der der englischen Sprache mächtig war, stand es:
„Wir zahlen es Ihnen heim!"

Corinna Schmitt: Heute ein König, aus c`t 2004, Heft 24, S. 255–256

A

9   **a)**   Hinter dem Namen „Florence Nightingale" verbirgt sich eine historische Persönlichkeit. Klären Sie, um wen es sich handelt.

     b)   Informieren Sie sich über „Der Prozess" von Franz Kafka. Welche Bezüge zur Kurzgeschichte können Sie erkennen?

     c)   Klären Sie folgende Begriffe:
       kafkaesk,
       Payback.

10   Diskutieren Sie mit Ihrem/ r Partner/ in, welche Kritik der Text enthält und inwieweit diese gerechtfertigt, bzw. übertrieben ist.

11   Halten Sie Ihr Ergebnis fest.

12   Diskutieren Sie die Ergebnisse im Plenum.

13   Weshalb wirkt die Geschichte komisch?

14   Erklären Sie die Pointe der Geschichte.

15   Schreiben Sie die Geschichte von Otto N. weiter, nehmen Sie dazu dieselbe Erzählperspektive ein.

16   Informieren Sie sich über „RFID" und führen Sie im Anschluss eine Fishbowl-Diskussion über Chancen und Risiken von RFID.

Masken
Max von der Grün

Sie fielen sich unsanft auf dem Bahnsteig 3a des
Kölner Hauptbahnhofes in die Arme und riefen gleichzeitig: Du?! Es war ein heißer Julivormittag, und
Renate wollte in den D-Zug nach Amsterdam über
5   Aachen. Erich verließ diesen Zug, der von Hamburg
kam. Menschen drängten aus den Wagen auf den
Bahnsteig, Menschen vom Bahnsteig in die Wagen, die
beiden aber standen in dem Gewühl, spürten weder
Püffe noch Rempeleien und hörten auch nicht, dass
10 Vorübergehende sich beschwerten, weil sie ausgerechnet vor den Treppen standen und viele dadurch
gezwungen wurden, um sie herumzugehen. Sie
hörten auch nicht, dass der Zug nach Aachen abfahr-
bereit war, und es störte Renate nicht, dass er wenige
15 Sekunden später aus der Halle fuhr.
Die beiden standen stumm, jeder forschte im Gesicht
des anderen. Endlich nahm der Mann die Frau am
Arm und führte sie die Treppen hinunter, durch die
Sperre, und in einem Café in der Nähe des Doms tran-
20 ken sie Tee.
Nun erzähle, Renate. Wie geht es dir. Mein Gott, als
ich dich so plötzlich sah ... du ... ich war richtig er-
schrocken. Es ist so lange her, aber als du auf dem
Bahnsteig fast auf mich gefallen bist ...
25 Nein, lachte sie, du auf mich.
Da war es mir, als hätte ich dich gestern zum letzten
Male gesehen, so nah warst du mir. Und dabei ist es
so lange her ...
Ja, sagte sie. Fünfzehn Jahre.
30 Fünfzehn Jahre? Wie du das so genau weißt. Fünfzehn
Jahre, das ist ja eine Ewigkeit. Erzähle, was machst du
jetzt? Bist du verheiratet? Hast du Kinder? Wo fährst
du hin?...
Langsam, Erich, langsam, du bist noch genauso unge-
35 duldig wie vor fünfzehn Jahren. Nein, verheiratet bin
ich nicht, die Arbeit, weißt du. Wenn man es zu etwas
bringen will, weißt du, da hat man eben keine Zeit für
Männer.
Und was ist das für Arbeit, die dich von den Männern
40 fern hält? Er lachte sie an, sie aber sah aus dem Fenster
auf die Tauben.
Ich bin jetzt Leiterin eines Textilversandhauses hier
in Köln, du kannst dir denken, dass man da von morgens bis abends zu tun hat und...
45 Donnerwetter!, rief er und klopfte mehrmals mit

der flachen Hand auf den Tisch. Donnerwetter! Ich
gratuliere.
Ach, sagte sie und sah ihn an. Sie war rot geworden.
Du hast es ja weit gebracht, Donnerwetter, alle
Achtung. Und jetzt? Fährst du in Urlaub?   50
Ja, vier Wochen nach Holland. Ich habe es nötig, bin
ganz durchgedreht. Und du, Erich, was machst du?
Erzähle. Du siehst gesund aus.
Schade, dachte er, wenn sie nicht so eine
Bombenstellung hätte, würde ich sie jetzt fragen, ob   55
sie mich noch haben will. Aber so? Nein, das geht
nicht, sie würde mich auslachen, wie damals.
Ich?, sagte er gedehnt, und brannte sich eine neue
Zigarette an. Ich ... ich ... Ach weißt du, ich habe ein
bisschen Glück gehabt. Habe hier in Köln zu tun.   60
Habe umgesattelt, bin seit vier Jahren Einkaufsleiter
einer Hamburger Werft, na ja, was Besonderes ist das
nun wieder auch nicht.
Oh, sagte sie und sah ihn starr an, und ihr Blick
streifte seine großen Hände, aber sie fand keinen Ring.   65
Sie erinnerte sich, dass sie vor fünfzehn Jahren nach
einem kleinen Streit auseinander gelaufen waren, ohne sich bis heute wiederzusehen. Er hatte ihr damals
nicht genügt, der schmal verdienende und immer
ölverschmierte Schlosser. Er solle es erst zu etwas   70
bringen, hatte sie ihm damals nachgerufen, vielleicht
könne man später wieder darüber sprechen. So ge-
dankenlos jung waren sie damals. Ach ja, die Worte
waren im Streit gefallen und trotzdem nicht böse gemeint. Beide aber fanden danach keine Brücke mehr   75
zueinander. Sie wollten und wollten doch nicht. Und
nun? Nun hatte er es zu etwas gebracht. Dann haben
wir ja beide Glück gehabt, sagte sie und dachte, dass
er immer noch gut aussieht. Gewiss, er war älter geworden, aber das steht ihm gut. Schade, wenn er nicht   80
so eine Bombenstellung hätte, ich würde ihn fragen, ja,
ich ihn, ob er noch an den dummen Streit von damals
denkt und ob er mich noch haben will. Ja, ich würde
ihn fragen. Aber jetzt?
Jetzt habe ich dir einen halben Tag deines Urlaubs ge-   85
stohlen, sagte er und wagte nicht, sie anzusehen.
Aber Erich, das ist doch nicht so wichtig, ich fahre mit
dem Zug um fünfzehn Uhr. Aber ich, ich halte dich
bestimmt auf, du hast gewiss einen Termin hier.
Mach dir keine Sorgen, ich werde vom Hotel abgeholt.   90

Weißt du, meinen Wagen lasse ich immer zu Hause,
wenn ich längere Strecken fahren muss. Bei dem
Verkehr heute, da kommt man nur durchgedreht an.
Ja, sagte sie. Ganz recht, das mache ich auch immer
95 so. Sie sah ihm nun direkt ins Gesicht und fragte: Du
bist nicht verheiratet? Oder lässt du Frau und Ring zu
Hause? Sie lachte etwas zu laut für dieses vornehme
Lokal.

Weißt du, antwortete er, das hat seine Schwierigkeiten.
100 Die ich haben will, sind nicht zu haben oder nicht
mehr, und die mich haben wollen, sind nicht der Rede
wert. Zeit müsste man eben haben. Zum Suchen, meine ich. Zeit müsste man haben.

Jetzt müsste ich ihr sagen, dass ich sie noch immer
105 liebe, dass es nie eine andere Frau für mich gegeben
hat, dass ich sie all die Jahre nicht vergessen konnte.
Wie viel? Fünfzehn Jahre? Eine lange Zeit. Mein Gott,
welch eine lange Zeit. Und jetzt? Ich kann sie doch
nicht mehr fragen, vorbei, jetzt, wo sie so eine Stellung
110 hat. Nun ist es zu spät, sie würde mich auslachen, ich
kenne ihr Lachen, ich habe es im Ohr gehabt, all die
Jahre. Fünfzehn? Kaum zu glauben.

Wem sagst du das? Sie lächelte. Entweder die Arbeit
oder das andere, echote er.

115 Jetzt müsste ich ihm eigentlich sagen, dass er der einzige Mann ist, dem ich blind folgen würde, wenn er
mich darum bäte, dass ich jeden Mann, der mir begegnete, sofort mit ihm verglich. Ich sollte ihm das sagen.
Aber jetzt? Jetzt hat er eine Bombenstellung, und er
120 würde mich nur auslachen, nicht laut, er würde sagen,
dass ... ach ... es ist alles so sinnlos geworden.

Sie aßen in demselben Lokal zu Mittag und tranken anschließend jeder zwei Cognac. Sie erzählten
sich Geschichten aus ihren Kindertagen und später
125 aus ihren Schultagen. Dann sprachen sie über ihr
Berufsleben, und sie bekamen Respekt voreinander,
als sie erfuhren, wie schwer es der andere gehabt hatte
bei seinem Aufstieg. Jaja, sagte sie; genau wie bei mir,
sagte er.

130 Aber jetzt haben wir es geschafft, sagte er laut und
rauchte hastig. Ja, nickte sie. Jetzt haben wir es geschafft. Hastig trank sie ihr Glas leer.

Sie hat schon ein paar Krähenfüßchen, dachte er. Aber
die stehen ihr nicht einmal schlecht.

135 Noch einmal bestellte er zwei Schalen Cognac, und sie
lachten viel und laut.

Er kann immer noch so herrlich lachen, genau wie
früher, als er alle Menschen einfing mit seiner anste-
ckenden Heiterkeit. Um seinen Mund sind zwei steile
140 Falten, trotzdem sieht er wie ein Junge aus, er wird
immer wie ein Junge aussehen, und die zwei steilen

Falten stehen ihm nicht einmal schlecht. Vielleicht ist
er jetzt ein richtiger Mann, aber nein, er wird immer
ein Junge bleiben.

Kurz vor drei brachte er sie zum Bahnhof. 150
Ich brauche den Amsterdamer Zug nicht zu nehmen, sagte sie. Fahre bis Aachen und steige dort um.
Ich wollte sowieso schon lange einmal das Rathaus
besichtigen.

Wieder standen sie auf dem Bahnsteig und sahen an- 155
einander vorbei. Mit leeren Worten versuchten sie die
Augen des andern einzufangen, und wenn sich dann
doch ihre Blicke trafen, erschraken sie und musterten
die Bögen der Halle.

Wenn sie jetzt ein Wort sagen würde, dachte er, dann 160
...

Ich muss jetzt einsteigen, sagte sie. Es war schön, dich
wieder einmal zu sehen. Und dann so unverhofft ...
Ja, das war es. Er half ihr beim Einsteigen und fragte
nach ihrem Gepäck. 165
Als Reisegepäck aufgegeben.
Natürlich, das ist bequemer, sagte er.
Wenn er jetzt ein Wort sagen würde, dachte sie, ich
stiege sofort wieder aus, sofort.

Sie reichte ihm aus einem Abteil erster Klasse die 170
Hand. Auf Wiedersehen, Erich ... und weiterhin ... viel
Glück.

Wie schön sie immer noch ist. Warum nur sagt sie
kein Wort. Danke, Renate. Hoffentlich hast du schönes
Wetter. Ach, das ist nicht so wichtig, Hauptsache ist 175
das Faulenzen, das kann man auch bei Regen.
Der Zug ruckte an. Sie winkten nicht, sie sahen sich
nur in die Augen, solange dies möglich war.

Als der Zug aus der Halle gefahren war, ging Renate
in einen Wagen zweiter Klasse und setzte sich dort 180
an ein Fenster. Sie weinte hinter einer ausgebreiteten
Illustrierten.

Wie dumm von mir, ich hätte ihm sagen sollen,
dass ich immer noch die kleine Verkäuferin bin. Ja,
in einem anderen Laden, mit zweihundert Mark 185
mehr als früher, aber ich verkaufe immer noch
Herrenoberhemden, wie früher, und Socken und
Unterwäsche. Alles für den Herrn. Ich hätte ihm das
sagen sollen. Aber dann hätte er mich ausgelacht, jetzt,
wo er ein Herr geworden ist. Nein, das ging doch 190
nicht. Aber ich hätte wenigstens nach seiner Adresse
fragen sollen. Wie dumm von mir, ich war aufgeregt
wie ein kleines Mädchen, und ich habe gelogen, wie
ein kleines Mädchen, das imponieren will. Wie dumm
von mir. 195

Erich verließ den Bahnhof und fuhr mit der
Straßenbahn nach Ostheim auf eine Großbaustelle.

Dort meldete er sich beim Bauführer.
Ich bin der neue Kranführer. Na, sind Sie endlich da?
200 Mensch, wir haben schon gestern auf Sie gewartet.
Also dann, der Polier zeigt Ihnen Ihre Bude, dort drüben in den Baracken. Komfortabel ist es nicht, aber warmes Wasser haben wir trotzdem. Also dann, morgen früh, pünktlich sieben Uhr.

Ein Schnellzug fuhr Richtung Deutz. Ob der auch 205
nach Aachen fährt? Ich hätte ihr sagen sollen, dass ich jetzt Kranführer bin. Ach, Blödsinn, sie hätte mich nur ausgelacht, sie kann so verletzend lachen. Nein, das ging nicht, jetzt, wo sie eine Dame geworden ist und eine Bombenstellung hat. 210

Max von der Grün: Masken, in: Etwas außerhalb der Legalität, Hermann Lüchterhand Verlag, Darmstadt 1980

A

18 Stellen Sie jeweils gegenüber: Was sagt Erich, was sagt Renate?
19 Was erfahren Sie am Ende der Kurzgeschichte über die beiden?
20 Wieso verhalten sich Erich und Renate auf diese Weise?
21 Welchen Grund gibt es für die Lüge der beiden?
22 Erklären Sie die Bedeutung des Titels „Masken".
23 Welche Folge hat das Verhalten der beiden?
24 Schreiben Sie eine Inhaltsangabe der Kurzgeschichte.

Max von der Grün wurde am 25. Mai 1926 in Bayreuth geboren und starb am 7. April 2005 in Dortmund.
Er besuchte die Volksschule, Mittelschule und Handelsschule und absolvierte eine kaufmännische Lehre. Am Zweiten Weltkrieg nahm er als Fallschirmjäger teil und geriet in US-amerikanische Kriegsgefangenschaft, die er in Lagern in Schottland, Louisiana, Texas und New Mexico verbrachte.
Nach seiner Entlassung machte er eine Lehre als Maurer und arbeitete bis 1951 in diesem Beruf. Von 1951 bis 1954 war er als Hauer auf der Zeche Königsborn in Unna (Ruhrgebiet) tätig. Nach einem schweren Unfall unter Tage wurde er zum Grubenlokführer ausgebildet. Diesen Beruf übte er bis 1963 aus. 1955 begann er mit dem Schreiben.
Er lebte als freier Schriftsteller seit 1963 in Dortmund-Lanstrop.

www.wikipedia.org/wiki/Max_von_der_Gr%C3%BCn, 22.12.06.

A

25 Übertragen Sie die Tabelle in Ihr Heft.

	König	Bichsel	von der Grün
Ausgangssituation			
Einstieg			
Ende			
Länge der Kurzgeschichte			
Erlebte Zeit			
Anzahl der Personen			
Räume			
Sprachliche Besonderheiten			

26 Vergleichen Sie die Kurzgeschichten von Bichsel, König und von der Grün anhand der Kriterien, die Sie in der Tabelle finden.

1.4 Satire

Loriot (* 12. November 1923 in Brandenburg an der Havel), geboren als Bernhard Victor Christoph-Carl von Bülow, kurz Vicco von Bülow, ist ein deutscher Komödiant, Zeichner, Schriftsteller, Schauspieler und Regisseur. Seine Werke beschäftigen sich häufig mit zwischenmenschlichen Kommunikationsstörungen.
1976 entstand die Fernsehserie *Loriot*, in der man gezeichnete wie auch selbst gespielte Sketche sehen konnte. Letztere oft zusammen mit seiner Partnerin Evelyn Hamann.

A

1   Lesen Sie den Text „Sollen Hunde fernsehen?" von Loriot.

Sollen Hunde fernsehen?*
Loriot

Es häufen sich die Fälle, in denen Hunde nach mehrstündigem abendlichem Fernsehen schlecht einschlafen, schwer träumen oder tagelang stottern. Hier liegen zweifellos ernst zu nehmende seelische Störungen

5 vor, an denen man nicht länger achtlos vorüber gehen darf.
Die Programme der Fernsehanstalten sind in der Regel besser geeignet für mittelgroße, langhaarige Hunde als für kleine, kurzhaarige. Dicke Hunde wie-

10 derum neigen erfahrungsgemäß zu politischen und allgemeinbildenden Beiträgen, während dünne sich mehr von Unterhaltungssendungen angesprochen fühlen. Das heißt jedoch nicht, daß nicht auch gegentlich große dicke, kurzhaarige oder kleine dicke,

15 langhaarige Hunde Freude an Sendungen für kleine lange, kurzhaarige und kurze dicke, langhaarige haben können.
Leider sind in den Programmzeitschriften die Sendungen hinsichtlich ihrer Eignung für unsere vier-

20 beinigen Freunde noch nicht deutlich genug gekenn-

zeichnet. Es muß also vorerst noch dem Gutdünken des Hundehalters überlassen bleiben, ob er dem Drängen des Tieres zu täglichem Fernsehgenuß nachgibt oder nicht.

25 Grundsätzlich ist jedoch zu warnen vor Filmen brutaler oder anstößiger Art. Robuste Hunde reagieren mit Kopfschmerzen, zartere mit Schwerhörigkeit und hartem Stuhl.
Abzuraten ist ferner von der Anschaffung eines

30 Zweitgeräts für den Hundeplatz. Das Tier vereinsamt und spricht im Schlaf. Auch politische Sendungen sind oft ungeeignet. Ein Düsseldorfer Bernhardiner litt nach der Übertragung einer Bundestagssitzung zwei Wochen unter Schwindel und Schluckauf.

35 Zusammenfassend kann gesagt werden: Kleine dicke oder große lange Hunde und kleine dünne, langhaarige oder dicke, kurzhaarige sollten nicht nach 21 Uhr, langohrige dicke, kurzohrige dünne und Hunde zwischen zwei und acht Jahren nur unter ärztlicher

40 Aufsicht fernsehen.

Loriot: Sollen Hunde fernsehen? In: Loriots großer Ratgeber, Diogenes Verlag, Zürich 1983

* *Ist in alter Rechtschreibung und Zeichensetzung geschrieben.*

A

2   Erstellen Sie zusammen mit Ihrem/-r Partner/-in zwei Tabellen:
   a)   Ordnen Sie die entsprechenden Störungen jewells einem Hundetyp zu.
   b)   Ordnen Sie das entsprechende Fernsehprogramm einem Hundetyp zu.
   c)   Zu welchem Ergebnis gelangen Sie?
3   Erläutern Sie das Problem, über das Loriot tatsächlich spricht.
4   Hat Loriot recht?

Erich Kästner (* 23. Februar 1899 in Dresden; † 29. Juli 1974 in München) war ein deutscher Schriftsteller, Drehbuchautor und Kabarettist, der breiten Kreisen der deutschen Bevölkerung vor allem wegen seiner humorvollen, scharfsinnigen Kinderbücher und seiner humoristischen bis zeitkritischen Gedichte bekannt ist.
Werke: Emil und die Detektive, Das doppelte Lottchen, Das fliegende Klassenzimmer.

5   Lesen Sie den Text „Sinn und Wesen der Satire" von Erich Kästner.   **A**

Sinn und Wesen der Satire
Erich Kästner

Dem Satiriker ist es verhasst, erwachsenen Menschen Zucker in die Augen und auf die Windeln zu streuen. Dann schon lieber Pfeffer. Es ist ihm ein Herzensbedürfnis, an den Fehlern, Schwächen

5 und Lastern der Menschen und ihrer eingetragenen Vereine – also an der Gesellschaft, dem Staat, den Parteien, der Kirche, den Armeen, den Berufsverbänden, den Fußballclubs und so weiter – Kritik zu üben. Ihn plagt die Leidenschaft, wenn irgend möglich das Falsche beim richtigen Namen 10 zu nennen. Seine Methode lautet: übertriebene Darstellung negativer Tatsachen mit mehr oder weniger künstlerischen Mitteln zu einem mehr oder weniger künstlerischen Zweck [...].

Er hält den Menschen einen Spiegel, meist ein Zerr- 15 bild, vor, um sie durch Anschauung zur Einsicht zu bringen [...] „Denn er glaubt, [...] dass nämlich der Mensch durch Einsicht zu bessern sei."

Erich Kästner: Vom Sinn und Wesen der Satire, in: Gesammelte Schriften für Erwachsene, Bd. 7, Zürich, S.117–120

6   Sammeln Sie mit Ihrer Lerngruppe die Kriterien, die Kästner sinnvoll und wesentlich erscheinen, und notieren Sie diese.   **A**

7   Inwiefern kann man Kästners Kriterien auf den Text von Loriot übertragen?

8   Ordnen Sie in einer Tabelle den Kriterien Kästners die Entsprechung bei Loriot zu.

9   Übertragen Sie die Tabelle auf eine Folie und präsentieren Sie Ihr Ergebnis in einer Tandempräsentation.

Die **Satire** ist eine Spottdichtung, die vor allem gesellschaftliche Missstände oder mangelhafte Tugenden anprangert. Die Mittel der Satire sind Übertreibung, Verzerrung von Sachverhalten und Wertvorstellungen; der Gegenstand der Betrachtung wird der Lächerlichkeit preisgegeben.

1.5 Theater

Andorra
Max Frisch

Erstes Bild

Vor einem andorranischen Haus. Barblin weißelt die schmale und hohe Mauer mit einem Pinsel an langem Stecken. Ein andorranischer Soldat, olivgrau, lehnt an der Mauer.

5 BARBLIEN Wenn du nicht die ganze Zeit auf meine Waden gaffst, dann kannst du ja sehn, was ich mache. Ich weißle. Weil morgen Sanktgeorgstag ist, falls Du das vergessen hast. Ich weißle das Haus meines Vaters. Und was macht ihr Soldaten? Ihr
10 lungert in allen Gassen herum, eure Damen im Gurt, und schielt uns in die Bluse, wenn sich eine bückt.
Der Soldat lacht.
Ich bin verlobt.
15 SOLDAT   Verlobt!
BARBLIN   Lach nicht immer wie ein Michelin-Männchen.
SOLDAT   Hat er eine Hühnerbrust?
BARBLIN   Wieso?
20 SOLDAT   Daß du ihn nicht zeigen kannst.
BARBLIN   Laß mich in Ruh!
SOLDAT   Oder Plattfüße?
BARBLIN   Wieso soll er Plattfüße haben?
SOLDAT   Jedenfalls tanzt er nicht mir dir.
25 *Barblin weißelt.*
Vielleicht ein Engel!
Der Soldat lacht.
Daß ich ihn noch nie gesehen hab.
BARBLIN   Ich bin verlobt!
30 SOLDAT   Von Ringlein seh ich aber nichts.
Barblin taucht den Pinsel in den Eimer.
Und überhaupt – dich mag ich nicht.
SOLDAT   So, und jetzt geh ich…
ANDRI   Aber nicht zu Barblin!
35 SOLDAT   Wie er rote Ohren hat!
ANDRI   Barblin ist meine Braut.

Soldat lacht.
Das ist wahr.
Soldat *grölt:*
„Und mit dem Bock   40
Und in den Rock
und ab den Rock
und mit dem Bock
und mit dem Bock –"
ANDRI   Geh nur!   45
SOLDAT   Braut! Hat er gesagt.
ANDRI   Barblin wird dir den Rücken drehn.
SOLDAT   Dann nehm ich sie von hinten!
ANDRI   Du bist ein Vieh.
SOLDAT   Was sagst du?   50
ANDRI   Ein Vieh.
SOLDAT   Sag das noch einmal. Wie er zittert! Sag das noch einmal. Aber laut, daß der ganze Platz es hört.
Sag das noch einmal.   55
Andri geht.
SOLDAT   Was hat er da gesagt?
Idiot grinst und nickt.
Ein Vieh? Ich bin ein Vieh?
Idiot grinst und nickt.   60
Der macht sich nicht beliebt bei mir.

Max Frisch: Andorra, Suhrkamp Verlag, Frankfurt am Main; 1961; S. 22

A   1   Inszenieren Sie das erste Bild in Ihrer Lerngruppe. Überlegen Sie sich den Aufbau des Bildes, den Einsatz von Mimik und Gestik, und wie Sie den Text treffend betonen können.
2   Führen Sie das erste Bild in Ihrer Klasse auf.

Im Vordergrund: Die Zeugenaussagen

Vordergrund

Der Wirt, jetzt ohne Wirteschürze, tritt an die Zeugenschranke.

WIRT Ich gebe zu: Wir haben uns in dieser
    Geschichte alle getäuscht. Damals. Natürlich hab
5   ich geglaubt, was alle geglaubt haben damals. Er
    selbst hat's geglaubt. Bis zuletzt. Ein Judenkind, das
    unser Lehrer gerettet habe von den Schwarzen da
    drüben, so hat's immer geheißen, und wir fanden's
    großartig, dass der Lehrer sich sorgte wie um einen
eigenen Sohn. Ich jedenfalls fand es großartig. Hab 10
ich ihn vielleicht an den Pfahl gebracht? Niemand
von uns hat wissen können, dass Andri wirklich
sein eigener Sohn ist, der Sohn von unserem Lehrer.
Als er mein Küchenjunge war, ha ich ihn schlecht
behandelt? Ich bin nicht schuld, dass es dann so 15
gekommen ist. Das ist alles, was ich nach Jahr und
Tag dazu sagen kann. Ich bin nicht schuld.

Max Frisch: Andorra, Suhrkamp Verlag, Frankfurt am Main; 1961 S. 24

Vordergrund

Der Tischler tritt an die Zeugenschranke.

TISCHLER Ich gebe zu: Das mit den 50 Pfund für die
    Lehre, das war eben, weil ich ihn nicht in meiner
    Werkstatt wollte, und ich wusste ja, es wird nur
5   Unannehmlichkeiten geben. Wieso wollte er nicht
Verkäufer werden? Ich dachte, das würd ihm liegen. Niemand hat wissen können, daß er keiner ist.
Ich kann nur sagen, daß ich es im Grund wohlmein-
te mit ihm. Ich bin nicht schuld, daß es so gekommen ist später. 10

Max Frisch: Andorra, Suhrkamp Verlag, Frankfurt am Main; 1961 S. 29

Vordergrund

Der Soldat, jetzt in Zivil, tritt an die Zeugenschranke.

SOLDAT Ich gebe zu: Ich hab ihn nicht leiden kön-
    nen. Ich hab ja nicht gewusst, daß er keiner ist,
    immer hat's geheißen, er sei einer. Übrigens glaub
5   ich noch heut, daß er einer gewesen ist. Ich hab ihn
nicht leiden können von Anfang an. Aber ich hab
ihn nicht getötet. Ich habe nur meinen Dienst getan.
Order ist Order. Wo kämen wir hin, wenn Befehle
nicht ausgeführt werden! Ich war Soldat.

Max Frisch: Andorra, Suhrkamp Verlag, Frankfurt am Main; 1961 S. 58

---

3   Überlegen Sie, wie Sie die Zeugenaussagen wirkungsvoll inszenieren können.

4   Welche Fragen stellt der imaginäre Staatsanwalt? Schreiben Sie diese auf und integrieren Sie den Staatsanwalt in die Aufführung.

5   Besuchen Sie eine Vorführung in einem Theater in Wohnortnähe.

A

Der Olivenbaum und seine Geschichte

Fest stehen die knorrigen Bäume auf dem kargen Boden in den Hügeln der Toskana. Man mag es kaum glauben: Olivenbäume können bis zu 1000 Jahre alt werden! Sie überleben Generationen von toskanischen Bauern und gehören zu deren Familien wie das traditionelle sonntägliche Festessen […]. Die Pflege der Olivenhaine verlangt Erfahrung, Fingerspitzengefühl und harte Arbeit – ein Wissen, das in der Toskana schon immer von den Alten an die Jungen weitergegeben wurde. Erst nach fünf Jahren trägt der Olivenbaum seine Früchte. Je älter er wird, umso wertvoller und reicher werden die Oliven.

Schon in der Antike waren die Zweige des Olivenbaums ein Symbol für Frieden, Glück und Fruchtbarkeit. Auch Noah sah im Zeichen des Olivenzweigs einen Beweis dafür, dass er ein Stück friedvoller Erde mit seiner Arche ansteuerte. Bis heute hat die Olive ihren mystischen Hauch durch die Jahrtausende hindurch nicht verloren.

Schönheit im Zeichen der Olive – Die Olivenöl-Pflegeserie vom mediapharma cosmetics, in Werbebroschüre der Mediapharma Hamburg GmbH

Die Olivenfrüchte

Von den Früchten der Olivenbäume gibt es unterschiedliche Sorten. […] Die Farbe der Früchte wechselt von Zartgrün im unreifen Zustand über ein kräftiges Olivgrün bis hin zu einem dunklen, tiefen Schwarz – dem Zeichen der Fruchtreife.

Der Geschmack der frisch vom Baum gepflückten Oliven ist nicht zu rühmen und kommt eher bitter und ungenießbar daher. Erst im Olivenöl offenbaren die Früchte ihren vollen Reichtum. Und der ist hart erarbeitet: Für einen Liter Olivenöl müssen ca. 7 Kilogramm Oliven geerntet werden.

Hochwertiges Öl

Olivenöl enthält einen sehr hohen Anteil (bis 80 Prozent) an einfach ungesättigten Fettsäuren und gehört zu den gesündesten Ölen. Der Anteil an natürlichem Vitamin E und phenolischen Verbindungen wie einfache Phenole, Oleuropein und Flavonoide ist Ursache für die hohe antioxidative Wirkung von Olivenöl extravergine. Das hochwertige Olivenöl ist aus diesem Grund ideal zur Herstellung von hautpflegenden Kosmetikprodukten. Japanische Wissenschaftler machten in einer Studie eine sensationelle Entdeckung: Sie haben nachgewiesen, dass die äußerliche Anwendung von Olivenöl einen sehr positiven Einfluss auf die Hautstruktur hat.

Schönheit im Zeichen der Olive – Die Olivenöl-Pflegeserie vom mediapharma cosmetics, in Werbebroschüre der Mediapharma Hamburg GmbH

Die Kraft der Olive – Gesundheit und Pflege für den Körper

In einer kleinen Olive steckt viel Gutes. Nicht nur der Gaumen kommt auf seine Kosten. Der positive Einfluss des Olivenöls auf den menschlichen Organismus wird schon seit langem von Medizinern untersucht […]. Bereits in der Antike war Olivenöl ein begehrtes Kosmetiköl für die Haut.

Pflegeserie

Aus Olivenöl kann eine komplette Pflegeserie hergestellt werde, die vor allem bei trockener und empfindlicher Haut angewendet werden kann.

Ob eine Olivenöl-Gesichtspflege, eine Oliven-Augencreme, eine Feuchtigkeitsmaske, das Lippenbalsam oder die Handcreme, für jede trockene Hautzone gibt es das entsprechende Pflegemittel.

Schönheit im Zeichen der Olive – Die Olivenöl-Pflegeserie vom mediapharma cosmetics, in Werbebroschüre der Mediapharma Hamburg GmbH

Präsentation 1:

Sie sind Mitarbeiter/-in einer Kosmetikfirma, die ihre auf Olivenöl basierende Kosmetikserie in einem großen Drogeriemarkt platzieren möchte. Sie erhalten von Ihrem/-r Chef/-in den Auftrag, eine kleine Präsentation für die Entscheidungsträger/-innen des Drogeriemarktes vorzubereiten. Für die Präsentation ist Ihnen ein Zeitrahmen von 15 Minuten vorgegeben, in dieser Zeit müssen Sie überzeugen.

Präsentation 2:

Vor Fachpublikum aus der Lebensmittelbranche sollen Sie bei einem Kongress einen Vortrag über die Herstellung von Olivenöl halten. Dabei geht es auch um lukrative Aufträge, die sich Ihre Firma erhofft, wenn Sie entsprechend präsentieren. Für die Präsentation haben Sie einen Zeitrahmen von 15 Minuten.

Präsentation 3:

Als Mitarbeiter/- in einer Firma, die Olivenöl vertreibt, sollen Sie für eine Lebensmittelmesse eine Präsentation zur Olive vorbereiten. Sie sollen dabei natürlich auch Ihre Kosmetikserie ins rechte Licht rücken (Zeitrahmen: 15 Minuten).

T

Beachten Sie:

Was Sie präsentieren und wie Sie präsentieren hängt davon ab, an welche Zielgruppe Sie Ihren Vortrag richten und was Ihre eigenen Ziele sind. Folgende Fragen müssen Sie sich beantworten, wenn Sie einen erfolgreichen Vortrag halten wollen:

- ■ Wer ist Ihre Zielgruppe?
- ■ Sind bei Ihrer Zielgruppe schon Vorkenntnisse vorhanden?
- ■ Welche Bedürfnisse hat Ihre Zielgruppe?
- ■ Welche Wirkung wollen Sie erzielen?

A

1 Erstellen Sie zunächst eine Tabelle, in der Sie Zielgruppe, Kernthema, Informationen und mögliche Fragen der Zielgruppe für alle drei Präsentationen festhalten.

2 Arbeiten Sie für jede der drei Präsentationen einen Vortrag aus. Informieren Sie sich dazu zunächst in diesem Buch über Präsentationen. Weitere Informationen erhalten Sie im Internet. Ihr Vortrag sollte enthalten: eine Agenda, Einleitung, Hauptteil und Schluss.

3 Welche Möglichkeiten der Präsentation können Sie vor allem bei Präsentation 3 noch einsetzen?

2   Medieneinsatz

Ein Garant für den Erfolg Ihrer Präsentation ist: Lassen Sie hier Sorgfalt walten.
Sprechen Sie mit dem Publikum, nicht mit der Tafel, der Wand oder Ihren Geräten.

Welche Medien können Sie einsetzen?

Achten Sie generell darauf, dass Sie bei einer Firmenpräsentation das Firmenlayout verwenden und genügend Materialien vorhanden sind.

Der Overheadprojektor

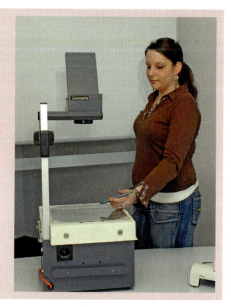

- Das Ein- und Ausschalten erhöht die Aufmerksamkeit oder steuert diese. Sie bebildern Ihr Sprechen durch Einsatz des OHP und erreichen so auch ein großes Publikum.
- Sie können Teile der Folie zudecken und bei Bedarf aufdecken.
- Legen Sie sich einen Stift zum Zeigen und Schreiben zum OHP. Zeigen Sie nichts mit dem Finger.
- Wenn Sie den OHP nicht mehr brauchen, schalten Sie das Gerät aus.

Die Power-Point-Präsentation

- Sie dient lediglich der Unterstützung Ihres Vortrags. Form und Inhalt ergänzen sich.
- Benutzen Sie einen Laserpointer, um auf Ihre Folien zu verweisen.
- Beachten Sie: Gibt es einen Laptop, einen Beamer und Strom?
- Bei einer Power-Point-Präsentation sind Sie in hohem Maße darauf angewiesen, dass die Technik funktioniert. Bringen Sie gegebenenfalls Ihre eigenen Geräte mit.

Das Flipchart

- Ihr Mitschreiben ergibt ein protokollartiges Plakat, die Plakate können im Raum verteilt werden.
- Vollgeschriebene Seiten werden umgeblättert, bei Bedarf kann wieder zurückgeblättert werden.
- Überprüfen Sie, ob genug Material vor Ort ist. Bringen Sie gegebenenfalls Ihre eigenen Materialien mit.

3 Moderieren

Sie als Moderator/-in eröffnen die Sitzung oder die Diskussion.

Bei einer Moderation ist es Ihre Aufgabe, die Diskussion zu strukturieren und zu dokumentieren.

Nach der Begrüßung der Anwesenden sind Sie verantwortlich für die Leitung des Gesprächsverlaufs, die Einhaltung eines von Ihnen gesteckten Zeitplans und die Gewährleistung eines fairen Umgangs miteinander.

Zum Abschluss ziehen Sie ein Fazit und verweisen auf Dinge, die noch zu erledigen sind.

Wesentliches soll hervorgehoben werden. Wenn Sie mit Karten und Pinnwand arbeiten, können Sie mit einer Digitalkamera Ihr Ergebnis festhalten.

Die Pinnwand

- Sie können mithilfe einer Pinnwand Gruppenprozesse visualisieren und Informationen präsent halten und Inhalte gewichten (Clustern).
- Sie können eine Kartenabfrage durchführen, indem Sie je Person eine Karte und einen Stift ausgeben, dadurch steuern Sie die Menge der Karten.
- Halten sie z. B. auf weißen Karten Beiträge, auf grünen Ideen, auf roten Einwände und auf gelben Alternativvorschläge fest, um die Inhalte farblich voneinander zu unterscheiden.
- Umfassen Sie mit einem Rahmen die Überschrift, diese darf nie fehlen. Sie können Überschriften auch „einwolken".
- Mit Bleistift zeichnen Sie Bilder, Tabellen, Linien etc. vor.
- Arbeiten Sie auch mit Streifen, hier können Sie Thesen, Fragen oder Überschriften festhalten.
- Mit runden oder ovalen Karten können Sie Cluster bilden und Unterschiede betonen. Z. B. können Sie die runden Karten für Einwände aus dem Plenum nehmen.
- Mit Klebepunkten können Sie Abstimmungen durchführen, indem Sie eine Einpunkt- oder Mehrpunktabfrage durchführen. Jede/-r Teilnehmer/-in erhält einen oder mehrere Klebepunkte zur Gewichtung, Bewertung etc. eines Prozesses.

4 Telefongespräche führen

Frau Steiner: „Guten Tag, Firma Rauscher. Was kann ich für Sie tun?"

Frau Münch: „Ich hätte gerne eine Bestellung aufgegeben."

Frau Steiner: „Was möchten Sie denn bestellen?"

Frau Münch: „Ich habe etwas in Ihrem Katalog gefunden, auf Seite 202."

Frau Steiner: „Ich habe den Katalog nicht vorliegen, aber ich kann Sie an unseren Verkauf weiterleiten. Warten Sie bitte, die Leitung ist im Augenblick belegt.

A

1 Welche Fehler werden in dem Telefongespräch von Frau Steiner gemacht? Notieren Sie diese.

2 Verbessern Sie das Telefongespräch und führen es anschließend in Rollenverteilung vor der Lerngruppe vor.

Die Kommunikation mit dem/-r Kunden/-in ist für das Unternehmen wichtig, um eine Beziehung aufzubauen. Dazu zählt auch das Gespräch am Telefon. Deshalb sollten sich die Mitarbeiter/-innen Gedanken machen, wie sie Gespräche führen. In vielen Unternehmen gibt es dafür einen Gesprächsleitfaden. Ein Gespräch könnte z. B. nach folgendem Schema durchgeführt werden:

Frau Jung: „Einen schönen guten Tag, Modehaus Heil, Sie sprechen mit Frau Astrid Jung."
Kundin: „Ich möchte etwas bestellen."
Frau Jung: „Sehr gerne, nennen Sie mir bitte Ihre Kundennummer."

„Die habe ich nicht zur Hand."	„Ich habe noch keine Kundennummer, ich bin Neukunde."	„Meine Kundennummer ist 2333."
„Die suche ich gerne für Sie heraus. Bitte geben Sie mir Ihren Namen und Ihren Wohnort."	„Ich nehme Sie gerne in unsere Kundendatei auf, dazu benötige ich den Namen, die Anschrift …".	„Vielen Dank. Sie sind Frau Gleich, Sie wohnen in der Weinstraße 92 in Kapellen."

„Ich darf Sie recht herzlich beim Modehaus Heil als neue Kundin begrüßen, Frau Gleich."

Frau Jung: „Um Ihre Bestellung aufzunehmen, benötige ich bitte die Artikelnummer und die Größe, Frau Gleich."

Kundin: „Die Nummer ist 145555, Größe 6."

Frau Jung: „Kommt zu der Bestellung noch etwas hinzu?"

Kundin: „Nein!"

Frau Jung: „Frau Gleich, die Bestellung wird bei Ihnen in 14 Tagen eintreffen."

Frau Jung: „Wie würden Sie gerne bezahlen?"

Kundin: „Auf Rechnung."

Frau Jung: „Frau Gleich kann ich noch etwas für Sie tun? Haben Sie noch einen Wunsch?"

Bei einem/-r bereits bekannten Kunden/-in	Bei einem/-r neuen Kunden/-in

Frau Jung: „Ich bedanke mich für Ihre Bestellung und wünsche Ihnen einen schönen Tag."

Frau Jung: „Ich bedanke mich für Ihre erste Bestellung und wünsche Ihnen eine schönen Tag."

---

3 Erstellen Sie für die Gesprächsführung, z. B. für eine Reklamation, einen Leitfaden nach dem obigen Muster. **A**

T

Viele Unternehmen haben ein Formular (einen Notizzettel) zum Protokollieren von Telefongesprächen entwickelt. Dabei werden in der Regel folgende Daten erfasst:

- Datum und Uhrzeit des Gesprächs
- Name (und Funktion) des Gesprächspartners bzw. der Gesprächspartnerin
- Adressat des Gesprächs
- Inhalt der Mitteilung in Stichworten oder kurzen Sätzen
- Vorgeschlagene bzw. ergriffene Maßnahmen
- Unterschrift des Gesprächsempfängers

---

4 Entwerfen Sie ein Formular, auf dem alle wichtigen Daten für ein Telefongespräch erfasst werden. **A**

Sachwortverzeichnis

Bildquellenverzeichnis

akg-images GmbH, Berlin: S. 107

Bildarchiv Preußischer Kulturbesitz, Berlin: S. 113, 128

Bildungsverlag EINS, Foto Stephan, Köln: S. 24, 63 (unten), 82 (oben), 146 (oben)

Citroen Deutschland AG: S. 85

c´t Magazin: S. 134

Deutscher Bundestag/Lichtblick/Achim Melde: S. 119

dpa Picture-Alliance GmbH, Frankfurt: S. 14, 47, 51, 111, 112, 115, 117, 118, 122, 127, 130, 132, 139, 140, 141

Fotolia/Elena Elisseeva, S. 33 (rechts)

Globus Infografik GmbH, Hamburg: S. 32, 42, 74, 91, 102

Hornbach/Baumarkt: S. 40

Ulrich Lipp: S. 30

MEV Verlag GmbH, Augsburg: S. 20 (2), 25, 27, 33 (links), 53, 68 (links und rechts), 105 (2), 107, 144 (Mitte), 145, 147 (oben)

Neckermann.de: S. 26, 33 (rechts)

Pixelio media GmbH, München: S. 82 (2), 123, 129, 144, 146, 147 (unten)

Project Photos GmbH & Co. KG, Augsburg: S. 24, 25 (links), 34, 43, 63 (oben), 68 (Mitte), 83, 88, 144, 146 (unten), 148 (2)

Stiftung Warentest: S. 29, 41

STUTHE.Studierende-Theater/www.stuthe.com/Christian Chladek: S. 142

VG- Bild-Kunst, Bonn: S. 49 (The Munch Museum /The Munch Ellingsen Group), 126 (Otto Dix Gesellschaft)

Karikaturen/Zeichnungen

Angelika Brauner: S. 39, 42, 62

Waldemar Mandzel: S. 52

Gerhard Mester: S. 97

Thomas Plaßmann: S. 13

Oliver Wetterauer: S. 20 (2), 77